北方民族大学铸牢中华民族共同体意识研究文库

在人生的天平上

吴泽霖社会学与民族学研究的学科史考察

张福强 著

社会科学文献出版社
SOCIAL SCIENCES ACADEMIC PRESS (CHINA)

本书受北方民族大学民族学"双一流"学科建设经费资助

总　序

　　学科的出现和演变是人类对知识不断追求、探索的结果，也是现代高等教育的重要基础。虽然北方民族大学是一所年轻的大学，但其民族学学科伴随着学校的发展而壮大。20世纪80年代，著名元史专家邱树森先生兼任北方民族大学历史系主任期间，著书立说，培养人才，推进学科建设，为其后学科的快速发展奠定重要基础。北方民族大学民族学2003年获批中国少数民族史二级学科硕士点，2011年获批民族学一级学科硕士点，2018年获批民族学一级学科博士点，是宁夏回族自治区仅有的两个文科博士点之一。2019年获批民族学本科专业，2020年开始正式招生。目前拥有完整的学士、硕士、博士三级人才培养体系。经过近40年的发展，目前民族学学科团队成员40人左右。团队成员中有10余人次入选国家"万人计划"哲学社会科学领军人才、国家级"千百万人才工程"、国家民委突出贡献专家、自治区哲学社会科学领军人才等人才项目，获得国务院政府特殊津贴，累计申请国家级科研项目40余项，获得省部级以上人文社会科学奖励30余次。

　　近40年来，北方民族大学民族学学科始贯彻持党的民族理论和政策，坚持服务国家战略和地方需求，产出了较为丰硕的研究成果。在西夏研究、岩画研究、西北少数民族史研究、西北地区生态移民研究、边疆社会治理研究等方面已有不少学术建树。

　　中国特色社会主义进入新时代，中国民族学研究面临重大升级转型。我校民族学学科抓住时代机遇,积极开展学科调整,以铸牢中华民族共同体意识为主线,开展各项教学、科研工作,目前初步形成了几个研究方向。一是立足重大理论问题,开展中华民族共同体建设的理论探索。主要聚焦"中华民族"概念的分析、党的民族政策和民族工作史的研究、中国特色民族理论体系构建等的开展。二是立足地方,深入挖掘各民族交往交流交融的历史与现实,包括农牧交错地带各民族交往交流交融史、黄河"几"字弯、中华民族多元一体发展史等。三是立足实际,在如何加强和改善党的民族政策、铸牢中华民族共同体意识的社区实践、维护边疆社会稳定、推动生态移民搬迁等问题上持续发力。此外,在学科建设上,持续开展有计划科研,大力引进人才,构建立体化的学科发展平台,等等。目前,形成了老中青结合的学术梯队,学历层次高,部分中青年学者在学术界崭露头角;积极参与"三交"史料汇编等重大国家级学术工程;出版《石榴花开:铸牢中华民族共同体意识》论文集、《中华民族共同体研究文摘》(第一辑)等。总之,经过几代人的努力,北方民族大学的民族学学科,科研实力不断增强,学术声誉不断提高,研究特色不断凸显,学科发展势头良好。

在新的历史背景下,立足铸牢中华民族共同体意识主线,大力挖掘学科发展潜力,精选民族学学科团队成员近年来的最新研究成果,展现我校民族学研究的最新风貌,主要包含中国民族学的学科建设问题、中华民族共同体建设的一般理论问题、各民族交往交流交融史、铸牢中华民族共同体意识的应用与实践等,是题中应有之义。

基于上述历史和现实背景,北方民族大学推出"北方民族大学铸牢中华民族共同体意识研究文库"。文库的顺利出版,受到学校领导和各部门的大力支持,同时也受到学术界的广泛关注,相信在各界人士的不断帮助下,北方民族大学民族学学科将不断承前启后,创新发展,为构建中国特色哲学社会科学的学科体系、学术体系和话语体系做出应有的贡献。

序

　　《在人生的天平上：吴泽霖社会学与民族学研究的学科史考察》，是青年学者张福强博士积数年之功的力作。前几年，他与导师哈正利教授撰成《吴泽霖年谱》。前后两部著作，一部呈现吴老一生的学术踪迹，一部分析吴老的学术遗产及其学科意义，议题彼此呼应，内容相得益彰，为我们学习吴老的人生观和治学之道，研究吴老的学术思想和建树，寻觅我国社会学和民族学两大学科在 20 世纪创立和发展的历程，探索其特征和生长条件，提供了宝贵读本。

　　日前，哈正利教授发来张博士新著的初校样，嘱我作序。虽未明示，我理解他的善意。40 年前，我攻读社会学硕士学位时，师从吴老，在他老人家的悉心指导下完成了硕士论文，如期获得学位，所以我是吴老晚年亲自培养的极少数社会学弟子之一。哈教授熟悉这段师生缘，遂于 2019 年 5 月盛邀我担任他的弟子张福强博士论文《吴泽霖社会学与民族学研究的学科史考察》的答辩主席；不巧的是，我当时去昆明的讲学计划制定在先，未能应邀赴中南民族大学，留下遗憾。哈教授此次再次邀请，不但给我充分理由拜读他的高足关于吴老学术思想的系统研究成果，弥补缺憾，更为重要的是，我可借作序的机会追忆师恩，敬拜吴老在天之灵。

　　我是南开大学 1981 年社会学专业班（"南开班"）学员。那年秋季的一天下午，年逾八旬的吴老从北京来到天津，在班上做了"美国早期社会学家"的讲座。吴老利用两节课的时间，讲述了八位美国社会学奠基人的理论。北方的深秋渐有寒意，室内尚未供暖，吴老身穿浅驼色呢大衣，戴着深度眼镜，端坐在讲台中央的椅子上，将一叠讲稿放在胸前桌面上，微笑着将目光投向听众，全程没看几眼讲稿，如数家珍地讲述八位学者的观点、概念、理论，以及他们之间的区别和各自学术影响，让我领略到了大师授课风采。在吴老的启发下，课末时间提问，吴老一一作答。记得在种族问题上，吴老坚持种族平等论，用群体之间智力均衡分布作为实证依据，引发全班同学的讨论兴趣，热烈程度超乎寻常，至今记忆犹新。

"南开班"结束后，我和13位同学经过考试于1982年春季转入硕士研究生班，并于一年后论文开题。我和梁向阳的论文导师由吴老担任，向阳研究生活方式，我研究独生子女家庭，为此与吴老有了四次单独接触。第一次是论文开题不久，吴老借来京开会之机约我见面。在亲切、宽松的氛围中，吴老询问了我的个人情况，然后一一评点我的调研计划，并给予具体指导，最后嘱咐我说，"人口生育政策是一项基本国策，学术研究在政治上要与国家保持一致"。这让我对吴老的国家意识和政治觉悟有了最初印象。第二次是论文初稿呈送吴老后，他约我和向阳去中南民族大学面谈。与吴老及其家人共进晚餐后，我们来到别墅住宅前院，我们两个人每人一个马扎儿，一左一右坐在吴老身边，乘着仲夏之夜的习习江风，聆听他对我们论文初稿的修改意见。接着，吴老回忆了他从美国求学到国内治学的经历，谆谆教导我们，社会学是关于人类社会运行逻辑的科学，须有追求真理的不懈精神，才能学好。吴老的教导终生未敢忘怀。第三次是转年7月，我去北京接86岁高龄的吴老来天津参加我的硕士论文答辩。吴老请他早年的学生、北京大学社会学系主任袁方教授担任答辩主席。根据吴老和袁老师的指导，我的硕士论文分两个议题修改成文，分别在《中国社会科学》《天津社会科学》上发表。最后一次是我1985年夏赴美攻读博士学位之前，在京接受培训期间看望来京参会的吴老，向他老人家道别，感谢他的教诲和为我亲笔写推荐信，助我申报成功。当时，他在新中国成立初期的弟子赵培中老师也在座，随后赵老师代表吴老招待我吃晚餐，席间向我细说吴老的坎坷人生和为人师表的桩桩往事，给我上了一堂人生观、学问观的私塾课。目今回首，不禁感怀：四次拜见，终身受益；师恩深厚，教诲铭心。

带着这份感恩尊师的情感，我拜读了张博士的新著，利用教学间隙分三次读毕，对吴老在我国社会学和民族学创立和发展进程中的独特贡献有了更清晰的认知，为此就有了序言开始的那段评介。这里，与读者再分享两点读后感。

第一点，吴老对于我国社会学的创立和发展，终生默默奉献。在我国社会学创立和最初生长期，已被大书特书的重大贡献者有如下几位：严复通过译著《群学肆言》将社会学引入中国；孙本文著《社会学原理》成为社会学专业教科书的首选；吴文藻致力于社区研究，培养了费孝通等一批学术大才，引领了中国社会学派；晏阳初倡导实地考察，创立中华平民教育促进会，是中国社会工作的先驱；李景汉投入毕生精力，创造了定县社会调查的辉煌，留下中国基层社会的完整资料……吴老的贡献有别于这些同辈学者。吴老在美国获得社会学硕士学位和博士学位，1927年归国后遂进入中学和大学一线教学，在战乱频仍的三四十年代受聘于多所大学，潜心于学生培养。他是最早践行社会学中国化的前辈学者，在社会构成基础、社会约制过程、社会冲突发生和协调机制、社会问题研究等议题上，自觉地以中国社会实际为参照，改造西方社会学理论，并将其应用于社会学教学和他主持的多项社会调查项目，影响深远。新中国成立前后，吴老在大夏大学和清华大学任教多年，长期担任系、院、校领导职务，积极参与各种学刊的编辑和撰稿，参与学会和社团工作，致力于社会学学科规范化工作，专心服务于社会学师生，为社会学的发展无私奉献。改革开放后，社会学得以恢复重建，吴老曾作为中国社会科学院社会学理论主考（费孝通先生任副主考），另在各种社会学培训班和专业班授课，亲带研究生，忘我地培养新一代学子。他虽然一生坎坷，但是步入老年之后，不改青年时代的初衷，培育后学犹如春风化雨，"随风潜入夜，润物细无声"，晚辈无不受益匪浅，令人肃然起敬，感念至深。中国多么需要吴老这样的学问家、教育家呀！

　　第二点，吴老对于我国民族学的创立和发展可谓厥功至伟。我与吴老短期相处时虽然感觉到他对民族问题的高度重视，比如第一次约我面谈时问我是什么民族，而他的民族平等观在"南开班"授课时已见端倪，但由于学科差别，我对吴老的民族学研究贡献了解甚少。张博士的著作用两章篇幅研讨吴老的民族学观点和立场、民族研究成果和贡献、创建民族学博物馆的努力和成就，让我茅塞顿开。原来，吴老的种族和民族研究发轫于他在美国读博期间，他的博士论文《美国人对黑人、犹太人和东方人的态度》是结合定性分析和定量分析的力作。抗战期间和新中国成立后，吴老多次深入祖国西南边陲地区开展少数民族的民俗和社会调查，并以学术领导身份参与了我国民族识别工作；他基于实地考察和理论思考，提出了"本地人立场"的民族研究原则和"中华民族包容性"的总体性论点，对我国的民族工作和民族学学科体系建设贡献独特。吴老平生倾心于民族学博物馆的创建工作，张博士的著作引述了费孝通先生的精彩评价："他这种崇尚民族平等的思想一直贯穿在他一生的事业里。民族博物馆的创建，只是他为实现他的这个理想的一项具体措施，他热爱民族文物是从他心底里认识到民族平等、共同发展的表现。"

　　可以肯定地说，张福强博士的新著是开卷有益之作。

　　是为序。

2023 年 2 月

目 录

绪　论

一　选题缘由及意义

（一）选题缘由

我们一个人的一生好象躺在一架天平上，天平的一头是我们的父母、老师、社会为培养我们放进去的砝码，天平的那一头是我们应当给社会所做的事情，所做的贡献。我们一个人要对得起人民，对得起国家，对得起父母，最低限度应当使天平的两头取得平衡。现在我估计一下自己。国家、人民给我放下的砝码是够重的了。我从小学到大学、留学美国五年，百分之百是公费，这样大的投资是很少人能享受的。在工作的六十年中，虽然我曾经历过一些坎坷，但总的来说，国家和社会为了我，在天平上确实压下了很重的砝码。而我作出的贡献，作为砝码并没有把天平压平。①

1988 年 10 月 6 日，中南民族学院召开"吴泽霖执教 60 周年暨 90 寿辰纪念会"。会上，吴泽霖先生发表了著名的"天平人生观"。这是他对自己言行的总体评价，亦是他时刻遵循的价值标准。费孝通先生也以"在人生的天平上"为题，高度评价吴泽霖的学术与人生。从"天

---

① 吴泽霖：《吴泽霖教授的答谢词》，赵培中主编《吴泽霖执教 60 周年暨 90 寿辰纪念文集》，湖北科学技术出版社，1988，第 21 页。

平人生观"所指向的路径来展开分析，或能体悟吴泽霖先生及那一代知识分子学术思想的另一番景象与境界。

"天平人生观"中"我们应当给社会所做的事情"的含义，不应简单对应为日常个体行为，对于以知识生产为业的学者，更应指涉其学术研究为人民、社会和国家所带来的实际贡献。吴泽霖的"天平人生观"并非夸夸其谈的应景虚言，而是发自肺腑、真情实意的一种"心态"表达。这种把言行放置在社会与国家的"价值天平"上进行衡量的理念，绝非吴泽霖的个性化特征，而是那一代知识分子的思想共性。在他们的学术研究中，浓厚的家国情怀和济世思想根深蒂固，把知识生产与国家建设、民族独立联系起来，用知识来完成"救国大业"是那一代知识分子的普遍关切。因此，知识分子个人价值的实现必然要和国家命运紧密联系在一起。

吴泽霖所处的时代是中国近代学术起源与学科专业化的初始阶段，知识分子更多以各学科专业学者的身份出现。知识分子的家国情怀，实际上体现在他们的专业研究方面。正如阿里夫·德里克（Arif Dirlik）所说："20 世纪中国的社会科学在相互冲突的轨迹上发展，一方面受秩序和统治需求的激发，另一方面又受到改革和革命的推动，两者都被社会现代化抛出的命题所形塑。"[①] 在具体的学术研究中，学者以现实问题为导向，探讨中国现代化进程中的社会、文化变迁等核心命题，最终的面向是：把来自西方的科学知识切实应用于实现近代中国的转型，体现在民族学、社会学学科的发展历史上，即是学界常谈论的中国化或本土化问题。

关于对吴泽霖学术研究的评价，目前学者普遍认为其带有强烈的应用色彩，而这个特点同样也是学科本土化的重要特征之一。在这层意义上，

----

① 阿里夫·德里克主讲，刘东评议，清华大学国学研究院主编《后革命时代的中国》，李冠南、董一格译，上海人民出版社，2015，第 202 页。

吴泽霖个人的学术研究与学科整体发展勾连起来：学科本土化的特点为个人研究特点的形成提供总体背景，而个人特点也反证了学科本土化进程中的应用性取向。从学科发展总体脉络进行总结是论述上述特点的一种路径。同时，从学者个体出发，以小见大来呈现学科发展脉络也是一种路径。因此，借助对吴泽霖学术思想的系统整理与研究来阐述中国民族学、社会学学科本土化进程中的若干特征，不仅可能，而且极有意义。

20 世纪 80 年代，费孝通谈及人类学学科的重建，曾就社会学、民族学、人类学三者关系说："在我身上人类学、社会学、民族学一直分不清，而这种身份不明并没有影响我的工作。"① 费先生提出此主张，一方面是集中力量进行人类学学科重建的时代要求，另一方面是他一生学术实践上的价值认识。当然，也基于对历史事实的解读。民国时期，中国民族学、社会学学科的发展确有颇多重合之处，关系密切，但作为"西学"的一种，二者毕竟在产生背景、问题导向、思考路径等方面有异。因此，二者的中国化的道路有相似处，同时也有分歧点。

此种复杂关系的形成，主要原因有两个。一方面，从学科本质上看，两个学科在产生时理论、方法上既相联系又相区别的特点，造成它们传入中国后形成一种更为复杂的关系；另一方面，也与两个学科传入时中国的特殊国情与特殊遭遇有密切关系。近代中国的主题是：实现由传统王朝国家向现代民族国家的转型，实现民族独立与全方位的现代化。所有活动都服务于这一主题，学科建设、学术研究等均不能例外，它们以知识生产的方式为转型中的中国提供智力支持。同样，两个学科发展过程中形成的复杂关系，也只有放置在近代中国民族国家建构的进程中才能得到更好的理解，其中蕴含的各种深层意义也才能得到凸显。具体研

---

① 费孝通：《关于人类学在中国》，《费孝通全集》第 14 卷，内蒙古人民出版社，2009，第 263 页。

究路径有二:一是对学科发展的基本特质进行梳理与比较,总结社会学、民族学之间的求同和趋异;二是从学者个体的学术实践出发,以点看面,展现时代风云、学科传承等主题。本书采取的就是第二种研究路径。

在老一辈学者中,吴泽霖在民族学、人类学与社会学跨学科研究上,程度较深,涉猎范围较广。吴泽霖从事学术研究 60 余年,早期钻研社会学,著书立说,组织学会,培养后进。孙本文遍论民国社会学名家时,以少见之口吻称"吴泽霖系国内社会学界重要人物之一"。[1] 吴泽霖中后期以民族研究为主要志业,开展民族调查,撰写调查报告,收集民族文物。80 年代,沙博理赞誉其为"中国民族史的权威"。[2] 可见,吴泽霖在这两个学科中都有举足轻重的地位。钟年、孙秋云称:"泽霖先生的学术生涯向世人昭示了一条多学科的知识交叉融合的探索道路。"[3] 张海洋也曾说:"吴泽霖先生早年做社会学,1937 年到贵州、云南做应用民族学,在两学科交叉最深。"[4]

可以说,从学者个案出发来讨论社会学、民族学的关系,吴泽霖极具代表性。但目前学界对吴泽霖学术思想的挖掘与研究,无论在资料搜集方面,还是理论的系统化梳理方面,都尚有拓展的空间,遑论以吴泽霖为个案来展现学科发展历程的研究进路。因此,选择以吴泽霖的学术思想为研究对象,不仅在查漏补缺,重新体悟老一辈学者的思想精华方面很有价值,而且在厘清学科发展,总结中国学术的特殊发展道路方面亦有必要。

（二）选题意义

1. 理论意义

吴泽霖一生著述颇丰,总字数达 300 多万,包含专著、编著、译

---

① 孙本文:《当代中国社会学》,商务印书馆,2011,第 49 页。
② 沙博理编著《中国古代犹太人:中国学者研究文集点评》,新世界出版社,2008,第 171 页。
③ 钟年、孙秋云:《吴泽霖民族研究思想述评》,《中南民族学院学报》1992 年第 4 期。
④ 吴泽霖:《麽些族的生活》,学苑出版社,2018,张海洋序,第 11 页。

作、调查报告、政论、诗歌、研究计划、序言、自述、书信等等。内容丰富，涉及种族研究、城市社会学研究、社会学人类学理论研究、西南民族志研究、民族学博物馆实践与理论、边疆问题研究、海外民族志研究等等，其研究跨越了社会学、民族学、人类学、教育学等学科。所用方法，博采众长，既有自然科学和社会科学的结合，也有定量分析和定性分析的结合。在诸多领域，辟域开疆，一时引领学界新潮，部分观点在今天看来依然熠熠生辉。因此，对其学术思想的梳理与学术体系的建构，对于中国学术史的研究而言，有三点重要意义。第一，对一些尚未得到重视及挖掘的材料进行整理与梳理，考证吴泽霖参与中国民族学、社会学学科建设史上的重要事件，在资料的搜集、基本事实的澄清等方面有着重要的补缺展拓意义，可为相关研究提供丰富的研究素材。第二，吴泽霖提出了颇具历史与现实意义的概念，如"社会约制""包容性""现代种族"等。这些概念反映了吴泽霖在面对中国由传统王朝国家转向现代民族国家过程中，如何处理内部的文化多元性与中国一体性间的关系，如何在传统学术议题与西方学术话语间进行取舍等问题的思考，或许能为现今理论界热烈讨论的"民族歧视""中华民族多元一体""中华民族共同体意识""社会与个人的关系"等问题提供一些重要启示。第三，以吴泽霖的人生经历和学术实践，来探讨中国民族学、人类学学科发展中的社会学性，中国社会学学科发展中的民族学、人类学性，来回应、回答和反思社会学、民族学、人类学史上的一些争议、问题和定论，或许能为学术史研究提供一种吴泽霖版本的解读。更希望本书能成为另类的学术"反躬自省"，通过研究老一辈学者的学术思想来反观今天的学科建设、学术创新等，为开辟学术新径、展望学术未来增添助力。

2. 现实意义

吴泽霖一生经历丰富而坎坷曲折。幼年时期，家道中落。十五岁入清华，寒窗九年。在校期间，发奋读书，与同学相互砥砺，学识日长。其他活动亦不落后，是当时清华学生会的头面人物。后远渡重洋，留学五年，接受系统西方教育。回国后，教书育人，撰文著书，参加社会改革，发表救国新见，成为当时学界的领军人物。1949 年后，著述虽少，但热情不减，默默从事文物收集工作，几年之间即见成效，之后全数捐献给国家。"反右"开始，虽谨言慎行，但也被错划为"右派"，一时间公职被夺，生活全无着落。"文革"期间，更遭厄运，先是被遣返乡，后遭丧妻、丧岳母两大悲痛。在此期间，毅然完成几百万字的资料搜集、翻译等工作。改革开放后，不顾年迈，来汉支援中南民族学院建设，推动民族学学科的发展。暮年之时，他用"天平"来比喻自己的一生：天平的一头是国家、社会、家人对他的投入，另一头是自己的付出，就目前来看，天平两端还远没有达到平衡，自己付出的这一头还远低于另外一头。就是这样的一个人，无论在顺境、逆境中，他都在低调做事，默默奉献，不攀不比，事事谦让，温和待人，从不恃才傲物。在今天——价值体系正在重塑的时代，弘扬吴泽霖无私奉献的精神，意义更大。

大师凋零，或已成为目前学界之殇。因此，重新"捡拾"故纸堆中的学术精品，重新打造隶属自己的学术品牌，成为各学术机构的选择。孙本文、吴景超、潘光旦、陈达、陶孟和、杨成志、杨堃、吴文藻等等，都已被各机构推向前方，或出版全集、选集，或以其名字命名讲座、论坛，等等。就吴泽霖而言，清华大学设立"吴泽霖民族文华讲座""吴泽霖青年人类学家讲座"，华东师范大学设立"吴泽霖人类学纪念讲座"，凤凰卫视拍摄了"吴泽霖纪录片"，吴泽霖昔日的题词、故居等也纷纷出现。这些表明，除吴泽霖本身的精神、学术思想之外，其作为一种学术品牌正在凸显，逐渐走向公众。通过系统搜集整理与吴泽霖相关的学术研究资料，分析其学术思想中的闪光之处，可以进一步丰富学术界和社会上对吴泽霖的认识，更好地推动民族学"中国学派"

的创立，对中国话语体系的建设和学术自信的树立也有一定的积极意义。

二　相关研究综述

（一）中国社会学、民族学学科史研究概要

中国社会学学科已有百年历史，对学科本身脉络的梳理是其重要研究方向。作为社会学的一个重要研究领域，学科史研究几乎与学科的引进、传播、发展同步。早在 1949 年以前，已有学者对民国时期社会学的发展情况做过详细介绍和评价。20 世纪 30 年代，许仕廉、余天休和蔡毓骢分别发表了《中国社会学运动的目标经过和范围》[①]、《中国社会学运动的经过：读了许仕廉君的文章》[②] 和《中国社会学发展史上的四个时期》[③]。三文对中国社会学的早期历史、研究范围、课程建设、专业刊物、主要人员等做了简要介绍。40 年代后，中国社会学研究在相关领域全面铺陈展开，学科史的著述也随之增多，其中最具代表性的人物当数孙本文。作为早期中国社会学的领军人物之一，他的《当代中国社会学》一书，对数十年来中国社会学研究各领域的主要议题、主要人物、核心观点、未来趋势等做了介绍与点评，全面呈现了 1949 年以前我国社会学的主要成就，叙述十分客观，"毫无成见的叙述介绍，没有抹杀每一个努力的社会学者"。[④] 其中附录部分专列当时社会学的主要文献及各大学社会学系教授名单，为后来相关研究提供了珍贵资料。此外，比较重要的成果有杨堃《中国现代社会学之派别及趋势》[⑤]

---

① 许仕廉：《中国社会学运动的目标经过和范围》，《社会学刊》第 2 卷第 2 期，1931 年。
② 余天休：《中国社会学运动的经过：读了许仕廉君的文章》，《社会学杂志》第 3 卷第 10 期，1931 年。
③ 蔡毓骢：《中国社会学发展史上的四个时期》，《社会学刊》第 2 卷第 3 期，1931 年。
④ 陈定闳：《孙本文教授著当代中国社会学》，《社会建设》第 1 卷第 3 期，1948 年。
⑤ 杨堃：《中国现代社会学之派别及趋势》，《杨堃民族研究文集》，民族出版社，1991。

和赵承信《中国社会学的两大派》①，两文都试图对我国早期社会学研究进行系统分类。前者认为可以分为三个学派，即文化学派、马克思主义学派和法国学派；后者更为粗线条地提出有文化学派和辩证唯物论学派两大派。两文把马克思主义作为早期社会学的派别之一，明显区别于孙本文的论述。

1949 年以后，社会学发展一波三折，学科史的研究无从谈起。80年代，应学科重建需要，两部《中国社会学史》问世，作者分别为杨雅彬和韩明谟。二书均以马克思主义为指导，按时间顺序对社会学在中国的发展历程进行勾勒，内容涉及关键人物、主要思想、机构组织等等。但在侧重点上有所不同，前者较为突出学者个性化的特征，而后者侧重学科的总体发展。90 年代后，社会学史研究不断推陈出新，不仅有通史类著作问世，而且出现了断代与专题性质的著作。通史类著作中具有代表性的有杨雅彬的《近代中国社会学》，② 郑杭生、李迎生的《中国社会学史新编》，③ 李培林等的《20 世纪的中国：学术与社会·社会学卷》，④ 阎明的《一门学科与一个时代——社会学在中国》。⑤ 其中，阎明的著作用翔实的史料，以时间和专题为纵横轴描述了社会学在中国的历程，是该时期最突出的成果。对清末社会学在中国的传播，学者也有关注，如姚纯安的《社会学在近代中国的进程（1895—1919）》⑥、景天魁的《中国社会学：起源与绵延》⑦ 等。

学科史研究中断代或通史仅是其中一种类型，以人物、议题、学派

---

① 赵承信：《中国社会学的两大派》，《益世报·社会研究》第 23 期，1948 年。
② 杨雅彬：《近代中国社会学》，中国社会科学出版社，2001。
③ 郑杭生、李迎生：《中国社会学史新编》，高等教育出版社，2000。
④ 李培林等：《20 世纪的中国：学术与社会·社会学卷》，山东人民出版社，2001。
⑤ 阎明：《一门学科与一个时代——社会学在中国》，清华大学出版社，2004。
⑥ 姚纯安：《社会学在近代中国的进程（1895—1919）》，生活·读书·新知三联书店，2006。
⑦ 景天魁：《中国社会学：起源与绵延》，社会科学文献出版社，2017。

为线索来呈现学科的发展也是学科史研究的一种路径。对孙本文、吴景超、许仕廉、陈达、李景汉、陶孟和、吴文藻、潘光旦、费孝通等老一辈学者的思想，以及对某一学派或学术社群的研究都有很多，涉及西南联大社会学、燕京学派、清华学派、留美生社会学者等等。① 总的来看，中国社会学史是当前社会学研究的重要分支，研究成果颇多，对学科发展历程的梳理基本清晰，对一些核心概念的讨论形成了诸多共识，当然，如社会学中国化等议题的争论依然存在。近年来，学者更多从微观或中观视野出发，从细节着手，采用西方学科史的最新理论来重新阐释社会学学科的发展历史。

中国民族学学科史的研究在民国时期就已有相关著述涌现。从时间上分析，基本有三个阶段。

第一阶段，20 世纪 30 年代后，中国民族学研究进入一个快速发展期，译介、专著、调查报告等急剧增加。全面抗战爆发前，学科发展尚处初级阶段，回顾性成果也较少。内容多围绕民族学学科的基础知识展开，如民族学体系、对象、方法、学科关系及古典文献中的民族志传统等。其中值得注意的有：黄文山《民族学与中国民族研究》②、杨堃《民族学与人类学》③、郑师许《我国民族学发达史》④ 等。全面抗战爆发后，中国民族学研究进入黄金时期，优秀成果迭出。到 40 年代后期，与之相应的回顾与前瞻性作品已出现。有仿照传统目录学的文献编目成

① 参见郑杭生《中国社会研究与中国社会学学派——以社会运行学派为例》，《社会学评论》2013 年第 1 期；周晓虹《孙本文与 20 世纪上半叶的中国社会学》，《社会学研究》2012 年第 3 期；谢燕清《孙本文与中国社会学学科建设》，《南京大学学报》2012 年第 6 期；闻翔《陈达、潘光旦与社会学的"清华学派"》，《学术交流》2016 年第 7 期；吕文浩《被遮蔽的光彩——李景汉与中国近代人口调查研究》，《清华大学学报》2018 年第 5 期；陈新华《留美生与中国社会学》，南开大学出版社，2009。

② 黄文山：《民族学与中国民族研究》，《民族学研究集刊》第 1 期，1936 年。

③ 杨堃：《民族学与人类学》，《国立北平大学学报》第 1 卷第 4 期，1935 年。

④ 郑师许：《我国民族学发达史》，《申报月刊》第 4 卷第 2 期，1935 年。

果，如古道济的《战时我国民族学译著目录》《近代中国民族学选目绪言》等。① 另外，系统回顾民族学几十年发展的综述成果较多，代表人物有黄文山、徐益棠、杨堃、罗致平、岑家梧等。其中徐益棠贡献最大，他撰写了《十年来中国边疆民族研究之回顾和前瞻》② 等五篇文章。其研究除能提供对于民国民族学发展的一般性认识之外，还蕴含着知识社会学色彩，强调社会环境对知识生产的作用。

第二阶段，1949 年末至改革开放，是学科低速发展和蛰伏时期，整体处于低谷状态，公开发表的回顾综述也较少。但在批判资产阶级民族学的浪潮中，一些学者着力于 1949 年以前相关材料的搜集整理，为改革开放后系统梳理学科史著作的出现奠定了基础。

第三阶段，改革开放后，随着民族学发展及学科建设的需要，学科史作为一种学术命题受到学者的普遍关注，呈现出欣欣向荣之态。主要表现为论著数量逐渐攀升，研究范围逐渐扩大，挖掘层次进一步深化，稀见材料不断涌现，研究方法不断更新，体裁类型丰富多样，精品佳作也为数不少。

断代与通论。80 年代的研究之作，多属于老一辈学者的回顾类文章。除资料搜罗分类外，在归纳分析方面，对起源问题、分期问题、学派问题、人物和成果评价问题、学术转型问题等关注较多。陈永龄、王晓义的《20 世纪前期的中国民族学》③ 可谓奠基之作，该文基本囊括了民国时期民族学研究的主要成果和关键人物，对中国民族学学派的系统分类尚属首次，后世学者引其观点者颇多。其他代表性论文有李有义

---

① 古道济：《战时我国民族学译著目录》，《民族学研究集刊》第 2 期，1940 年；古道济：《近代中国民族学选目绪言》，《社会学讯》第 4 期，1947 年。
② 徐益棠：《十年来中国边疆民族研究之回顾和前瞻》，《边政公论》第 1 卷第 5—6 期，1942 年。
③ 陈永龄、王晓义：《20 世纪前期的中国民族学》，杨圣敏、良警宇主编《中国人类学民族学学科建设百年文选》，知识产权出版社，2009。

的《我国民族学的回顾与展望》,① 林耀华、庄孔韶的《中国民族学的回顾与展望》,② 江应樑的《中国人类学的起源及其在我国的发展》,③ 秋浦的《民族学在中国的传播和发展》,④ 等等。

进入 90 年代后,起源、分期、评价等问题研究继续深化,资料整理方面也有了显著进步,学术讨论氛围更加浓厚。尤其乔健《中国人类学发展的困境与前景》⑤ 一文的发表引爆了学界热点,海峡两岸学界就学科建设、学科发展等问题展开了热烈讨论。在具体研究中,宏观性的梳理成果稍有减少,分期、分阶段的研究有所增加,代表性成果有陈国强的《中华人民共和国十年来的人类学(1981—1990)》⑥ 等。从作者群体来看,1949 年前后成长起来的学者成为主力。在世纪末的几年里,学科史研究在近 20 年量的积累基础上,实现了质的飞跃,出现了通论类著作《中国人类学逸史——从马林诺斯基到莫斯科到毛泽东》和《中国民族学史》(上、下)。顾定国的《中国人类学逸史——从马林诺斯基到莫斯科到毛泽东》以杨成志、梁钊韬及中山大学人类学系的浮沉为主线,"游刃有余地游移于师生关系及学术渊源的微观层面与至关重要的不断转换的政治体制的宏观层面之间",⑦ 力图说明个人、学科、机构如何受经济、政治发展的影响,很多记录已经成为研究中国人类学珍贵的第一手资料。⑧ 但"在具体事件的理解上,作为美国人类

① 李有义:《我国民族学的回顾与展望》,《民族研究》1980 年第 1 期。
② 林耀华、庄孔韶:《中国民族学的回顾与展望》,《社会科学战线》1985 年第 1 期。
③ 江应樑:《中国人类学的起源及其在我国的发展》,《云南社会科学》1983 年第 5 期。
④ 秋浦:《民族学在中国的传播和发展》,《民族研究》1984 年第 5 期。
⑤ 乔健:《中国人类学发展的困境与前景》,《广西民族学院学报》1995 年第 1 期。
⑥ 陈国强:《中华人民共和国十年来的人类学(1981—1990)》,陈国强、林加煌主编《当代中国人类学》,生活·读书·新知三联书店,1991。
⑦ 王建民、李小敏、侯庸:《〈中国人类学逸史〉的由来及其书评》,《世界民族》2001 年第 1 期。
⑧ 顾定国:《中国人类学逸史——从马林诺斯基到莫斯科到毛泽东》,胡鸿保、周燕译,社会科学文献出版社,2000,序,第 2 页。

学家的顾氏因对事情发生的'场景'不甚谙熟，也很难做到'局内人'的程度"。①

王建民的《中国民族学史》上卷着重资料搜集编排与史实梳理，系统呈现了民国时期民族学发展的图景；下卷写作素材较丰，理论色彩亦浓。其标志着民族学学科史基本成形，是目前民族学史研究必不可少的参考书目。其他通史论成果有胡鸿保主编《中国人类学史》、孟航《中国民族学人类学社会学史（1900—1949）》等。另外，一些编年体的资料汇编、研究成果简述汇集等极受欢迎，如宋蜀华、满都尔图主编《中国民族学五十年》，杨圣敏、胡鸿保主编《中国民族学六十年（1949—2010）》，王建民、唐肖彬、勉丽萍、张婕编著《中国人类学民族学百年纪事》，良警宇、白睿、王树春编《中国人类学民族学百年文献索引》，等等。此外，21世纪出版的各类教材，多列单节专论民族学发展史，但均以叙述和简评为主。

地区与专题性质的学术史研究。80年代的研究成果多为线条性的梳理及简单的观点提炼，代表作有江应樑的《民族学在云南》等。90年代后虽有进一步发展，但范式上的突破力度不大，综述类文章依然为其主要，如李绍明的《民族学近期在西南地区的应用与发展》、方衍的《东北亚民族研究中的几个问题》等。进入21世纪以来，地区和专题研究火热，成为学术史研究的基本进路之一。此种取向的出现，一方面与国际人类学各分支学科日益发达相关，另一方面也与90年代通史类研究逐渐成熟，迫使研究者进行学术转向有关。另外，也与学科研究逐渐成熟有关。目前，"做专题必先做综述"已成基本规范与学术共识，因此有大量学术前史类文章发表，为学科史研究提供了诸多有益材料。从研究范式上看，专题研究前的综述类文章多数还

---

① 王建民、张海洋、胡鸿保：《中国民族学史》（下），云南教育出版社，1998，序一，第2页。

是重材料,以呈现相关研究历程、评价相关研究成果、总结相关研究特点、找寻相关研究缺憾为主。专论学术史类文章则突破力度稍大,多数学者已不满足于对材料的爬梳与理论的简单提升,更多走向反思学术史类,关注文本和社会场景的建构关系。从研究地域上看,层次分明。有西南、西北、东北等区域研究之作,有各自治区及多民族省份的研究之作,如甘肃、贵州、云南等,也有一些河流、村落等地区的研究综述。从分支学科方面来看,宗教人类学、经济人类学、生态人类学、医学人类学、法律人类学等诸多分支学科的前史类文章均已问世。总而言之,凡民族学涉及的学术命题,或多或少都会出现学术史回顾与总结性文字,这为相关研究提供了极大便利。因此类成果内容庞杂,与本书关系不甚密切,在这里只做概述,不做一一举例与逐个延展。

人物研究。至80年代末,中国民族学第一代、第二代学者多已离世或已过古稀之年。学界对他们的研究成果的整理与思想的挖掘也正起步。第一,出版早期民族学家的研究文集或选集等。其中最具规模者当数民族出版社组织出版的"人类学民族学研究文集",文集汇聚了诸多学者的学术精华,包括吴泽霖、潘光旦、杨堃、吴文藻、费孝通、岑家梧、任乃强、江应樑、梁钊韬、马学良等等。除此之外,一些学术机构也出版了学者文集,如杨成志、方国瑜、李安宅、陶云逵、马曜、李绍明等等。基本涵盖了第一代、第二代群体,第三代、第四代,甚至第五代学者的选集也在陆续出版,形势喜人。第二,出版老一辈学者的纪念文集、访谈回忆文章及年谱传记等。纪念文集方面有《吴泽霖执教60周年暨90寿辰纪念文集》《潘光旦先生百年诞辰纪念文集》《梁钊韬与人类学》《马长寿纪念文集》《马曜先生从事创作学术活动五十周年纪念文集》《汇聚学术情缘——林耀华先生纪念文集》等等。此类文集既包含亲友弟子的追忆文章,也包括一些学术思想研究类成果,有些还有学者自述,趣味性和学术性都很强。年谱、传记等研究在90年代之后骤然兴起，对于了解学者的人生史有很大帮助，执笔者多为老一辈学者的亲授弟子，代表性作品有张冠生的《费孝通传》、潘守永的《林耀华评传》、王珩和王建民的《陈永龄评传》、杨筑慧的《宋蜀华评传》、吕文浩的《潘光旦图传》、江晓林的《江应樑传》、谢本书的《马曜评传》等。第三，老一辈学者的思想述评类文章。主要集中在思想概貌的呈现方面，重点在于梳理与挖掘思想内涵，多人物、跨区域对比研究的典范之作尚未出现。代表性成果有刘豪兴《费孝通社会学学术思想述评》、徐平《费孝通民族学术思想述略》、金天明和龙平平《论吴文藻的"民族学中国化"学术思想》等等。21世纪以来，虽也有一些概述类文章问世，但数量呈下降趋势。经十几年之积累，人物研究多朝反思学术史方向行进。

20世纪90年代，随着西方最新研究范式的冲击及中国学者学术自觉意识的强烈觉醒，民族学研究进入范式多元与流变时代。[1] 以王铭铭等为代表的众多学人在学术史书写中超越了传统，很具启发意义。在表述之中对权力与学术之间的关系进行反思，他把学科、学者等放在民族国家创建的历史背景下进行考察，认为人类学发展中首要的问题是：学科的国家化。[2] 其后数年，他指导学生从人物个案出发来书写另类的学术史，主要成果有伍婷婷的《变革社会中的人生与学术——围绕李绍明的中国人类学史个案研究》、杨清媚的《最后的绅士：以费孝通为个案的人类学史研究》、徐振燕的《任乃强的西南图景——对一位二十世纪前期民族学家的研究》。除上述三位外，陈波的《李安宅与华西学派人类学》也是人物研究的代表作品。所取四位人物各有特色。伍著锁定李绍明的学术人生，其目的在于通过考察这位新中国培养出来的学者的所作所为，去还原被学界认为具有特色的20世纪五六十年代中期的

---

① 潘蛟主编《中国社会文化人类学/民族学百年文选》（下），知识产权出版社，2009，"自序：说中国人类学的舶来"，第9页。
② 王铭铭：《西学"中国化"的历史困境》，广西师范大学出版社，2005，第34页。

中国人类学面貌。① 其采用的方法更强调知识社会学的分析，试图以个
案研究回答 50 年代民族国家建构如何影响学科定位以及知识的生产等
几个问题。"费孝通为 20 世纪的中国人类学奠定了基础，理解他方可
理解中国人类学的历史与未来。"杨著采取了她称为"心史"之法，所
谓"心史"绝非心理活动使然，其本身带有客观、集体性质，有自身
发展走向，其目的是"要在费孝通身上看到中国学人内在的、延续的
思想观念是如何在当代中国的具体历史中表达自身的"。② 杨氏主要借
助文本分析来进入费孝通的"心灵"世界。徐著把任乃强作为研究对
象，试图通过研究任乃强（没有留洋经历，本土学者）在中国人类学
发展过程中的活动，来解读中国人类学中的一些"非西方"因素。在
方法论上，格尔茨把知识当作解释对象的研究进路对其启发很大，在操
作中依然还是通过对作品的深入解读来审视和洞察其中的精神世界。③
陈波把李安宅看作具有天下心态，真正超越了民族—国家思维的人类学
家，他的整个研究想要展现中国现代史上的一种可能：如果我们要从民
族—国家的角度拯救历史，需要从李安宅的路径和方向出发，这种方向
即他指出的互惠人类学，那是一种中国儒家对异文化的态度，即建立在
文化平等之上，并因此消解了政治霸权造成的不平等。④ 在论证中，陈
氏广纳材料，并处处想要营造出与李安宅相关的学术共生场域，还指出
需用人类学的他者观念去理解人类学的学科史。值得一提的是，吕文浩
的《中国现代思想史上的潘光旦》一书特征鲜明。他把潘光旦的学术
思想更多放置在中国思想史脉络中进行考察，从潘氏自身的学术理路出

① 伍婷婷：《变革社会中的人生与学术——围绕李绍明的中国人类学史个案研究》，博
　士学位论文，中央民族大学，2009，第 1 页。
② 杨清媚：《最后的绅士：以费孝通为个案的人类学史研究》，世界图书出版公司北京
　公司，2010，第 1 页。
③ 徐振燕：《任乃强的西南图景——对一位二十世纪前期民族学家的研究》，博士学位
　论文，中央民族大学，2011，第 5 页。
④ 陈波：《李安宅与华西学派人类学》，巴蜀书社，2010，后记，第 353 页。

发，也兼及当时学术生产中的对话继承等，重视资料搜集与语言表述，分析鞭辟入里，学术演绎色彩较淡，实证性很强，是相关研究中不可多得的佳作。

从上述梳理可以看出，学科史的研究早已超越了对学科发展历程的回顾，进入学术思辨和思想史、知识史的探索阶段。^① 而在此新阶段，人物、学派或议题研究起着排头兵的开拓性作用。上述个案研究成果虽在结论、方法上有所差异，但对学科史研究视野的开拓、研究取向的转变乃至对学科史发展的重新认识，都有很大的推动作用，可谓学科史研究新潮，但在未来研究中尚有继续开拓的空间。

（二）吴泽霖生平及学术思想研究

第一，纵向分析。关于吴泽霖生平的介绍及学术思想的研究，肇始于民国时期，但多是书评或人物介绍。如潘光旦的《现代种族》（书评）、汪洋时的《现代种族述评》、孙本文的《新中华社会学及社会问题书评》等。80年代后，对吴泽霖学术思想的研究开始逐步系统化、扩大化、稳定化。从笔者搜集的70余部论著看，可分为三个阶段。

第一阶段为1987—1990年。80年代末，中国第一批社会学家多已辞世，吴泽霖也已过仗朝之年。1988年10月6日，中南民族学院等单位联合举办"吴泽霖教授执教六十周年庆祝会及吴泽霖教授学术思想报告会"，会议出席人员约1300人，盛况空前。诸多单位发来贺电，亦有学术名家撰写文章，其中贺电60多条，文章17篇。此次会议可视为改革开放后吴泽霖学术思想研究的开端。从作者群体来看，多为同侪、亲友、弟子等；从成果性质上来看，除了2篇讨论吴泽霖学术思想的论文外，其余多叙其生平事迹，以此来彰显人格魅力。这些文章为后来学者的相关研究提供了诸多线索和素材，其后几年里的成果基本是对吴泽霖的访谈性文字。

---

① 王建民：《从中国人类学民族学的发展看学科的世界性与本土性》，《西南民族大学学报》2009年第4期。

　　第二阶段为 1990—2000 年。文章数量共有 30 篇，与前阶段相比，增幅达 76%，这与吴泽霖逝世（1990 年 8 月 2 日）有关。吴泽霖逝世后，为缅怀这位学术前辈，治丧委员会特别编辑了一本小册子，内中刊登文章 10 篇，均为回忆性文字。还有一些纪念文章发表在杂志上。除了缅怀文字外，对吴泽霖学术思想的梳理也出现了一些成果，共 7 篇，约占总数的 23%。从作者群体来看，吴泽霖生前的故人依然是主力。与前阶段相同，个别事件促使了研究成果在数量上的激增，因此成果内容与事件紧密相关，主要表现为回忆性文字占据主体。稍有不同的是，思想研究迈出了重要的一步，学术性增强了许多，这表明吴泽霖学术思想研究开始逐步学术化、系统化。

　　第三阶段为进入 21 世纪之后，学术化、系统化更为明显，文章共 30 篇，专著 1 部。其中，生平概述类文章有 4 篇；学术思想研究类文章有 26 篇，约占总数的 87%。更为可喜的是，专论吴泽霖生平事迹的专著《吴泽霖年谱》出版，该书利用大量的历史文献系统呈现了吴泽霖的一生。

　　第二，横向分析。从横向上的分类来看，吴泽霖的研究基本可以分成两种类型。第一类为事迹概述、缅怀纪念类文章。此类成果占据吴泽霖学术研究的一半左右，多数作者与吴泽霖有关联，其中尤以弟子类作者占据主体。论述方面，均从点滴小事谈起，最后彰显吴泽霖的高风亮节。其中最值得一提的是费孝通的《在人生的天平上》。该文系费孝通为纪念吴泽霖所撰之文章，篇幅不长，但值得仔细揣摩之处颇多，笔者认为它最能帮助体悟吴泽霖学术人生的真谛。费孝通和吴泽霖一起共事 40 余年，在他眼中，吴泽霖首先是"五四"时代人物，对国家富有责任感等集体特征贯穿其一生。在吴泽霖最为重要的博物馆事业中，始终贯穿着一个主线：平等。平等观念的形成背后有着个人生活史、学科使命感和国家责任心的三重动力。① 这种把握十分准确，为本书指明了基本思路。另外，近期出版的

---

　　①　费孝通：《在人生的天平上》，《中南民族学院学报》1991 年第 4 期。

《吴泽霖年谱》，用编年体的形式全面系统地回顾了吴泽霖的一生，为相关研究奠定了一定的资料基础。其他论著有赵培中主编的《吴泽霖执教60周年暨90寿辰纪念文集》《吴泽霖纪念文集》、李绍明的《谦谦君子吴泽霖》、钟年的《记著名社会学家、人类学家吴泽霖先生》等。

第二类为学术述评类文章。按照内容分类，此类成果可以分为五个方面。其一，总体思想概说类。代表文章为孙秋云、钟年的《注重田野调查 为社会进步服务——吴泽霖教授学术思想概说》。该文从社会学、人类学及民族学三个方面论述吴泽霖的学术思想和学术成就，认为吴泽霖经历坎坷但矢志不渝的原因是：中国传统文化的教育和熏陶及个人在国家危急时刻的人生际遇共同铸就。文章侧重思想的勾勒和特点的概说，风格简明，结构清晰。

其二，民族学、人类学思想概述类。此类成果相对较多，又可分为两个类型。一是关于吴泽霖民族学思想的述论。代表文章有王建民的《吴泽霖民族学思想和学术生涯》、钟年和孙秋云的《吴泽霖民族研究思想述评》、李然的《吴泽霖与中国人类学的发展》等。前两篇文章强调对吴泽霖民族学思想的梳理、分类，并做出了一些基本评价，尤其是后者总结了吴泽霖写作民族志的四个特点，并就其对民族学理论提升的作用做了探索，指出吴泽霖的学术研究昭示了一条多学科的知识交叉融合的探索道路。第三篇文章在梳理成果的同时给予正面的评价，认为吴泽霖在拓展研究领域和推动贵州少数民族研究、种族世界民族研究、民族学博物馆研究及实践、学科建设、学科知识的普及等方面贡献卓著。另有李金兰和周大鸣合作的《吴泽霖与西南少数民族研究》，认为吴泽霖将国外社会科学理论融会贯通后再应用于西南少数民族研究，其研究方法是从西南少数民族的实际情况出发，不拘泥于学科领域，体现了较为宽广的学术视野，在中国民族学史上占有独特的地位。[①] 此外，刘琪

---

① 李金兰、周大鸣：《吴泽霖与西南少数民族研究》，《贵州民族研究》2020年第6期。

的文章《社会约制下的民族平等与民族团结——吴泽霖的种族与民族论述》，从吴泽霖早年论述的"社会约制"概念出发，分析民族问题和民族团结等问题，观点较有新意。①

二是就吴泽霖某一方面的研究展开论述。涉及内容众多，如边疆研究②、苗族研究③、民族文化研究④、世界民族研究⑤等。多数文章在于清理相关成果，分门别类，并做出简单述评，起到了很好的学术导引作用。其中值得关注的是李金花的文章。李金花的研究进路与前述诸文有所不同，偏重于知识社会学，其从国家角度来解读吴泽霖的民族志书写，对书写者和民族文本中的学科需求与国家情结尤为关注。另外，李毅夫把关注点聚焦在吴泽霖世界民族研究上，文中对《现代种族》一书的评介较多，比较全面，也较为中肯。其他文章还有邱有林的《吴泽霖边疆社会建设思想研究》等。

其三，社会学方面的研究。单论吴泽霖社会学研究的文章较少，但对吴泽霖美国种族问题的研究关注较多，有张帆的《吴泽霖与他的〈美国人对黑人、犹太人和东方人的态度〉》和袁剑、朱晓晓的《海外人类学研究的中国先声》。两文均把吴泽霖美国种族问题的研究放置在海外民族志的学术谱系上进行分析，强调其开拓性的贡献。向伟的《从〈社会约制〉看吴泽霖先生的社会治理观》在陈述吴泽霖社会约制思想的基础上，延伸到当代中国的社会治理，试图从吴泽霖思想中挖掘

---

① 刘琪：《社会约制下的民族平等与民族团结——吴泽霖的种族与民族论述》，《西北民族研究》2023 年第 1 期。

② 李然：《从吴泽霖边疆建设思想看当代边疆民族地区建设》，《中南民族大学学报》2019 年第 1 期。

③ 杨正文：《吴泽霖先生的苗族研究》，《民族学刊》2012 年第 3 期；王晓峰、赵定东：《吴泽霖贵州苗夷社会研究及其贡献初论》，《昆明学院学报》2015 年第 5 期；李金花：《另一种民族志——读吴泽霖等〈贵州苗夷社会研究〉》，王铭铭主编《中国人类学评论》第 13 辑，世界图书出版公司北京公司，2009。

④ 吴丽君：《抗战时期吴泽霖民族风俗文化考察》，《贵州民族研究》2013 年第 6 期。

⑤ 李毅夫：《吴泽霖教授与中国世界民族的研究》，赵培中主编《吴泽霖执教 60 周年暨 90 寿辰纪念文集》。

出值得借鉴之处。另外，国内出版的社会学史著作对吴泽霖的研究也有介绍，最早的当数孙本文的《当代中国社会学》一书。80 年代后出版的社会学史著作对吴泽霖的研究基本都有提及，其中内容相对丰富的是杨雅彬的《近代中国社会学》。该书上卷设"普通社会学"一章列专节介绍吴泽霖的社会约制研究，认为吴泽霖的独到之处在于明确区分了社会控制与方法，认为其对控制一词的再阐释是国内社会学界的创见。①渠敬东在《中国社会学经典导读》中对《社会约制》一书也有介绍，评价也较高。

其四，对吴泽霖博物馆事业的研究。秦晋庭《中国民族文博事业的拓荒者——吴泽霖教授》主要介绍吴泽霖在文物收集、博物馆建设中的所作所为，以此来凸显吴泽霖作为"中国民族文博事业的拓荒者"的地位。钟年的《吴泽霖民族博物馆学思想管窥》和温士贤、彭文斌的《传译民族文化与平等——吴泽霖先生的民族博物馆思想》二文则注重对吴泽霖博物馆思想的探索。前者既是管窥，自然有所偏重，点出了吴泽霖思想的若干面向。后文在梳理基础上的研究更进一步，指出吴泽霖的博物馆学术活动有双重意旨，有传译文化、教育公众、实现民族团结的现实考虑，也有创建民族学"实验室"，将民族学博物馆拉回学科框架的诉求，而且站在学术体系的角度，颇有见地地指出他的研究是早期种族问题研究的延续。袁剑和朱晓晓的《边疆博物与中华民族共同体建设的构想——吴泽霖学术思想菁华及当代启示》揭示了吴泽霖在中国民族学、人类学的"物"的研究领域所做出的开创性贡献，并重新"发现"吴泽霖的边疆博物思想在中华民族共同体建设过程中所具有的重要价值及其实践意义，具有一定的启发意义。其他文章还有杨晓的《吴泽霖学术贡献与当代民族博物馆发展思考》等。

其五，研究方法及其他。对吴泽霖学术方法的研究也有几篇文章，

---

① 杨雅彬：《近代中国社会学》上卷，第 176—177 页。

钟年的《从田野中来》指出，吴泽霖在研究中并没有拘泥于一种方法，而是综合运用多种分析方法。王晓峰、赵定东的《吴泽霖贵州苗夷社会研究及其贡献初论》也认为吴泽霖在苗夷社会研究中采用了文物推断、称谓推断和语言推断等多种方法，并对田野调查和残余分析法着重做了介绍。杨培德的《民族志田野调查的视角态度——以〈苗族社会历史调查〉和〈贵州苗夷社会研究〉为例》则从宏观方法论角度来探讨《贵州苗夷社会研究》书写时的视角态度问题。除此之外，还有一些文章讨论吴泽霖的学科建设贡献、《贵州苗夷社会研究》的注释考据和纠正等问题。

综合而言，学界对吴泽霖及其思想的研究多数尚在经验学术史的范畴内，强调呈现其思想的基本样态，且在呈现中还存在诸多问题。第一，材料搜集不全面、不完整，如吴泽霖青年时期的成果、硕士论文及英文著作基本无人问津。第二，存在诸多学术盲点，如吴泽霖的人口研究、劳工研究、马来西亚民族问题等的研究。第三，缺乏整体和系统视角。多数成果就吴泽霖某一方面的成果展开论述，很少有学者把其思想看作一个逐步成熟、贯穿始终、结构完整的体系。第四，研究方法相对陈旧。除少数几篇文章外，其余文章基本还处在简评和概述阶段，把复杂的思想体系与文本书写简单化约为几句总结与概括。第五，批判力度不够，总体上以褒扬为主。多数研究在于论证其贡献，并没有将其与其他学者进行对比，在对比之中方能凸显各自特色。

三 学科史研究视角

研究个体学者知识生产的方式有很多，其中较多采用的是思想史和学术史的研究路径。按照侯外庐的分析，思想史关注的是"逻辑方法""学术道路""社会意识""世界认识"等等。[①] 而学术专指学问、知

---

① 葛兆光：《中国思想史》，复旦大学出版社，2001，导论，第7页。

识，思想则是指学术之外的所有提高层次的人类精神活动。在这层意义上，"学术史与思想史有不同的分野"。① 具体而言，"学术史可以说是知识层面的学术之史，而思想史则是思想层面的学术之史"。② 有学者还明确指出，学术史的研究任务在于考察学术真实性、判断学术正确性、揭示学术独创性、指出学术启示性。③ 当然，把学术与思想连接起来的用法也很多，特指在专业研究领域形成的思想体系。关于学术与思想的区分，相关讨论很多，此处不赘。大体上看，前述几种方式都是在研究学者精神层面的活动，强调的都是精神、观念层面的思想与学说。按照库恩的说法，前述数种带有鲜明的"内史"研究传统，把科学研究看作理性、抽象，且与外在社会文化情境无关的思维活动，注重概念、方法、理论等的前后联系性。

与之相对，库恩还提出"外史"研究传统，把学者的知识生产看作一种社会行为，它受外在的社会、政治、经济等各种因素的影响。但库恩并不主张从单一的"内史"或"外史"角度考察学者的学术研究，认为它们都存在"天然自主性"，二者可以相互补充，即所谓"内外史"结合的方式。④ 它讲求思想的内在连续性，同时也注重知识生成的外在情境性。与上述提法有些类似，近来有学者区分了"学科史"与"学术史"，认为学术史强调知识的内在逻辑性、独立性与延续性，"学科史"将目光投向"'专门之学'的'立科'及其演化这一社会性的历史活动之中"，是对学科确立社会性因素的强调与认同，但"学科史的讨论不可能规避学术史的研究"，"学科史的理论视角的存在本就是

---

① 葛兆光：《中国思想史》，导论，第 25 页。
② 周国栋：《两种不同的学术史范式——梁启超、钱穆〈中国近三百年学术史〉之比较》，《史学月刊》2000 年第 4 期。
③ 蒋寅：《学术史研究与学术规范化》，陈平原等主编《学人》第 1 辑，江苏文艺出版社，1991，第 42 页。
④ 托马斯·库恩：《必要的张力——科学的传统和变革论文选》，范岱年、纪树立等译，北京大学出版社，2004，第 106—110 页。

为了使得学术史更为丰满和充实"。① 换言之，学科史研究要注重知识或思想的独立性，同时也要关心知识或思想生成的社会文化场景。再具体来分析，"学科是知识形态、活动形态和组织形态的统一体"。② 那么，学科史的研究不仅应该考察知识的生成、变迁等形态，而且也要对学者的学术实践活动以及学科制度化的组织机制等进行讨论。

按照上述思路，采用学科史的研究视角来分析吴泽霖在民族学与社会学领域所做的各项研究，除关注其撰写的文本所表达的各种学术思想之外，还要关注他的学术实践活动，同时还要把学科制度化的历程纳入他的学术研究中进行整体性考察，强调思想延续性的同时，关注知识生产的外在因素。另外，采用学科史研究视角更为重要的是把吴泽霖各阶段的学术研究放置在社会学、民族学学科的整体发展背景中去考察，看他如何应对当时学科发展所面临的最为紧迫的问题，同时总结其学术研究的特点，并以此为基础讨论社会学、民族学学科本土化过程中形成的一些特点，即是以人物为中心的学科史研究。这种研究方式在西方人类学界较为流行，近年来国内有学者也开始有所尝试，并形成了一系列研究成果。

四 研究目标及方法

（一）研究目标

本书属于个体学者学术研究的再研究，也属于学科史类型的研究，在研究目标的设定上有三个层面。

在微观层面，本书试图通过对吴泽霖一生学术研究成果的整理，挖掘学界尚未关注的若干成果，介绍吴泽霖在多学科领域内的学术成果，着力呈现其学术思想的大致面貌，呈现中国老一辈民族学、社会学家跌

---

① 栗永清：《学科·教育·学术：学科史视野中的中国文学学科》，博士学位论文，复旦大学，2010，第 64 页。

② 孙绵涛、朱晓黎：《关于学科本质的再认识》，《教育研究》2007 年第 12 期。

宕起伏的人生轨迹与广博的学术研究脉络。

在中观层面，本书结合吴泽霖的个人经历、相关学科发展及时代情境来分析其学术研究的内在逻辑，梳理吴泽霖各时期研究中的延续性和变异性，并将其学术研究放置在当时的学科谱系中，与其他学者相比较，探讨各自的优劣处，为我们更好地理解吴泽霖的知识生产提供一张思想地图。

在宏观层面，本书在前人研究的基础上，总结吴泽霖学术研究的特征，并把这种特征放置在学科本土化议题中进行考察。从个案着手，试图说明民族学、社会学学科中的应用倾向为何在中国早期知识分子中间如此根深蒂固，分析这种特征给学科发展带来的深刻影响。再结合近代呼声渐高的"中国学派"的主张，提出若干反思性的问题。

（二）研究方法

第一，文献搜集法。本书在类型上属于文献研究，文献搜集法是开展研究的第一步。主要通过两种方式搜集文献。一是通过各类数据库检索与吴泽霖相关的文章、专著等，包括大成老旧期刊全文数据库、中国边疆研究数据库、中国知网、《人民日报》数据库等等；二是到国家图书馆、上海图书馆、苏州图书馆、中国历史第二档案馆等查阅与本书研究主题相关的材料。搜集的文献材料主要有三类：一是吴泽霖一生撰写的论著、译文、自述、手稿、书信等；二是学界对于吴泽霖个人思想的研究成果及他人的访谈材料；三是学界对于学科史的研究成果，包括社会学史、人类学史以及相关人物的思想研究，如吴景超、吴文藻、费孝通、林耀华等。

第二，文本分析法。文本分析法内容十分丰富，主要目的在于把握文本之外的深层意义，包括叙述学分析方法、符号学分析方法、文本社会学方法等等。本书主要采用文本社会学方法，把文本创作放置在各种关系纠葛中进行考察，着力解决的是文本背后的社会、学科情境如何影响知识话语的产生问题。具体而言，集中讨论吴泽霖进行知识生产时背后隐藏的社会网络、时代主题与学科境遇，始终把吴泽霖的学术研究放在一个不断开创、对话、继承学术话语的知识谱系中进行考察。

第三，比较研究法。本书的最终意图在于以吴泽霖的学术研究为个案来反映中国民族学、社会学发展的特殊面向。在论述中，不仅把吴泽霖的学术实践放置在他自己的学术链条中进行考察，也将其与当时的学术思潮进行勾连。因此，必不可少地要与其他学者的相似研究进行对比。通过比较研究，讨论面对同样的时代问题，不同背景的学者如何在不同的研究旨趣中达成基本观点的一致等问题。

第四，人物访谈法。吴泽霖享年 92 岁，跨越清末、民国和新中国三个时期，生前故友、同事、弟子、亲人极多，但现大多已离世，在世者有些也已八九十岁。他们与吴泽霖有直接的接触，有些还是吴泽霖学术活动的参与者、亲历者。因此，他们的回忆弥足珍贵。笔者在能力范围之内尽可能联系了吴泽霖晚年的弟子、亲友，并进行了访谈，从而为本书写作提供了诸多佐证材料。

第一章　人生谱系：时代视野下
吴泽霖的个人生命史

　　学者的知识生产绝非在真空状态下的主观创作，而是与其人生经历相互交织，体现为一种"剪不断理还乱"的复杂关系。其学术思想的成熟也是一个有因有果、前后相继的历史过程，都会有一个思想源头。由此，理解学者的学术研究首先要从个人的生平及其思想来源出发。但需要强调的是，人生经历和思想来源不应成为可有可无的背景性材料，也不应成为理解学者思想的一种注解，而是深刻嵌入学者的学术创作中，是其开展学术研究的原动力之一，是研究学者"为什么会说"的关键第一步。

第一节　不平凡的人生历程

　　费孝通先生对吴泽霖的"天平人生观"评价甚高，并以"在人生的天平上"为名来表达他对吴泽霖学术人生的理解，[①] 后又多次提及，并号召学习这种高度的历史观与社会观，[②] 认为它是"把个人放进历史和社会

---

　　① 吴泽霖：《美国人对黑人、犹太人和东方人的态度》，中央民族学院出版社，1992，费孝通序，第6页。
　　② 徐平在文章中提到："他一直用吴泽霖先生的'公式'来比喻，人生的天秤上一头是对社会的给予，一头是对社会的贡献。"详见徐平《我跟费孝通读博士》，《民族团结》2000年第2期。

的天平上来衡量自己的观念"。① "人生的天平"不仅充分体现了吴泽霖对国家、社会、个人的自觉认识，而且也是对其人生轨迹的最佳反映。本节通过对其家世、生活、交往、职务的素描，力图呈现吴泽霖人生的跌宕起伏，为读者理解吴泽霖的学术实践提供一个个性化、故事性的指引。更深层次地讲，吴泽霖的人生经历也是其知识生产的原动力之一，他的家世、交往、兴趣等实际上已经深刻影响到其学术研究的各个方面。

一 家世与家风

吴泽霖，1898 年出生于安徽。父吴龢，字石平，家境贫寒，曾中秀才。后来家中兄弟不睦，加之受太平天国运动的影响，遂迁于常熟。在常熟期间，吴龢拜吴谷祥为师，学习绘画。光绪年间，曾自学照相术，与人合开照相馆，但经营困难，不久后倒闭，只能以为亡人绘遗容为业，维持生计。② 吴龢为人忠厚诚笃，言而有信，颇受好评。他的画技亦十分高超，擅长人物仕女画、山水画等，以扇头小品最为精妙，是常熟画坛名人。

吴泽霖在 11 岁之前，由其父亲自教授四书五经，后来又辗转于数个私塾学堂，接受中国传统教育，幼年时期受传统文化的熏陶很深。后来他在各个场合题写的字、为亡妻陆德音撰写的悼文亦可印证此点。11岁之后，吴泽霖开始在常熟的明德小学、思文小学及常熟第一高小等新式学校学习，成绩十分优异。1913 年，他与刘聪强、钱宗堡等人前往南京投考清华，顺利进入全省前 4 名，被清华学校录取。

在清华读书期间，吴泽霖的家境并不富裕。吴龢虽在常熟小有名气，但也仅能维持家用，生活条件并不宽裕。1917 年清华辛酉级编辑的《辛酉镜》中对吴泽霖的描述有 "家贫，不克外就学"③ 之语。在

---

① 潘乃谷：《但开风气不为师——费孝通学科建设思想访谈》，《民俗研究》1997 年第 1 期。
② 详见《吴泽霖家族百年史》，内部资料，2012。笔者藏，由吴先生家人提供。
③ 北京清华学校辛酉级编《辛酉镜》，1917，第 11 页。

清华读书时，吴泽霖数个暑假并未回家，而是参加清华消夏团，也是基于节省经费开支的考虑。其在自述中曾谈道："出生于一个清寒的秀才家里。"[①] 家庭经济的困窘，一方面使其养成了勤俭节约的品德，另一方面也使得他对社会边缘群体有着深刻的同情心和理解心。在清华读书时，吴泽霖积极参加难民救济活动，其后开展上海社会救济事业调查等应与其个人经历不无关联。

父亲对吴泽霖学术研究影响最重要的一点在于，培养了他对艺术的兴趣，使他逐步从艺术作品中提炼出朴素的平等观念。幼年时除随父学习"旧学"外，吴泽霖也受到了诸多绘画方面的训练。《辛酉镜》载："父精书画，授以古先遗法，习之，有可观……十二入县立高等小学，以绘闻。"[②] 在清华读书期间，吴泽霖积极参加美术、话剧等团体活动，以擅长绘画和表演而知名。与杨廷宝、闻一多等组织了美术社，所习画分铅笔、水笔、钢笔、炭油等，兼习静物、花草、野外写生等，[③] 他还多次担任《清华周刊》、辛酉级会的美术编辑、图画员等职务。其话剧天赋更是被当时同学所称道，曾在《革命军》中饰演湖广总督瑞澂的仆人，在《打城隍》中饰演樵夫，在《兰言》中饰演主角伍詹阶，在《蓬莱会》中饰演五不像，他还在学校新剧社担任庶务部总经理兼总务主任等。吴泽霖对艺术的敏感贯穿一生的学术研究。从内容上来看，抗战时期滇黔两省的民族志书写中，涉及众多建筑、衣饰、食物、人物等，除文字叙述外，形象贴切、惟妙惟肖的蝇头小画亦是极具特色，读者可直观理解和感受少数民族的文化特质，当然这也是他用图画形式来介绍地方性知识的方式之一。就学术理念来看，艺术中蕴含的平等观在吴泽霖学术思想中更是根深蒂固。艺术作品是各族群反映和适应自然的象征性表述，没有差别，都应得到尊重。吴泽霖对艺术的偏爱与敏感，直接体现在中

---

① 《吴泽霖自述》，1952，内部资料。
② 《辛酉镜》，第 11 页。
③ 《美术社》，《清华周刊》1920 年临时增刊。

后期孜孜不倦地开展民族文物的搜集工作上。费孝通对此有很精妙的描述："吴先生幼年时还当过他父亲的助手。这种与生俱来的'艺术细胞'，可能是引导他成长后偏爱少数民族艺术的根源。后来我又想到，吴先生的艺术鉴赏能力帮助了他坚定地信守民族平等的观念。在各民族的文物中可以透视到各民族所共同具有的艺术创造力，这种艺术创造力不受物质条件的限制。"①

二　生活与学术

吴泽霖一生纵跨晚清、民国、新中国成立初期和改革开放时期，经历曲折坎坷，各时期学术创作的多寡与其个人生活息息相关。分阶段考察吴泽霖的人生经历，可为理解学者生活场景的变化、知识生产的分期和学术旨趣的转移等提供鲜活的个案。

1927 年 10 月前，属于吴泽霖的学习阶段。该时期的主要任务是完成各类学业，学术创作上数量较少，但专题性很强。共有 5 篇，其中"The Social Thought of Confucius"和"Attidudes Toward Negroes, Jews, and Orientals in the United States"是他在美国密苏里大学读硕士和在俄亥俄州立大学读博士时的学位论文。早期成果对于探究吴泽霖学术思想的发端，有很大的价值。以《服饰的研究》为例，该文的选题、论证、方法等都直接体现了艺术的熏陶对早期学术习惯养成的影响。

1928—1938 年在上海期间，属于吴泽霖的学术盛产期。个人生活的稳定为其学术创作高潮的出现提供了重要保障。该时期吴泽霖的物质条件十分优越，其收入来源有三：一为工资收入，吴泽霖在大夏大学的薪酬较高，仅次于校长，妻子陆德音亦是学校教师，两人每月工资收入共有七八百元之多；二为兼职所得收入，吴泽霖在光华大学兼课九年，后又借调到暨南大学，多次在上海各学校进行演讲，此部分收入也相当可

---

① 吴泽霖：《美国人对黑人、犹太人和东方人的态度》，费孝通序，第 2 页。

观；三为论著和译作的稿酬。吴泽霖在自述中称，利用数年积蓄在大夏新村①附近购买了一亩土地，把该地抵押给银行，借款六千，加上自己的积蓄，盖了一座独栋洋房，雇请了6名用人。② 家庭生活此时也趋于稳定。吴妻陆德音女士，是浙江吴兴望族之后，曾留学于美国密歇根大学，获社会学硕士学位，归国后任大夏大学英文系教师。吴、陆二人于1929年9月成婚，一时传为佳话。夫妻二人感情极好，"结褵十余年，未尝有一次反目，情爱之笃，为朋友所称道"。③ 除个人生活稳定外，吴泽霖还担任大夏大学等校的领导职务，在上海属社会名流，交往的多数为学界巨擘，相互砥砺，学识日长。在这样优越、宽松的环境中，吴泽霖共出版专著8部，翻译著作1部，发表文章103篇，还发表了数百篇的读书摘要、书评等。

1938—1949年，在贵阳、昆明等地期间。此时期是中国最为艰难的阶段，全国通货膨胀严重，物价飞涨，知识分子的生活水准也直线下降。私立大夏大学自迁至贵阳后，收入更为拮据，日来微薄。④ 学校处境艰难，吴泽霖全家也几经辗转，颠沛流离。妻子陆德音又得肠炎，因医治无效去世，这对吴泽霖的打击更大。1941年，吴泽霖离筑至昆，开始在西南联大任教。1942年教授每月薪酬为300—600元，但米价已飞涨至280元/石⑤。在昆明期间，吴泽霖较一般教授的经济收入好，⑥ 但限于整体环境，在物质上其实并不宽裕，生活清苦。战后

---

① 大夏大学原校址位于上海胭脂路，后来规模扩大，搬迁到今天中山路附近，大夏新村亦在此，是大夏大学教职员工的宿舍。八一三事变爆发后，日本人空袭上海，大夏新村毁于战火。
② 吴泽霖当时共有四个孩子，每个保姆照顾一个小孩，厨师和花匠各一名，共六人。
③ 周独云：《陆德音女士哀荣录》，1940。
④ 王伯群：《大夏十周年纪念典礼开会词》，汤涛编《王伯群文集》，上海书店出版社，2018，第202页。
⑤ 1937年下半年米价为8元/石，1939年底为56元/石，1940年底为83元/石，1941年9月为110元/石，1941年12月为280元/石。详见马嘶《百年冷暖：20世纪中国知识分子生活状况》，北京图书馆出版社，2003，第243页。
⑥ 当时除了西南联大的薪酬外，吴泽霖还兼任战地服务团和昆明译员训练班的职务，有些额外的收入，但为数不多。

国内物价的飞涨日甚一日，吴泽霖虽为清华大学教务长，但也仅能维持家用，与战前不可同日而语。虽然此一时期生活艰辛，但从吴泽霖整个学术生涯看，地位却最为重要。从数量看，共出版专著、调查报告 5 部，发表文章 37 篇，译作 1 部，数量上的锐减与战时纸张奇贵、印刷困难等因素有关，但在质量上，很多成果具有拓荒意义，是民族志研究的典范。可以看出，对于学者的学术创作，外界物质条件固然重要，但"国运艰难，社会困穷，那些正可激发诸位远大的志趣"，[1] 在特殊情境下学者自身的学术责任、学术热情等主观能动性的发挥，或能使知识生产摆脱物质条件的限制。

1949 年至改革开放，中国社会学、民族学学科的发展几经起伏，辗转曲折。吴泽霖作为学科的代表性人物之一，无论是个人际遇，抑或学术创造，亦在整体学科的跌宕中上下沉浮。物质生活上，在计划经济统筹下，学者间工资的差别并不大。1966 年退职前，吴泽霖的工资标准在教授三级到六级间。随着政治运动的开展，时有差别，其中在西南民族学院时工资标准为每月 222.4 元，在民族文化宫时工资标准为每月149.5 元。退职后，吴泽霖生活无所依靠，先遭隔离审查，后妻子和岳母又离世，心中苦闷。学术创造受"文革"影响几乎停滞，只是做些资料搜集整理工作。进一步说，这一时期学者的个人生活至少在表面上与其学术创作之间的联系已然不大，看到的更多是国家力量在学者书写中的支配作用。

1982—1991 年，吴泽霖的学术生涯进入反思和总结阶段。1982 年吴泽霖到中南民族学院任教，"中南民院对他很好，他的房子住的很宽，还专门雇了人来照顾他"。[2] 吴泽霖的生活十分规律，每日早起锻

---

[1]　钱穆：《中国学术通义》，九州出版社，2012，第 280 页。
[2]　李绍明口述，伍婷婷等记录整理《变革社会中的人生与学术》，世界图书出版公司北京公司，2009，第 280 页。

炼，在大礼堂前的广场上跑步，[①] 精神矍铄，谈吐幽默，给人留下的印象很深。[②] 总之，从各类材料看，吴泽霖的晚年生活平稳安静，物质生活较为宽裕，精神上也十分放松。而此时期他共发表文章 18 篇，其中纪念故友的回忆性文章 2 篇，欧美等国社会学、人类学介绍性文章 5 篇，其他多属对自己过往研究的再回顾或者对学科的宏观思考。综合而言，吴泽霖能以饱满的热情全神贯注地投入学术总结与人才培养中去，外部环境是不容忽视的因素。这也表明，学者的知识书写是多重因素下的创作，个人生活的影响要具体到每位学者、每个阶段去考察。

三 交往与地位

学者的学术创作绝非封闭的过程，学术思想的形成也绝不是超脱于外物的独立的思想运动，诸多的学术论点、学术议题是在学术争论、学术交流乃至社会交往中得到启发，"一个人的社会网络关系在一定程度上决定了这个人的思想方式"。[③] 因此，考察学者交往也是理解其研究逻辑、学术思想的重要方式之一。吴泽霖的社会交际范围很广，参加的社会、学术团体，与其过从甚密的学者，都对他的学术研究产生过影响。

（一）团体

清华学校读书期间，吴泽霖不仅是多个学生社团的积极参与者，亦是创始人、组织者和领导人之一，主要有中华基督教青年会、美术社、新剧社、上社四个团体。另外，他还是年级会、清华学生会的积极分子。《辛酉镜》中评价其："锐于任事，号称吾级干才。"[④] 以上

---

① 白瑞西：《怀念吴老》，中南民族学院吴泽霖教授治丧小组编《沉痛悼念吴泽霖教授》，内部资料，1990，第 40 页。
② 孙秋云：《吴老，您老人家慢慢走》，《沉痛悼念吴泽霖教授》，第 61 页。
③ 许纪霖等：《近代中国知识分子的公共交往（1985—1949）》，上海人民出版社，2008，第 406 页。
④ 《辛酉镜》，第 12 页。

述组织开展的各类活动为纽带,吴泽霖与志趣相投的同学结下了深厚的友谊,如陆梅僧、潘光旦、梅贻宝、杜庭修、浦薛凤、何浩若、顾毓琇、罗隆基、沈有乾、闻一多、吴景超、梁思成、王造时、吴文藻等人,还结识了梅贻琦、余日章等人。潘光旦、吴景超、吴文藻等人后来与吴泽霖属于同行,交流日来密切,相互影响也很深。其他人虽所事行业或研究领域不同,但都在不同程度上为吴泽霖学术活动的开展、学术夙愿的实现,在社会关系、政治资源、研究经费等方面提供了支持。①

在美国读书期间,吴泽霖参加的团体有曦社、大江学会、美国社会学学会、美国中部留学生学生会等。回国后,他参加了东南社会学社、中国社会学社、中国民族学会、京滇公路周览团、中国边政学会、太平洋国际学会、吴越史地研究会、中国社会经济研究会等。概括来讲,上述团体对吴泽霖的学术影响有三点。一是以此为平台,结识了诸多学者,他们相互切磋,激发了学术灵感。二是作为上述部分团体的代表参加了国民政府组织的活动,直接影响了其学术书写及学术转向。1932年,吴泽霖作为中国社会学社代表参加了救济水灾委员会,考察长江各段防洪大堤,②结束后,发表了《堤工勘察后》等文章。1937年又作为社会学界的唯一代表,参加了京滇公路周览团,对我国西南民族的分布格局有了初步了解。"在车队穿越湘西、贵州和滇东各县时,我第一次看到和接触到汉、满、蒙、回、藏以外的一些兄弟民族,留下了极其

---

① 吴泽霖后来去西南联大任教与梅贻琦(担任清华大学校长)有直接关系。又通过余日章(中华基督教青年会总干事,蒋介石和宋美龄的证婚人,黄仁霖的岳父)的关系进一步得到了黄仁霖的支持(后文详述)。何浩若(国民政府军事委员会外事局副局长)、顾毓琇(国民政府教育部次长)等人在抗战时期都曾为吴泽霖的贵州省乡土教材调查、丽江和墨江边胞服务站等的开展提供经费、人力、政策上的大力支持,为吴泽霖的学术书写提供了诸多助力。

② 《察勘堤工委员昨出发 宋委员长电告 明日出发程序》,《申报》1932年11月27日,第13版。

深刻的印象。从此我就开始对国内少数民族的一些情况进行初步的探索。"① 三是在学术团体的规划下，积极完成了各项研究任务。吴泽霖的学术研究在选题上并非全部是主观选择的结果，也有部分是既定选题之下所做的探索。如对《太平洋各国经济概况》的校订，是受太平洋国际学会委托而完成的；《马来西亚的合作事业与华侨的经济地位》等四篇文章的撰写与发表，直接受暨南大学海外文化事业部的推动。② "贵州省乡土教材调查"之所以开展，与当时教育部正在开展的乡土教材编订工作有很大关系。

20世纪50年代，吴泽霖分别参加了中央民族访问团贵州分团、西南民族工作视察组、湖南贵州少数民族历史调查组，通过数年努力，撰写了近百万字的民族志作品。可以说，若没有上述考察经历，也不可能有《清水江流域苗族的婚姻》等成果问世，吴泽霖也不可能对西南民族的特性进行再度思考。当然，我们后辈学人也无法通过作品来分析其学术思想。换个角度看，50年代吴泽霖的学术书写，实质上体现了学科国家化的历程。

（二）个人

1927年回国后，吴泽霖除进行学术创作外，也积极参加各类学术活动，与多位学者保持互动，其学术研究也受到了国民政府诸多高级官员的支持。限于篇幅，无法一一铺陈展开，兹以潘光旦和黄仁霖二人为例，来展现吴泽霖知识创作中的多重情境性。

吴、潘二人系同年进清华学习，在清华期间共同参加中华基督教青年会、新剧社、工社等社团组织，"都是知己朋友，天天混在一起"。③ 1922年同船赴美留学，在美期间时常见面，亦通信不断。回国后，吴在大夏大学，潘在光华大学等校，来往频繁。1935年潘氏离沪至京，

---

① 《吴泽霖民族研究文集》，民族出版社，1991，自序，第1页。
② 吴泽霖：《发刊词》，《海外侨讯汇刊》，国立暨南大学海外文化事业部，1936。
③ 闻黎明等编《闻一多年谱长编》，湖北人民出版社，1994，第94页。

直到 1941 年二人再次成为同事，情谊保持一生。"光旦先生与我同学九年，共事二十二年。"① 两人不仅私谊交好，两个家庭也感情甚笃。60年代，吴泽霖与妻子马时芳小有矛盾，马氏常请潘氏出面劝解;② 吴女吴安伦与潘女潘乃谷亲如姊妹。在学术观点上，潘氏大力倡导优生学，吴泽霖在承认优生定律的基础上，明确对潘氏观点提出批评，并由此撰写了几篇文章。在教学活动中，吴泽霖担任大夏大学社会学系主任及光华大学社会学教授时，请潘氏在大夏和光华兼任教职；抗战时期吴泽霖赴昆明西南联大任教，便是受到闻一多和潘光旦（时担任西南联大教务长）的邀请。二人还与孙本文、吴景超等人一起，创立了东南社会学社、中国社会学社等。另外，潘光旦在当时担任了多个杂志的主编，他邀请吴泽霖撰稿，吴泽霖也因此写了诸多政论和短评。仅以潘光旦创办并担任主编的《华年》为例，吴泽霖在该杂志上共发表文章、政论、时评、书评 28 篇。③ 总之，二人在学术观点上有趋同，也有分歧，在学术资源上相互支持，或多或少地都为对方提供了帮助。从更深层次上讲，学者间的个人交往是以一种十分隐蔽的方式互相影响着对方的学术书写。

黄仁霖系蒋介石、宋美龄心腹，先在中华基督教青年会担任干事，后来担任励志社负责人，抗战时期又兼任新运总会总干事、军委会战地服务团主任等职务，深受蒋介石信任。吴、黄二人初识于 1924 年的美国中部留学生学生会年会，回国后在上海的基督教青年会又经常碰面，抗战时期交往更多。黄氏非学界人士，对吴泽霖学术书写的直接影响不多，但为其顺利开展社会服务和学术实践提供了平台和经费。在经费

---

① 潘光旦：《中国境内犹太人的若干历史问题——开封的中国犹太人》，北京大学出版社，1983，吴泽霖序，第 1 页。

② 《潘光旦日记》，北京大学出版社，2000，第 441、521 页。

③ 虽然吴泽霖所写短文是其独立思考的结晶，《华年》杂志在内容上并没有对其有直接影响，但该杂志以刊载短评为主，对吴泽霖书写时的主题、体裁等有限制，最终也会影响其知识生产过程。

上，励志社在成立之初便经常邀请吴泽霖举办学术讲座，并给予报酬，对吴泽霖生活条件的改善稍有帮助。抗战时期，物价飞涨，学者生活清苦，研究经费更是少之又少。吴泽霖拟开展云南少数民族的系统研究，向梅贻琦申请研究补助时受挫，但幸而得到黄仁霖主管的新生活运动总会的支持，在其资助下建立了云南丽江和墨江的边胞服务站，① 实现了他长期以来把学术应用于实际工作的夙愿，也直接推动了他 1943 年的丽江纳西族调查的开展。② 在黄氏的大力引荐下，吴泽霖在抗战时期担任了昆明译员训练班副主任职位，集结了当时一批知名学者，如闻一多、潘光旦、华罗庚、冯友兰、雷海宗、陈福田、费孝通、陈达、戴世光等。教学方面"按照西南联合大学培养科学人才的模式，来建立、组织译员训练班"，③ 践行了他的学科建设思想。另外，通过这个组织，吴泽霖与当时在昆明的著名知识分子交往密切，为受邀的学者提供较高的课酬，一定程度上缓解了大后方学者的生活困境。吴泽霖在当时知识分子中人缘很好，威望很高，1949 年之后许多学术活动的开展受到译训班同事的支持。

四 身份与职务

1927 年 10 月，吴泽霖载誉归国，在江苏扬州中学担任心理教员，历时三个月。1928 年 1 月担任大夏大学教授兼任预科部主任，1929 年 8 月担任大夏大学附属中学主任，一个月后受上海光华大学邀请，兼任该校社会学教授。1930 年 2 月担任大夏大学文学院院长。1935 年 9 月

---

① 边胞服务站主要受到新生活运动总会的支持，丽江由张正东主持，墨江由丁兆兴主持，定期写成报告，由吴递交总会，总会给予经费支持。另外，陈达主持的清华大学国情普查研究所也给予一定的支持。详见张正东《遵循吴师指导致力民族研究》，赵培中主编《吴泽霖执教 60 周年暨 90 寿辰纪念文集》，第 106 页。

② 调查地点是与时任云南大学社会学系主任的陶云逵共同商定，1943 年 7 月与周汝城一起赴丽江调查，其后撰写了调查报告《麼些族的生活》。

③ 戴世光：《吴泽霖老！我在继续向您学习》，西南联大北京校友会编《我心中的西南联大——西南联大建校 70 周年纪念文集》，清华大学出版社，2008，第 236 页。

被借调到上海暨南大学，担任海外文化事业部主任。1936年8月担任暨南大学教务长。1937年8月重回大夏大学担任教务长，兼任大夏大学社会经济调查室主任。1941年1月任西南联合大学教授，1945年潘光旦离昆期间暂时担任社会学系主任一职。1946年4月担任清华大学人类学系主任、教务长。1950年参加中央民族访问团，1951年任中央民族博物馆筹备组组长，其后还参加了西南民族视察组，湖南、贵州少数民族社会历史调查组，担任西南民族学院、中国社会科学院民族研究所、中南民族学院教授等。

吴泽霖所任职务众多，不仅担任了业务部门的主要负责人，而且在教育行政岗位上也有丰富经验。在此基础上，他发表了十余篇文章，专题探讨大学预科教育问题、第二外语学习问题、大学假期问题等等。可以说，正是在教育管理部门任职的经历，促使他从社会学角度来思考教育问题，其研究有理论思考，也有实践经验，很多真知灼见预见性很强。如大学三学期制，今天早已被各著名高校采纳实施。同时，其职务的变动也反映了其研究领域的转向，被借调到暨南大学海外文化事业部担任主任，标志着他开始兼顾海外华人华侨的研究；由大夏大学社会经济调查室转为大夏大学社会研究部，标志着由"偏重社会研究"转变为"特别着重黔省境内苗夷生活之实际调查工作"；① 由贵州大夏大学转任昆明西南联合大学教授，表明云南少数民族和边疆问题成为其关注的主要对象；1949年后基本在民族博物馆等机构担任职务，可以看出他的工作重心和业务重点向民族文物转变。另外，学术或行政职务在一定程度上也是学术或社会资源的象征，各类研究计划的制订与实施、课程的设定与安排，可为一些学术理念的实践提供便利条件。吴泽霖一直秉持理论联系实际的学术原则，这一理念在其担任大夏大学社会学系主

---

① 陈国钧：《大夏大学社会研究部工作述要》，吴泽霖、陈国钧等：《贵州苗夷社会研究》，民族出版社，2004，第270—271页。

任、文学院院长任内，通过编辑社会学资料、开展社会调查等方式，得到了很好贯彻。① 强调人类学中体质与文化综合的研究取向，在担任清华大学人类学系主任、教务长期间，通过人类学系课程的设置等也得到了完整的贯彻。

第二节　思想形态的知识考古

若要理解学者的学术书写，仅靠人生史的勾勒显然难以实现。从思想史的角度看，学者思想的形成是一个逐步的历史过程，"思想史也需要'知识考古'——还是借用福柯的术语——来为思想寻根"。② 也就是说，学者的学术研究都有一个思想起点，只有找到思想的来源，才能更好地理解其后的学术研究。这种思想的探源，一方面可从其生活学习经历中获得；另一方面这些思想切实反映在知识生产的最终文本之中，可从文本中反向推导其思想的内在理路。循此进路对吴泽霖学术思想的来源进行分析，发现有四个方面，即五四运动中的科学精神、基督教青年会的社会服务理念、美国早期的社会学理论、博厄斯学派的人类学思想。

一　五四运动中的科学精神

五四运动的意义有很多，如开启了中国的启蒙历史，是新旧思想的正面交锋，也是新民主主义的开端，但其最重要的课题是接受"赛先生"（科学）和发展"德先生"（民主）。③ 这两种精神对之后中国的历史进程产生了不可估量的影响。单就"赛先生"讲，五四运动之后，

① 章复：《忝列门墙五十春——一位老学生对泽霖师30年代时的回忆》，赵培中主编《吴泽霖执教60周年暨90寿辰纪念文集》，第100页。

② 葛兆光：《中国思想史》，导论，第49页。

③ 郭沫若：《"五四"课题的重提》，杨琥编《历史记忆与历史解释：民国时期名人谈五四（1919—1949）》，福建教育出版社，2011，第580页。

科学精神不再局限于知识界,社会普通人士亦言必谈之。正如胡适所言:"这三十年来,有一个名词在国内几乎做到了无上尊严的地位,无论懂与不懂的人,无论守旧和维新的人,都不敢公然对他表示轻视和戏辱的态度。那个名词就是'科学'。"① 科学精神成为五四运动中学生群体反封建最重要的武器,他们不仅把科学作为一面旗帜,而且在其后的学术与人生中将其内化为一种风格、一种标准、一种方法。

吴泽霖在五四运动中的活动主要有三方面。一是积极组织清华学生代表团,他是其中的活跃分子和骨干力量。清华因地处市郊,5月4日学生游行的消息直到晚上才传到清华学校。5月5日,清华学生代表团在体育馆召开会议,吴泽霖亦参加,他被选举为干事,负责联络、组织、宣传等事宜。② 二是开办夜校等活动,以实际行动来践行五四精神。5月6日清华学校开始罢课,吴泽霖等人留守清华,他们为扩大五四运动的影响,开办校工夜校,组织校工学习,宣传五四精神。另外,他们还在清华附近的村庄设立图书室,为小商贩提供小额贷款等,有效地促进了五四精神的传播。③ 三是积极筹措,为五四运动募集经费。吴泽霖与钱宗堡等人前往美国公使馆、天津等地募集五四运动活动经费,稍有所获。后来,为支持学生运动,又准备推迟一年赴美留学,进行全国新剧公演,募集活动经费。④ 吴泽霖在五四运动中表现十分活跃,尤其在中后期引人瞩目,其间曾遭军警逮捕,但在狱中依然坚持不懈地斗争,以实际行动来支持五四运动。讨论其行为背后的原因,从外部环境考察,主要是受到当时北京学生运动的感召;从个人思想演变分析,与对五四运动所宣传的民主科学精神的高度认可和信奉不无联系。

---

① 张君劢等:《科学与人生观》,黄山书社,2008,胡适序,第9页。
② 《清华学生代表团开会记录》,《清华周刊》第170期,1919年。
③ 吴泽霖:《老友一多二三事——纪念闻一多逝世三十三周年》,王子光、王康:《闻一多纪念文集》,生活·读书·新知三联书店,1980,第165页。
④ 《上海学生联合会消息》,《申报》1919年7月29日,第10版。

其实在五四运动之前，吴泽霖对科学意义的认识已有端倪。1917年清华学校中等科毕业时，级会准备编辑纪念册，向全体级友征集稿件，所递稿件中仅有两篇属自然科学类，[①] 一篇为钱宗堡的《童子军警探术摘录》，另一篇为吴泽霖的《消化器》。《消化器》一文是目前所见吴泽霖的处女作，文章通俗流畅，风趣幽默，深奥的医学义理被解释得十分清楚，是一篇极为精彩的科普短文。虽系译作，[②] 但从中可见吴泽霖良好的科学素养及对自然科学的偏好。另外，吴泽霖最初填报的留学志愿是农学，而非社会学，都可以在一定程度上说明他早期的兴趣所在。虽在留学期间没能系统学习农学，但其中包含的科学主义精神却成为他之后学术研究的最终追求，并把科学看作实现人类平等的最重要利器。

从文本反向推导，可知吴泽霖秉持的科学精神一直未曾弱化。五四运动后的第二年，吴泽霖运用心理学方法和人类学知识对中国服饰的起源、功能和分类进行了科学研究。[③] 在美国留学期间，他进一步接受西方的科学训练，对孔子社会思想的研究，"近于科学的分析，在二十世纪上半叶，其难能可贵如闻空谷足音"。[④] 在种族研究中，不仅严格按照科学标准进行分析，而且把科学作为一种解决问题的方法，用科学的种族分类来批判种族优劣的论调。[⑤] 抗战时期，更是首次对西南民族进行系统科学研究。在晚年学术反思中，吴泽霖的字里行间依然蕴含着浓浓的科学主义精神。他反复强调："要求在最短的时间内，费最少的精

---

① 后来成为著名建筑学家的董大酉的文章为《清孝钦皇后移海军军费修颐和园论》，闻一多所撰多为诗文，浦薛凤翻译了《威廉三王子之轶事》等文章，罗隆基撰写了《秦始皇功过罪平议》等。

② 吴泽霖译《消化器》，《辛酉镜》，第23—29页。

③ 吴泽霖：《服饰的研究》，《东方杂志》第13号，1920年。

④ 邢玉林：《吴泽霖小传》，赵培中主编《吴泽霖执教60周年暨90寿辰纪念文集》，第7页。

⑤ 吴泽霖：《美国人对黑人、犹太人和东方人的态度》，第278页；吴泽霖：《现代种族》，商务印书馆，1931，第154页。

力来完成具体的任务。这一切当然赖于科学。我们今天需要在精确的、科学的调查研究的基础上来制定建设规划和具体措施。"① 可以说，科学精神在吴泽霖的学术思想中有很多面向，既是一种追求，也是一种方法和标准，更是一种社会改良的利器。

正如许纪霖所说："五四不是简单的历史事件，而是一种知识和心态的分水岭。"② "五四"后的知识分子在有些方面显示出惊人的一致，其中对科学的追求是重要的一点。把科学奉为一种理念和信条，并非吴泽霖的个人特点，而是当时时代赋予知识分子的群相。换句话说，科学精神不仅是吴泽霖学术思想的最初来源之一，也是五四一代知识分子开展学术探索的底色。

二 基督教青年会的社会服务理念

19世纪50年代，基督教在北京的影响开始逐步扩大。1909年北京基督教青年会③正式成立，成立后发展极为迅速，1909—1922年是北京基督教青年会逐步发展并走向鼎盛的阶段。该会以学生工作为主，经过数年努力，其会员广布北京各学校，影响巨大。其会训为"非以役人，乃役于人"，主要通过德、智、体、群四育活动服务社会，改造社会。④在京期间除了宣传基督教教义外，还开办学校，开展体育活动，参与救灾活动，等等。清华学校青年会的发展与北京基督教青年会的步调基本一致，成立于1912年，前三年是起步创造时期，1915—1919年是昌盛繁荣时期，1919年之后进入观望期。⑤

---

① 吴泽霖：《为〈调查研究〉写的序》，未刊稿，1981，笔者藏。
② 许纪霖：《中国知识分子十论》，复旦大学出版社，2003，第82页。
③ 青年会最早产生于伦敦，是教会对工业革命所引发一系列社会问题积极回应的一种方式。
④ 左芙蓉：《社会福音·社会服务与社会改造——北京基督教青年会历史研究（1906—1949）》，宗教文化出版社，2005，第79、351页。
⑤ 《清华学校的青年会》，《清华周刊》1922年第8次临时增刊。

从时间上来看，清华青年会起步时期，正是辛酉级（1913级）初到京城熟悉环境期；青年会的繁荣期是辛酉级发挥中坚力量，开展学生活动的活跃期；青年会观望期则是辛酉级回归学业，集中力量准备出国的关键期。辛酉级的8年学习经历与清华青年会的沉浮在时间上有众多吻合之处，青年会中活跃着诸多辛酉级同学，尤以吴泽霖为代表。吴泽霖先后担任青年会的会计、导引部长、会长等职位，是当时青年会的骨干成员，参与了当时青年会众多的重要活动。如当选北京基督教青年会执事礼的执事，邀请美国基督教传教士来校演讲，参加在天津举行的中华基督教青年会第8次全国代表大会，等等。在信仰层面，吴泽霖虽然通读过英文原版《圣经》，[①] 积极参加基督教青年会活动，但他对基督教的神创论、宇宙观等并不信奉和认同，也无甚兴趣，反而是对基督教青年会的社会服务精神情有独钟，可从以下两段引文窥见一斑：

关于信基督教事，我们几个知己朋友态度几乎是一致的。我们都读过《圣经》，对上帝如何创造宇宙、创造人的故事，我们都不信，认为是迷信。但对宇宙万物能构成一个有条不紊的巨大体系，都感到万分惊异，带有不可知论的态度。至于基督教的善恶、道德观、与人为善、服务社会、平等待人等思想，我们认为人人都应信奉而且加以扩散。[②]

在我们年代的清华，每天下午四时至五时学生必须在户外活动，所有教室、宿舍、图书馆全部关闭。一多常同我们一些人到贴近学校的一些小村中去散步，看到了村民们生活贫苦、文盲充斥的情景，都想怎样能给他们出一臂之力。这种朴素的想为社会服务的

① 吴泽霖：《记教育家梅月涵先生》，北京政协文史资料研究委员会编《文史资料选编》第18辑，北京出版社，1983，第71页。
② 《吴泽霖给〈闻一多年谱〉编者的信》，闻黎明编著《闻一多年谱》，群言出版社，2014，第87页。

念头,逐渐促使我们放眼到校园之外,逐渐使我们感到应该具体从事一些有益的课外活动。经过酝酿,我们终于在校门外办了一所儿童露天学校,后来又为成年文盲开设了一个识字班,只要天晴,我们于散课后就轮流充当教员。这些虽只是微不足道的启蒙活动,却给了一多和我们一些人以一种服务社会的机会。①

基督教青年会的社会服务思想得到了吴泽霖等人的一致认同,并在行为中予以落实。清华读书期间,他们借助基督教青年会这一平台,在京郊外的三旗营开办露天学校,聘请清华学校老师为授课教师,每周教授国文、算学、唱歌等。② 此种思想绝非一时兴起,而是深刻融入吴泽霖的观念和行为体系中,并且成为他之后学术研究的一种价值追求。抗战时期在昆明,吴泽霖把重心放在昆明译训班和战地服务团的工作中,广邀西南联大教授前来授课。当时部分人提出异议,认为教授兼任译员训练工作是不务正业,但吴泽霖不为所动,依然以饱满热情投入为抗战服务工作中。一方面受抗战局势的促动,他的爱国热情被激发;另一方面也体现出他一贯坚持的社会服务主张。1942 年 5 月和 7 月,吴泽霖分别在云南墨江和丽江建立了边胞服务站。虽曰“服务”,但实际上述机构社会服务和学术研究两种功能兼而有之。在社会服务方面,“吴泽霖教授认为有必要在云南省筹建一两个微型的、带有实验性质的社会服务团体,为邻近战区的边疆各族人民服务”。③ 具体工作主要集中在为边民注射疫苗、建立学校、发展教育等方面。学术研究上,“吴兼副组长饬知协助国立西南联合大学从事边民调查工作”,④ 特别注重“调查

---

① 吴泽霖:《老友一多二三事——纪念闻一多逝世三十三周年》,王子光、王康:《闻一多纪念文集》,第 164—165 页。
② 《校闻》,《清华周刊》第 163 期,1919 年。
③ 张正东:《吴泽霖教授二三事》,石开忠编《张正东文集》,群言出版社,2014,第 310 页。
④ 《第一边胞服务站事工拾零》,《新运导报》第 12 卷第 6 期,1945 年。

边胞之各种文物及人情风俗等，故均搜集或摄影已备整理收藏"。① 可以看出，吴泽霖在社会服务的同时，坚持对客观事实的找寻，学术研究与社会服务在田野工作中实现了统一，社会服务工作深刻嵌入其学术研究中。

总的来看，吴泽霖的社会服务理念与早年参与基督教青年会活动有关，有意思的是，他在思想的取舍方面做了一些处理，对基督教中的神秘性或神圣性进行了剥离，而对社会服务理念兴趣盎然。此种理念又与其后社会学研究的学科追求在某种程度上高度一致，进一步巩固了社会服务在其价值体系中的地位。同时，社会服务理念在学术探索中逐渐转化为对于应用研究的偏重，最终形成了吴泽霖学术思想的重要特点之一。

三 美国早期的社会学理论

在清华学校求学期间，校内开设社会学相关课程，② 吴泽霖初步受到社会学启蒙。1922 年赴美留学，主攻社会学，经过五年专业训练，系统吸收了美国早期社会学理论。其后的学术研究，尤其在社会学领域，都是在美国早期社会学理论基础上开展的中国化探索。以下从美国早期社会学思潮、美国社会学的重要阵地以及吴泽霖的求学经历展开探讨。

西方社会学的发展有古典与现代的区分。所谓古典，即社会学的早期阶段，主要集中于欧洲大陆地区，出现了孔德、斯宾塞、马克思、涂尔干等巨匠。"经典时代是欧洲人君临天下的时代，而现代时代的轴心则在美国。"③ 美国社会学开始于 19 世纪中后期，"才几十年的功夫，

---

① 周简文：《新运总会边胞服务站工作情况一般》，《边疆通讯》第 1 卷第 3 期，1943 年。
② 北京清华学校于 1907 年开设社会学课程，主讲人为美国人狄德曼（C. G. Dittmer）。1925 年成立社会学系，第一任系主任为陈达。
③ 周晓虹：《西方社会学历史与体系》第 1 卷，上海人民出版社，2002，第 396 页。

就已使社会学发展成为一门热门的学科",① 到吴泽霖求学的19世纪20年代,美国社会学已成为世界社会学的重要中心。当时美国社会学研究有两种范式,一为系统社会学,二为分析社会学。系统社会学即所谓古典社会学,带有社会哲学色彩,强调从社会总体事实出发来讨论社会构成及社会运行,已逐渐趋于没落。分析社会学即所谓现代社会学,强调在经验基础上的实证性研究,又有文化学派、人类地位学派(人文区位法)和社会心理学派三种。② 文化学派受人类学中博厄斯学派的影响颇深,认为欲要理解社会现象之产生及寻求社会问题之解决,须先从文化入手,代表人物有乌格朋、恺史等等。人类地位学派主要是芝加哥学派,此派虽集中对城市具体问题的调查分析,但在具体方法上特别侧重社会心理学,代表人物如杜威、米德、帕克、托马斯·埃尔伍德等均是享誉当世的社会心理学家。有学者甚至指出,19世纪末芝加哥学派是一个地道的机能主义社会心理学派,进入20世纪后,开始了具体问题的心理学分析。③ 社会心理学派,顾名思义,注重社会的心理方面,"经由沃德、吉登斯、萨姆纳、斯莫尔、鲍德温、库利和罗斯传递到美国之后,在美国这片旷野上燃起了怎样的如火如荼之势"。④ 事实上,在1930年前,社会心理学是美国社会学家的常规选择专业。据统计,1930年在美国社会学协会的1832名会员中,37%的人是社会心理学家。总而言之,在20世纪初的美国社会学中,社会心理学不仅作为一个主流学术派别,而且成为一种影响整个社会学界的思潮,每个学者都或多或少地受此种思潮的影响。

20世纪初,美国社会学主要阵地分为东部派和中部派。东部派有

---

① 吴泽霖:《美国早期的社会学家》,社会学第二期讲习班讲授材料,内部资料,1981。
② 孙本文:《近世社会学发展史》,《孙本文文集》第3卷,社会科学文献出版社,2012,第52页。
③ 刘恩久主编《社会心理学简史》,江苏教育出版社,1988,第47页。
④ 周晓虹:《现代社会心理学史》,中国人民大学出版社,1993,第96页。

哥伦比亚、耶鲁和布朗三所大学。哥伦比亚派势力最大，有吉登斯、威斯勒等人，注重文化史的研究。耶鲁大学的萨姆纳和布朗大学的沃德属古典社会学一脉。中部也有三派，芝加哥大学有斯莫尔、托马斯等，擅长社会过程研究，注重客观的心理分析；密歇根大学有库利，受芝加哥学派影响，他从社会心理方面解释社会现象；威斯康星大学有罗斯，他对于社会心理和社会过程的分析，与芝加哥学派主张基本一致。① 东部社会学受博厄斯影响，略微偏重文化学派，中部社会学各机构，社会心理学是其教学和研究的底色，而吴泽霖在美留学时多在中部各学校活动。

从吴泽霖求学时间看，20 世纪 20 年代正是美国社会学的繁荣期，古典社会学的影响仍在，现代社会学确立的诸多方法受到学者的欢迎。吴泽霖在此种学科背景中接受学术训练，既有对社会运行宏观的思考，也经过了现代社会学方法的科学洗礼。从求学经历看，1922 年吴泽霖转入威斯康星大学，学习了两年的社会学和心理学，此时美国社会心理学领军人物罗斯在此任教，吴泽霖与其来往密切，对其学说深为服膺。罗氏认为，社会现象是人们之间的联系、支配、剥削和反抗交互作用的结果，支配和剥削是单方的侵占，反抗是恢复平衡的动力，四者的作用和反作用就是社会的过程。② 1923 年暑假，吴泽霖参加了芝加哥大学暑期学校，与帕克等芝加哥学派的社会学家有直接接触，对社会心理学有了更为深入的认识。1924 年吴泽霖进入密苏里大学学习，一年后获得硕士学位。1925 年进入俄亥俄州立大学攻读博士学位，1927 年获得博士学位，导师为伦累姆③，系当时美国一流的社会心理学家，有《社会学原则》《社会的控制的方法》等著作。其间吴泽霖与芝加哥学派出身的米勒有诸多学术交流。五年辗转三校求学，三校均处中部，属于芝加

---

① 孙本文：《美国社会学现状及其趋势》，《孙本文文集》第 8 卷，第 47 页。
② 吴泽霖：《美国几位社会学的奠基人》，《南开学报》1981 年第 4 期。
③ 又译为龙烈，详见《孙本文文集》第 2 卷，第 553 页。

哥学派的影响范围,导师均为当时享誉世界的社会心理学家,加之社会心理学是学界风头正劲的潮流,因此,吴泽霖的社会学思想带有浓浓的社会心理学倾向。由此也可理解,吴泽霖回国后为何认为人类的群体行为在本质上受人类心理的驱使。另外,文化学派作为美国当时社会学的重要潮流之一,对吴泽霖社会学思想的形成也有一些影响,此种影响更多地通过他的民族学、人类学的研究体现出来。

美国早期社会心理学潮流影响的不止吴泽霖一人,20年代留学美国的其他社会学家如孙本文、潘光旦等,在其学术思想中均透露出对社会心理学难以割舍的情感。进一步讨论,中国第一代社会学家中以留美学者数量最多,影响最大。而美国社会学中的各种潮流,在中国学者身上也有诸多体现,其中吴泽霖、孙本文、潘光旦等人较多从心理角度考察社会过程,吴景超等人吸收了芝加哥学派的都市社会学研究,致力于中国现代化道路的探索,黄文山、吴文藻、陈序经等人继承了乌格朋文化学派的思想,侧重从文化方面进行社会原理的考察,陶孟和、李景汉、陈达等人致力于社会问题的研究与社会调查的开展。[①] 总之,早期美国社会学研究中的趋同与分异,在中国学者的研究取向、方法、对象及对社会构成的宏观看法上都有体现,直接影响了中国社会学学者在知识书写时多样性的学术生态。

四 博厄斯学派的人类学思想

吴泽霖20年代在美国虽主攻社会学,但同时对人类学、统计学等学科关注很多,兼修了许多相关课程,"而到本世纪二十年代。他(博厄斯)的学生们控制了美国大部分的人类学中心,历史学派处于鼎盛时期"。[②] 吴泽霖虽没有直接受教于博厄斯,但与其弟子有过接触,接

---

① 孙本文:《当代中国社会学》,第251—291页。
② 吴泽霖、张雪慧:《简论博厄斯与美国历史学派》,中国民族学研究会编《民族学研究》第1辑,民族出版社,1981,第322页。

受了博厄斯学派的诸多观点和方法，回国后的人类学探索带有明显历史学派的影子，80年代还撰文专论博厄斯学派的学说及历史。具体来看，博厄斯学派对吴泽霖学术思想的形成有以下四点影响。

第一，文化相对观。博厄斯学派对人类认识观最大的贡献在于文化相对论的提出及倡导，它促使人类学研究从时间和空间的宏观叙事中抽离出来，开始关注具体的文化特质及其分布。此种范式转换是革命性的，给认识论带来的冲击也是颠覆性的。它强调每个民族的文化发展都有其特殊历程，文化的价值只有置于特殊历史进程中才能得到全然呈现，文化价值是相对的，并没有统一的衡量标准。此种看法不仅在当时为诸多学者所推崇，更发展成人类认识异质性文化和处理文化关系、族群关系的一条准则。作为专业学者，吴泽霖对此种共识的坚持坚定不移，在抗战时期贵州等地的田野实践中，从微观文化特质出发来分析文化分布及其历史。吴泽霖对地方性知识的挖掘与呈现、对民族文化的尊重、对国民党同化政策的批判等，都与其早年接受博厄斯学派的文化价值观有密切关联。

第二，种族平等观。博厄斯是一位旗帜鲜明的反种族主义者，他强烈驳斥当时流行的各种种族优劣论，认为"世界上种族无优劣之分，应该是平等的，搜集了大量材料，从各方面论证各个不同种族在天赋上没有什么差别"。[①] 吴泽霖受到博厄斯种族平等观的极大鼓舞，在其博士学位论文中，以社会距离测量的方法来呈现种族不平等的各种表现，并提出了解决办法。回国后，他更是沿着博厄斯的论述路径，以大量体质测量资料来证明种族在本质上并无差别。之后，随着研究对象发生改变，种族平等观逐渐转变为民族平等观，并在其民族学博物馆实践中表现出来。

---

① 吴泽霖、张雪慧：《简论博厄斯与美国历史学派》，《民族学研究》第1辑，第329页。

第三，体质人类学。在博厄斯的学术体系中，体质人类学是探寻人类整体的必需路径之一，并把"体质人类学的研究，视为挑战当时种族主义类型学的一种手段"。① 结合吴泽霖的种族研究看，其体质人类学的研究使命依然在于批判种族不平等的谬论。博厄斯关于人类体质的具体观点对吴泽霖的影响也很大。如博厄斯曾提出，人类的体质特征并非固定不变的，"不特体格有变迁，而且在同一个世代中，环境条件，仍然可使体型改变"。② 对于上述观点，吴泽霖十分赞同，并结合所学做了更加详细和深入的阐发，形成专论。另外，在人类学的学科体系中，吴泽霖也仿照博厄斯的学科思想，不仅在西南联合大学和清华大学设置体质人类学的课程，而且亲自担任课程的主讲老师，可看出美国式人类学在其学术思想中的影子。

第四，归纳方法。博厄斯并不赞同进化论以及传播学派的演绎和跨文明对比的方法，认为它们忽视了文化复杂性，缺乏科学性，倡导归纳方法，强调文化的个性和相对性，注重实地调查，把田野作为人类学家的实验室，强调要具体分析调查材料，在充分实施的基础上进行理论构建。③ 吴泽霖虽然对博厄斯过分强调资料的积累颇有微词，但对于归纳方法本身却是比较赞同。回国后，无论在城市社会学的社会调查中，还是在民族地区开展田野工作，吴泽霖对于资料的看重、对于理论构建的谨慎，与博厄斯的归纳方法一脉相承。

学科演变与国家进程有着千丝万缕的联系，不同的国家传统造就了民族学知识的国别差异。中国老一辈学者大多曾留学海外，所承袭的知识传统不仅有国家和地区的区别，而且还有学派与人物的分异。民国时

---

① 弗雷德里克·巴特等：《人类学的四大传统——英国、德国、法国和美国的人类学》，高丙中等译，商务印书馆，2008，第313页。

② R. M. MacIver, *Society, Its Structure and Changes*, 1937, p.67, 转引自戴裔煊《西方民族学史》，社会科学文献出版社，2001，第301页。

③ 吴泽霖：《民族学在美国和博厄斯学派》，《中南民族学院学报》1991年第4期。

期，中国民族学研究中有美国、法国、德奥、英国等传统，其中美国批评学派在中国的代表人物有孙本文、黄文山、戴裔煊、吴泽霖等人，而其中仅有吴泽霖做过实地调查。[①] 历史学派对吴泽霖议题的选择、方法的应用、材料的组织，乃至结论的得出之影响不言而喻，但并不能说，吴泽霖的学术研究是美国人类学的翻版或中国式的注解，因为吴泽霖对历史学派的论点也做了诸多取舍，批评之处亦有之。这个结合中国实际进行思考的过程，即是中国化的探索。

小 结

学者的知识生产绝非在真空中开展，而是不断处于一个关系纠葛中，在诸关系体系中，人生经历对学术创作的影响最易观察、最为直接。以吴泽霖为例，幼年传统私塾教育，为其后来学术研究奠定了良好的国学基础；家境的清寒促使他对社会边缘群体富有同情心；父亲的艺术启蒙让他始终对象征事物兴趣笃然，直接反映在他的民族学博物馆思想中。回国后，个人生活随着社会局势的变动跌宕起伏，物质生活条件的优越与其创作高峰的出现有一定关联，但也不能一概而论，学者超脱物质的家国情怀有时也起着关键作用。社会和学术交往对学者学术生产的影响极为复杂。从团体方面看，吴泽霖作为诸多组织的创始者、领导者，通过积极参加活动，与众多学者结下深厚友谊，为其后的研究工作寻找到经费和政策上的支持。从个人方面看，仅就潘光旦和黄仁霖二人分析，吴泽霖的学术思想中或隐或现地掺杂着潘氏优生论的色彩，二人更是为吴泽霖论著的发表、调查的开展等提供了诸多不容忽视的助力。吴泽霖职务的变动不仅是其学术转向最明显的风向标，同时在高等学校

---

① 陈永龄、王晓义：《20世纪前期的中国民族学》，杨圣敏、良警宇主编《中国人类学民族学学科建设百年文选》，第128页。

长时间担任行政职务,也促使他对大学教育从社会学角度展开思考。当然,职务在一定程度上也象征着可支配的学术资源和社会资源,这些资源为吴泽霖学术理念的实现,促进社会学、民族学中国化的进程营造了良好的外部环境。

第一节的分析尚有另外一层含义。目前从学者个案出发来探讨学科发展的研究路径中,多数研究者把学者的个人经历看作研究其学术思想的注解或背景,对于学者经历与学术生产之间的隐性和显性关系,讨论的并不多。而理解学者的知识生产首先应该从其个人的人生轨迹中去考察,尤其是以研究现实问题为旨趣的社会学者,要从学者家庭、生活、交往、工作的细节出发,讨论其学术选题中的主动性和被动性,社会调查开展的缘由,启蒙教育与学术研究的关联性,人际交往、职务变动对知识生产的助力与阻力,等等。

第二节着重讨论的是吴泽霖学术思想的来源,但仅表示在其思想形成阶段受过哪些影响,论及的四个方面也仅是其学术研究的底色,并不能直接地、严格地与其后期学术实践一一对应。学者在面对各种复杂的社会情景时,常会发挥主观能动性,对各种思想进行取舍,做出符合现实的处理。实际上,某一议题的研究中往往掺杂着诸多思想,是一种多类型杂糅后的结果,在思想起源上体现出一种综合性的特征。

具体而言,五四科学精神和基督教青年会社会服务理念属于吴泽霖的个人经历范畴,其中五四科学精神并非仅体现在吴泽霖的学术书写中,而是一代学者的共同印记。基督教青年会社会服务理念对吴泽霖学术研究的影响,更多体现出个性化的特点。吴泽霖等人经过巧妙处理,剥离了其中的宗教成分,把社会服务看作重要追求和使命。美国早期社会学理论与博厄斯学派人类学思想更多地从吴泽霖思想演变的内在理路来影响其书写,在文本中有着诸多体现。美国早期社会学中风靡的社会心理学倾向,不仅直接影响了吴泽霖对社会体系的基本看法,使得他把社会过程看作心理活动的产物,而且在具象研究中,始终以刺激与反应为观测点来考察人类行为，并把此种路径应用到国际关系的预测中。博厄斯学派的文化相对观、种族平等观、体质人类学研究及归纳方法，经过吴泽霖的消化吸收，更多地应用在分析中国社会实际中。在种族平等、文化相对的呼吁上，吴泽霖与博厄斯学派无异，但在归纳方法的运用上，则有些取舍，体现了美国人类学中国化的过程。

此外，吴泽霖学术研究中强调学术为现实服务的应用性特征，在思想起源上也可以找到一些对应关系。五四科学精神所激烈批判的是中国传统文化中的糟粕，最终追求的是民族独立和国家复兴，应用性的指向十分明确。在吴泽霖那一代人心中，科学不仅是学术研究的标准和方法论，更应是拯救中国于危难之中的利器。基督教青年会的社会服务思想本身就带有强烈的应用色彩。对吴泽霖影响颇深的美国早期社会学，实用主义的倾向亦十分明显，"经验性、应用性问题的兴趣成为美国社会学具有压倒优势的倾向，实用主义始终占据了上风"。[①] 可以说，强烈的实用主义倾向在吴泽霖学术研究的早期便已经扎下思想之根。在个人经历、时代境遇与学科特征多重因素的作用下，为国家复兴、民族独立服务，在他及那一代学者的心中扎根生芽，成为他们毕生孜孜以求的学术愿望。

---

① 于海：《西方社会思想史》，复旦大学出版社，2005，第345页。

第二章 社会学中国化：理论与实践

民国时期社会学中国化是一项重要议题，几乎波及了所有的主流学者。"我们的老社会学家有一个很大的特点是要使社会学中国化。"① 关于社会学中国化的具体步骤，吴泽霖并没有做过多论述。但通过其他社会学家关于社会学中国化的重要路径的论述来呈现当时的学术思潮，对于研究个体学者的思想有重要启发意义。

燕京大学许仕廉认为社会学中国化要"发明新的方法制度和态度去适应新的变迁"，② 即要用社会学方法去认识中国社会和中国问题。在具体实践中，他从课程体系、理论体系、具体方法和人才培养等方面开展社会学中国化的努力。③ 他更多强调的是根植于中国土壤之上的问题意识和学科体系的本土化。孙本文的社会学中国化设想最具代表性，包含三部分：一是理论社会学，有整理固有史料、研究中国特性、编辑基本书籍三点；二是应用社会学，有研究中国问题、加紧探讨社会事业与社会行政、研究中国方案三点；三是训练社会学人才。④ 孙氏的主张更加清晰，但对中国问题和学科体系的强调与许氏如出一辙，不同的

① 吴景超：《第四种国家的出路》，商务印书馆，2008，雷洁琼序，第5页。
② 许仕廉：《中国社会学运动的目标经过和范围》，《社会学刊》第2卷第2期，1931年。
③ 杨燕、孙邦华：《许仕廉对燕京大学社会学中国化的推进》，《北京社会科学》2015年第10期。
④ 周晓虹：《孙本文与20世纪上半叶的中国社会学》，《社会学研究》2012年第3期。

是，他提出一个本土化中极为重要的命题，即理论体系的构建。另外一位倡导社会学中国化的先锋人物是吴文藻，他认为："理论符合事实，事实启发理论，必须理论与事实糅合一起，获得一种新综合，而后现实的社会学才能根植于中国土壤之上，又必须有了本此眼光训练出来的独立的科学人才，来进行独立的科学研究，社会学才算彻底的中国化。"①在其后的教学研究生涯中，他结合中国实际问题，把功能主义作为指导理论，倡导社区研究，开拓边政学研究，并着力培养社会学、人类学的人才，形成颇具影响力的"燕京学派"，是社会学中国化最为成功的实践者。实际上，他的看法与上述二人也有颇多重合之处。

上述诸人对社会学中国化的具体看法各有所异，但从总体上看，不外理论和概念的中国化，表现在中国问题的导向、本土材料的搜集、本土社会学人才的培养等几个方面。吴泽霖虽没有关于社会学中国化的详细论述，但在实践中展开了诸多探索，其主要内容也无出理论概念、社会调查、中国问题和学科建设四个方面。因此，本章论述以上述四个方面为基础展开。

第一节　社会学者的社会观

在治学路径上，早期中国社会学者与而今学者稍有所异。而今学者一般先从具体问题出发，在经验的基础上走向抽象的理论构建。中国第一代社会学家都有自己擅长的某一领域，但在特殊个案研究之前，对社会运行的基本原理都有系统认识，即对社会哲学问题兴趣笃然，许仕廉、陶孟和、朱亦松、孙本文、应成一、李剑华、吴泽霖等都有此共同特点。究其原因，不外以下两种。一是从西方社会学历史看，"社会学

---

① 吴文藻：《社会学丛刊·总序》，氏著《论社会学中国化》，商务印书馆，2010，第4页。

在其创始阶段，还只是一种以哲学思辨为主要方法去观察和解释社会现象的一门学问"，① 到 20 世纪初，社会学研究依然没有完全脱离社会哲学的窠臼；二是从社会学传入中国的历史看，中国社会学的早期形态多属严复氏的"群学"，探求社会总体的演进思路，② 这一时期正是由传统国学转向专业科学的过渡阶段，学者的研究带有前一时期的烙印也不难理解。因此，要理解早期社会学者的学术思想或者中国化的努力，首先应从他们对社会构成或社会运行的总体看法入手。

一　社会的四项基础

在神学笼罩的时代，人们的社会观与宗教的宇宙观相一致。社会学产生之后，人们对社会的基础有了更进一步的认识，但也未有统一之说法。早期中国社会学界，对这一问题也是仁者见仁，智者见智。有学者认为社会的本质是生物的或者心理的。如王平陵指出："社会是人类心与心的相感作用，一切人类间的动作，都是根据心理出发的。"③ 再如汤增扬指出："一切人类间的动作是根据心理上面的。我们要研究社会复杂现象，自然先要知道心理学的要素。"④ 除上述社会构成基础的单一性论调之外，更多学者认为社会的基础是多方面的、综合的。如朱亦松的地理、技术、心理、心性和社会自身五要素说；应成一的自然、生物、心理和社会四要素说；孙本文的地境、生物、心理、文化四要素说；⑤ 等

① 丘馨等编《农村社会调查原理与方法》，华中农业大学农村社会学教研室，1989，吴泽霖序，第 5 页。
② 姚纯安：《社会学在近代中国的进程（1895—1919）》，生活·读书·新知三联书店，2006。
③ 王平陵编《社会学大纲》，泰东图书局，1928，第 25 页。
④ 汤增扬：《社会学概论》，大东书局，1932，第 20 页。
⑤ 详见朱亦松《社会学原理》，商务印书馆，1928；应成一《社会学原理》，民智书局，1932；孙本文《社会学原理》，商务印书馆，1935。孙本文在其著述中认为他属于社会学的综合派，但实际上他一生都在主张文化和心理两大因素对人类社会行为的决定性作用。

等。吴泽霖对社会构成基础的看法与当时社会学界的主流意见基本一致。他认为："生物和心理的基础可以说是社会的出发点，没有这两种基础，根本上就没有人类现象；地理和文化基础给人类一种熏陶及限制，使他们演成有差异的生活。"①

第一，社会的生物基础。从生物学的角度看，人和动物并没有本质的区别，动物身上表现出的几个根本观念和生物现象，在人类生活中同样存在。首先，吴泽霖从生、老、死顺序阐释了人和动物的相似性。其次，为了解释种族延续的稳定性问题，他强调了遗传的作用，认为假使没有遗传的现象，就不会有固定的民族和物类。但是遗传不能说明生物的多样性问题。由此，吴泽霖把"变异"单独提列出来，指出差异的现象为父母遗传中各种特质的分配不同和聚合不同而产生的结果，但是这种差异究竟是先天的遗传还是后天的获得，吴泽霖的看法折乎其中。承认天才与白痴是先天决定的，同时差异的现象也受环境的影响。另外，在吴泽霖看来，生物间的生存竞争和天然淘汰在社会生活中也十分重要，但是人类的生存竞争与动物界的竞争在表现形式上却有天壤之别。

第二，社会的心理基础。早期西方学界对社会心理基础的主张有本能派、行为派、欲望派和暗示模仿派，吴泽霖并没有卷入其争论之中，而是谈道："上述四派的学说，虽大有出入的地方，但是他们的根本观念，却是相同的——就是社会的重要现象，都有心理基础的。"② 此种认识亦是吴泽霖所赞同的，人类虽是动物的一种，受生物特性的限制，但若只按照生物学的规律去探索，很多现象无法解释，讨论社会的构成时必须引入心理学的视角。在基本论点上，吴泽霖与上述四种主张保持一致，但对于他们用单一模式来解释人类行为的刻板路径并不赞同。综

---

① 吴泽霖编《新中华社会学及社会问题》，中华书局，1932，第19页。

② 吴泽霖编《新中华社会学及社会问题》，第39页。

合来看，在吴泽霖的社会学研究中，人类心理现象不仅是社会构成的核心要素，更是理解人类行为的关键要素，关于此点留待后文讨论。

第三，社会的地理基础。吴泽霖认为，一是地理环境给人类一种生活基础，包括日光、泥土等生活资料，人类都是直接或间接摄取土地上的化学物质来维持生命。二是气候对人类生理和心理都有影响，小到文化特质的产生，大到社会组织、民族精神等等。三是土壤，土壤不仅为人类生活提供物质基础，而且对人们的心理特质的形成有诸多影响。其中吴泽霖比较关心的是土壤与人口的关系，认为人口与食料有关，但目前大部分食料还是受制于土壤的。四是地形与社会，吴泽霖依然强调了地形对人类心理的影响。此外，他对水流、矿产和野生动物对社会构成的影响也进行了论述。最后他总结性地指出，地理环境对人类至少有四种影响，即影响人类身体、心理、经济和社会的发展及组织、民族的流动，还提出环境是一种限制的因子，不是积极活动的因子。①

第四，社会的文化基础。文化的概念多种多样，吴泽霖比较赞同美国人类学家威斯勒的定义，即内容包括实物、信仰、艺术、道德等等。在具体论述中，吴泽霖基本秉承了美国历史学派对文化结构的研究风格。从静态上看，文化是超生物的、是经验的、是积累的。从动态上看，文化是变迁的和参杂的。在关于文化层次的区分中，他分别解释了文化特质、文化类别、文化丛、文化模型等等。最后在解释文化的差异性和相同性时，他认为文化模型的相同性原因有三：一是人类所需要的物质相同；二是无论何种社会都要受到自然界中物质有限性的限制；三是人类心理的一致性，导致了对自然界限制的反应有着相同之处。

上述四个方面，在吴泽霖看来，"他们都有相当的重要，很难评定他们的上下。生物与心理的基础可以说是一种原料，地理和文化好像是

---

① 吴泽霖编《新中华社会学及社会问题》，第55页。

工厂，同样的原料送到不同的工厂里去会变出不同的制造品来"。① 这个比喻"说理精辟，饶有趣味"。② 但不论生物、心理，还是地理、文化因素，在吴泽霖对社会构成的第一个层面的理解中，它们仅作为一项基础要素，并不能解释具体的社会行为。

二　社会行为的动力

早期美国社会学对社会行为研究颇多。在这种思潮的影响下，吴泽霖把社会学看作探讨人类社会行为的一门学科，他谈道："社会学就是想在人类的社会行为中，去求获共同的特点，分析社会行为间的相互关系，探讨社会行为间的法则，追述社会行为的变迁，并且还要提出若干原理原则为改造社会的参考。"③ 也就是说，在吴泽霖的社会学体系中，社会学应以社会行为为研究对象。而论及社会行为，最核心的议题不外乎社会行为的动力问题。吴泽霖关于此问题发表过诸多言论，但总体的路向是从文化和心理两个要素出发。

（一）文化要素

人类的社会行为极其复杂，可分为个人、家庭、职业和公共四种行为类型。④ 这四种行为类型都受文化的深刻影响。个人都依照社会上的惯例去过他的生活，也就是文化的力量；不同文化中的婚姻制度不同，家庭结构也因之会发生变化；职业行为和公共行为与家庭行为一样，在不同文化中的表现各有不同。吴泽霖参照中西文化对比的方式，论证了文化差异性与人类行为歧异的关系。他的总体论点是"人类的一切行为都要受文化的影响"。⑤

---

① 吴泽霖编《新中华社会学及社会问题》，第 64 页。
② 孙本文：《新中华社会学及社会问题书评》，《图书评论》第 1 卷第 1 期，1932 年。
③ 吴泽霖：《中国社会学之使命》，《中央日报》1937 年 1 月 23 日，第 11 版。
④ 吴泽霖：《社会约制（Social Control）的意义及其工具》，《社会期刊》创刊号，1929 年。
⑤ 吴泽霖编《新中华社会学及社会问题》，第 61 页。

文化对个人的影响如此,对群体的影响更大。吴泽霖从两个方面展开论证。一是社会进步与文化接触问题。在他看来,一个社会非有多方文化的影响,不能进步。一个民族地处偏僻,与他者文化少有接触,即使有优秀品质也不会有很高的文明。文化的接触和传播能影响社会的发展与变迁。文化是社会变迁的动力,一般两种文化接触只要产生"完全的采纳"或者"选择的融化"就会产生相当的社会变迁。他还就社会变迁的速率发表了看法,认为文化水平越高,变迁的速度越快,因为文化的数量越大,发明及接触的机会越多,变迁的机会也就越大。①

二是文化与民族性的问题。他把民族性的定义更多拉入文化学的范畴中,认为国民性就是该国国民受了他们特种文化影响所产生的普遍行为。② 此种定义凸显了文化的决定性作用,对国民性的心理特征则有所淡化。不仅在内涵界定方面,吴泽霖更强调文化是民族复兴的三大条件之一,甚至认为"或许也是最重要的条件,这就是文化的改进"。③ 其中还表达了他对国粹与西学的看法,他并不主张全面西化,也不鼓吹中国文化的优越性,而是认为,需要重新评估传统和西方文化的精粹,民族复兴并不是复兴固有的制度文化,而是重新评估它们的价值而加以改造。④ 关于文化和国民性的讨论最先肇始于博厄斯学派,吴泽霖在讨论文化对社会行为的影响时,所持观点与历史学派基本一致,稍有不同的是结合中国实际,运用中国材料,最终目的也在于解决中国问题。

总的来看,吴泽霖虽在篇幅上没有过多论述文化对人类社会行为的具体影响,在仅有的讨论中,也多属宏观层面上的阐述,若干案例的分析也是浅尝辄止,但他把文化置于很高的地位,多次强调文化是

---

① 吴泽霖编《新中华社会学及社会问题》,第 113 页。
② 吴泽霖编《新中华社会学及社会问题》,第 62 页。
③ 吴泽霖:《民族复兴的几个条件》,《东方杂志》第 31 卷第 18 号,1934 年。
④ 吴泽霖:《民族复兴的几个条件》,《东方杂志》第 31 卷第 18 号,1934 年。

社会的命脉,文化规定了人们社会行为的基本类型。关于文化和社会行为关系的讨论基本止步于此,后期吴泽霖更多关注的是地方性知识的发掘。

(二)心理要素

与对文化要素的讨论不同,吴泽霖对心理要素和社会行为关系的思考,内容十分丰富。对其相关论著综合分析,基本有两个层面。

第一,社会心理与社会组织。关于社会组织的定义,吴泽霖采取一般看法,认为两人以上共同维持一部分生活的团体即为社会组织。在具体分析中,他以家庭、阶级、群众和民族等为例来展开讨论。在他看来,家庭起源于两性的吸引力和父母爱育子女的本能,其中隐含着心理本能和生理本能,因此家庭行为在某种意义上也是心理事实。阶级组织的根源实际上也是心理的团结。从阶级形成历史来看,原始社会中阶级雏形是建立在有差别的心理和生理基础上。阶级产生后便产生了阶级心理,阶级团结的重要力量便是阶级心理。在两个对立的阶级中,阶级心理往往会通过刺激—反应来主导阶级间的交往行为,既然阶级行为与社会心理有关,那么减少阶级冲突的方法,心理学路径就不容忽视。在吴泽霖的论述中,爱国心的提倡排在阶级冲突解决方式的第一位。[1] 人群的集合方式有群众、公众和暴众三种,这三类现象都蕴含着心理的事实。吴泽霖把公众定义为区域社会中的全体,或一部分人民受了某种社会刺激经过了相当讨论形成的无形组合,在心理特征上表现为守旧的、健忘的、自大的等。[2] 群众是个人的集合,研究群众心理要从个人心理入手,探索个人在群众中的特殊心理。吴泽霖总结了五点,即群众中的个人常失去理智的统御力,个人往往改变原来的品行,个人缺少责任心,不能持久,充满着虚妄的幻想。群众现象无论在初民社会还是现代

①　吴泽霖编《新中华社会学及社会问题》,第93页。
②　吴泽霖:《群众的分析(上)》,《社会学刊》第3卷第3期,1933年。

社会中都广泛存在，由于它在很大程度上属于心理范畴，因此文化的限制并不能消除个人在群体中激愤心情的表达，正如吴泽霖所说："群众现象并不因教育和文化的程度而减少。"① 在吴泽霖的思想中，民族的形成与心理现象没有直接联系，但民族心理却能影响国家的繁荣与兴衰，他认为政治的、经济的、社会的改良固然重要，但各种病态民族心理是致使我民族处于永劫不复之境的最严重的原因，因此最基本的应是几种病态民族心理的剔除。②

　　第二，社会行为的刺激—反应说。前述各种社会组织与社会心理的关系属于社会静力学层面，在社会动力学层面上，吴泽霖集中于讨论各类社会行为的生成逻辑，这些逻辑有一个共同的起点与路线，即社会心理学的起点与刺激—反应的行为理解路向。吴泽霖关于此点的论证相对全面，既有宏观视野的理论演绎，也有具体时段的微观阐释。在总体思路中，他说："我们个人的一切行为都靠三种变动的要素而定。一、各个人反应时的生理状况；二、个人以前所有的经验；三、刺激的性质。"③ 只要三种要素变化，行为亦会随着变化。在之后的论述中，他用略带有冲突论色彩的论调把人群划分为强者和弱者。强者的心理表现为疑忌心、残忍心、蔑视弱者的一切文化、隔离模式的态度、蔑视公义等等。"强者的心理往往是失常的、变态的。但是这种失常的变态决不是片面的，乃是带循环性的。"④ 强者的变态心理与弱者的变态心理有关系，弱者心理常表现在感觉过敏、自尊心、求显热忱、怨恨、自卑心结、希望心、团体忠心七个方面，二者之间常处在一种循环刺激的状态。吴泽霖把强弱二者的行为纳入心理学的刺激反应中来考察：

---

　① 吴泽霖：《群众的分析（续）》，《社会学刊》第 4 卷第 3 期，1933 年。

　② 吴泽霖：《青年与风气》，《华年》第 1 卷第 3 期，1932 年。

　③ 吴泽霖：《强者与弱者的变态心理》，《社会学刊》第 1 卷第 1 期，1929 年。

　④ 吴泽霖：《弱者的心理》，《社会学刊》第 1 卷第 3 期，1930 年。

二方面（强者和弱者的变态心理）既同属失常，强者的一举一动，常可以引起弱者的激怒。但是他们既处于被压迫的地位，受了强者的不平待遇，心理虽然常忿怒，但是没有法子可以发泄他们的情感。我们知道情感的遏制，有如防川，他们郁积的不平，终究会表示于言行的。等到表示的时候，他们就很容易受群众心理的支配，此时失常欠理的事情，就格外容易发生。强者一方面见了这种情形就好像火上加油，不免加倍的猜忌，格外的不肯容忍。二方面失常的态度就愈演愈深，彼此的行为就变成了连环式的刺激，互相推诿，彼此目为罪魁。其实二方面都已失去客观的眼光，流入变态的心理了。①

除宏观论述外，吴泽霖还结合国际关系的相关材料②及中国事实来证明其观点。以抗战时期为例，他认为抗战时期的民族心理有其特殊性，从刺激—反应的路向看，能够影响民族心理的刺激有八种，分别是战时大量生命的牺牲、财产的削减、迁徙不定、生活水准的降低、家庭分离、战争之演变、社会一般生活水准之差异和社会种种失调的现象。上述刺激因子能够激起一些战时的特殊心理反应，如消极悲愤、苟安心理、嫉妒心重、放纵心理、感觉过敏、反抗心理、失望等。同时，此种特殊的刺激—反应模式会引发一些社会问题，主要表现在个人、社会、家族制度、宗教信仰、政治制度等几个方面。在客观分析之后，吴泽霖指出："抗战心理与平时心理，没有多大分别。虽然因刺激的不同，或稍有差异。我们希望抗战胜利后回到故乡，恢复原状。"③

总而言之，在吴泽霖的社会学思想中，刺激—反应是理解人类行为的重要路径之一。但在今天看来，此种思考略带有心理还原主义色彩，

---

① 吴泽霖：《弱者的心理》，《社会学刊》第1卷第3期，1930年。
② 详见 Charles L. Wu., "Domination Psychosis of the Foreigners," *The China Critic*, Vol. 13, No. 7, 1930。
③ 吴泽霖：《战时社会心理》，《中央周刊》第7卷第17期，1945年。

某种意义上抹杀了人类行为的复杂性。但在一百多年前的社会学界，社会心理学不仅在世界学术界风靡一时，而且在中国也成为众多学者用来思考中国现实的重要方法之一。

三　社会冲突的类型

如前所述，吴泽霖的社会学思想受到美国早期社会学家罗斯的影响很大。罗斯认为，社会现象的发生"是由人们之间的联系、支配、剥削和反抗的交互作用的结果。联系是相互的，支配和剥削是单方的侵占，反抗是恢复平衡的动力。四者的作用和反作用就是社会的过程"。[①] 在罗斯的思想中，社会总体上是冲突的，冲突、反抗与控制构成了社会过程。吴泽霖基本继承了罗斯的观点，认为社会总体上是冲突的。但他们与马克思强调阶级对立的冲突论稍有区别，更多的是把人与社会放置在自然与心理本能情境下来考虑冲突的内涵。

冲突是普遍的，这是吴泽霖反复强调的重要论点。在他看来，冲突无处不在，"纷乱冲突，几乎成了社会上的常态"。他又表示："社会上有许多势力，好像物理学上所说的离心力，无时不想脱离社会的正轨，破坏社会的秩序，直接的或间接的发生不少的社会问题。"[②] 对于老子、洛克、卢梭等人倡导的社会和谐论，他并不赞同，并认为"以科学的眼光看起来，那真是毫无根据的矫情之论"。[③] 从历史发展来看，冲突不仅在初民社会中是常态，而且在现代社会中更是随处可见。在他看来，初民社会中"社会分化势力并不见小，破坏秩序、妨碍安危的行动在在都是"。[④] 现代社会虽然物质丰裕，组织健全，但社会冲突却是

---

① 吴泽霖：《美国几位社会学的奠基人》，《南开学报》1981年第4期。
② 吴泽霖：《社会约制（Social Control）的意义及其工具》，《社会期刊》创刊号，1929年。
③ 吴泽霖：《社会约制》，世界书局，1930，第5页。
④ 吴泽霖：《社会约制》，第5页。

愈演愈烈,"社会的范围愈广,社会的组织愈复杂,同时反社会化的力量也就愈强"。① 可见,在吴泽霖的社会学思想中,社会冲突不因文化的不同、历史发展阶段的不同、文明程度的高低有所区分,而是普遍存在。

关于社会冲突的类型,吴泽霖多处有所论述,其论述的体系与他人稍有区别,但基本内容大同小异。他认为社会冲突表现为外部破坏力和内部破坏力。外部破坏力指天然环境和社会环境。天然环境如各类地质灾害等都会造成社会动荡,社会环境影响社会秩序更为突出,如战争、经济危机等等。内部破坏力包含的内容很多。在生物方面,人类向来有男女之别,性别冲突在文明程度较高的社会里尤为明显。老幼之间也有冲突,主要表现在道德观、人生观等方面,"二方的意见,枘凿不入,扩而大之,有时竟能引起很大的纠纷,社会的秩序也会受到他们的影响"。② 在心理方面,个人或者团体间的差异更为普遍,主要表现在心理气质上,气质不同的人很难融洽相处,不是互相争执,就是彼此躲避。③ 社会中机会的不平等、文化的差异等都会影响社会的稳定性,造成社会的断裂与冲突。另外,吴泽霖还用假设性的口吻谈到,即使上述各种类型的冲突可以消弭,但是一切的人在社会上职业不同,志趣不同,地位不同,直接或间接的冲突也是免不掉的。④

总而言之,在吴泽霖的社会学思想中,社会冲突的类型十分多样,有内部和外部之分,有生物、心理、社会和文化等方面的内容,只要人类社会存在,社会的冲突就会存在。但若在理论上推导社会处处存在冲突,现实社会却是和谐的,此种矛盾如何理解?这样自然而然地便提出

---

① 吴泽霖:《社会约制》,第 10 页。
② 吴泽霖:《社会约制(Social Control)的意义及其工具》,《社会期刊》创刊号,1929 年。
③ 吴泽霖:《社会约制》,第 19 页。
④ 吴泽霖:《社会约制(Social Control)的意义及其工具》,《社会期刊》创刊号,1929 年。

了社会约制的概念。正如吴泽霖所言，假使没有这种社会约制，那我们就没有社会生活，也就没有社会了。①

第二节　概念本土化的尝试

第一节着重讨论吴泽霖对于社会构成与运行原理的看法，作为一名专业社会学家，吴泽霖的论说绝不仅限于上述社会哲学式的探索，更多的还是集中在具体概念和问题的分析上。在论述中，他多采用中国案例来阐释社会学的基本概念，或者试图通过西方的社会学概念体系来重新发现中国传统文化的现实价值。具体而言，主要表现在对社会控制概念的中译和对孔子社会思想的解读两个方面。

一　社会控制的中国化阐释

社会控制思想源于欧洲，传入美国后成为早期社会学的基本概念。"社会学如果有一个中心概念的话，那很可能就是社会控制这个概念。"② 可以说，在美国早期社会学发展中，这一概念是撬动整个社会学体系的关键性切入口。最早进行系统阐释的是吴泽霖的美国导师罗斯，罗斯提出了"自然秩序"概念，他认为"自然秩序"是在同情、友善、正义等基础上建立的，它们是"粗糙不完善"的，因而社会控制十分必要。社会控制手段有两种类型，一是伦理的，即舆论、暗示、个人理想、宗教、艺术等；二是政治的，即法律、信仰、礼仪、教育和幻想等。③ 与罗斯差不多同时代的美国社会学家托马斯、库利、伦累姆及芝加哥学派的帕克、米德等对社会控制做过论述，其中伦累姆对社会

① 吴泽霖：《社会约制（Social Control）的意义及其工具》，《社会期刊》创刊号，1929 年。
② 庞树奇：《"放"与"收"——谈谈社会控制，兼及社会学的社会职能》，《社会》1984 年第 4 期。
③ 爱德华·罗斯：《社会控制》，秦志勇、毛永政等译，华夏出版社，1989，第 40 页。

控制方法的阐释十分详尽。他列举了十余种，如奖赏、赞赏、奉承、劝告、广告、宣传、恐吓、惩罚、命令等。帕克把"社会约制"提到很高的地位，他认为一切社会问题的解决最终都要靠社会约制，并区分了社会控制与集体行为，社会控制指涉机制，而集体行为侧重过程。20世纪20年代后，经各代社会学家的不断补充，社会控制的概念体系得到进一步完善，至今已是社会学研究中的核心概念之一。

首先可以肯定的是，吴泽霖的社会约制思想来源于上述社会学家，尤其是罗斯和伦累姆，但并不能说是他们学术思想的翻版或复制。吴泽霖在引进社会概念的同时，一方面用中国事实来解释西方话语，即所谓社会学中国化的实践；另一方面还沿着社会控制的学术脉络，对其概念体系进行补充和修正，部分论述十分精彩。不论在当时，还是现在都受到学界的极大关注，并得到很高评价。"这些解释既有含义区分，又有历史蕴含，并始终结合日常生活予以阐释，简洁而有力，可谓超出了许多西方类似著作的论述。"[1] 他对"社会控制"概念的更新与超越，主要体现在以下三个方面。

第一，社会控制的重新诠释。民国时期"Social Control"一词的译法有多种，尤以社会制裁和社会控制最为常见，[2] 其中社会控制的概念一直沿用至今。吴泽霖作为最早在中国学界介绍社会控制思想的学者之一，他把"Social Control"翻译为"社会约制"，"约制"与"控制"虽仅一字之差，其中隐含的却是对其内涵的重新诠释。按照吴泽霖《社会约制·自序》中的说法："著者以为制裁或控制二字带有以上临下的意思，但是广义的 Social Control，不止片面的，乃是相互的，约制

---

① 赵立玮：《美国和中国早期社会学中的社会控制概念》，《江苏师范大学学报》（哲学社会科学版）2017年第2期。

② 1913年由世界书局出版，德普与延年联合署名编辑的《社会学入门》中专列一章讨论"社会制裁"；1918年由商务印书馆出版，朱亦松所著《社会学原理》中也翻译为"社会制裁"。把"Social Control"翻译为社会控制，并大力倡导者当推孙本文，他在《社会学原理》《社会学ABC》中对社会控制都有专论。

二字似较为妥当。"① 他继续区分了两个概念，即社会控制与社会约制。社会控制的涵盖面较小，是社会约制的一部分，侧重团体行为；社会的约制者，并非他自己要约束别人，只不过他是团体的代表，为了维持社会秩序，不得不约束别人。② 如政府、法律、风俗、禁忌等具有团体属性的，均属于社会约制，也即吴泽霖所谓狭义的社会约制，与社会控制的含义无异，这个概念与罗斯等人的定义类似。

与之相对的是广义的社会约制概念，属于吴泽霖论述中最为精彩处之一。他从当时社会学界普遍认可的"社会行为"定义入手，认为既然"Social Control"带有"社会"一词，按照社会学的概念体系，社会带有相互的意思，凡两人以上的相互有影响的举动都可以称为社会行为。约制前面既冠以社会二字，当然不能专指团体约束个人，凡个人间的相互约制也是社会约制。③ 这是从平面角度讲，个人间会产生约制行为。从立体角度看，个人还会约制团体。正如吴泽霖所言："约制是相互的，没有地位性，没有阶级性。非但在位者可以约制平民，平民也可以约制在位者；非但长老可以约制少幼，少幼也可以约制长老者；非但男子可以约制妇女，妇女也可以约制男子。""我们既都是约制者，同时也都是被约制者。"④

另外，从人类历史发展来看，在家庭、国家等社会组织产生以前，社会约制便已存在。因为只要存在两人以上的团体生活，便会出现约制现象，至于社会约制则是随着社会组织产生而出现的。可以说，吴泽霖的看法比较全面，也颇有见地。与之前西方社会学家的论述相比，增添了新内容，不仅注意到社会对个人的控制，同时也注意到个人与个人、

---

① 吴泽霖：《社会约制》，自序，第 2 页。
② 吴泽霖：《社会约制（Social Control）的意义及其工具》，《社会期刊》创刊号，1929 年。
③ 吴泽霖：《社会约制》，第 8 页。
④ 吴泽霖：《社会约制》，第 9 页。

个人与团体之间的关系，把原先单向度的因果关系引入互动论的范畴中，更具解释力。

第二，社会约制工具与方法的区分。吴泽霖在美国学习时的导师伦累姆对社会约制的工具做过详细阐述，但吴泽霖对其分析不以为然，认为伦累姆把方法与工具混淆了。吴泽霖提出了颇具哲学意味的阐释，认为工具是一样东西，我们可以利用它来达到我们的目的，可以分为具体的和无形的两种类型，其性质是静的，具有普遍性。方法则不同，它是一种行动的程序，它不是一样东西，而是一个过程。①

在吴泽霖看来，人类的社会行为似乎都受保守心、好新心、求显心和社交心四种心理支配，这四种心理可以作为社会约制的工具。他指出，之前学者们提出的社会约制的工具，如宗教、法律、教育等等，都确有待商榷之处。一来社会约制范围很广，上述工具并未涉及个人的相互约制；二则上述因子能发挥约制作用，并非因其本身的功能，而是它们能激起人类的保守心、求显心、自大心和好奇心。② 社会约制的方法有两种，分别为武力和会意。顾名思义，武力的方法指用体力来达到约制的目的。关于会意的方法，吴泽霖论述很多，又可分为直接和间接两种类型。直接的有惩罚、酬报、理喻、命令等多种方式，间接的有讥讽等方式。其中吴泽霖对理喻方法肯定最多，认为理喻的方法是社会约制中效用最大的一种方法，是各种方法中最为彻底的一种，"不过我们的目标，总应当采取这种方法来替代别种"。③

另外，从论证过程来看，吴泽霖特别注重用中国的事实来解释西方理论，列举了很多古典文献中的实例。如借用刘禹锡、谢灵运、沈德潜的诗文来表达讥讽的效果。有学者评价："使用了中国人喜闻乐见的例

---

① 吴泽霖：《社会约制》，第29页。
② 吴泽霖：《社会约制》，第30—42页。
③ 吴泽霖：《社会约制》，第56页。

子，使人几乎忘了这些概念原来是一个美国社会学家提出来的。"①

第三，社会约制组织的划分。吴泽霖并没有否定伦累姆等提出的教育、学校等社会约制手段，只不过他用"社会约制组织"来进行重新统合。他把家庭、学校、政府、法律、教会等归为具体的社会约制组织，把舆论、风化、信仰等作为不具体的社会约制组织，并分别论述。以学校为例，他以社会学家的视角来看待学校的功能，教育社会学或教育人类学的色彩十分浓厚。他认为，学校不仅是学府的组织，同时还是一种社会化的机关，它在传播知识方面固属一种不可或缺的组织，在社会约制方面更属重要。在人类早期社会，家庭主要承担着社会约制的功能，但随着社会越来越发达，家庭功能日益弱化，学校地位愈来愈重要，②学校功能被纳入社会规制与文化教化的序列中进行分析。不仅学校如此，其他所有社会组织均是以实现社会约制、维护社会秩序为目的。

总的来看，首先，吴泽霖更新了社会约制的概念体系，把概念范围由原先强调社会的控制作用，扩展到人与人之间以及人与社会互动关系的层面。其次，认为社会约制的工具仅是人类本质上的四种心理，各种约制手段实际都是四种心理在特殊情境下的刺激反应。最后，各种社会组织，无论是有形的还是抽象的，均具有社会约制功能。总而言之，吴泽霖的社会约制思想无所不包，不仅在处于动态的人类社会行为中，而且在静态的社会各类组织中，社会约制概念是其整个社会学思想的核心部分。在这一点上，孙本文的观点与其截然相反，孙氏仅把社会控制作为一个社会过程，而非全部，更多的是努力把它融入他的理论体系之中，作为社会学体系整体中的一环。③

----

① 赵立玮：《美国和中国早期社会学中的社会控制概念》，《江苏师范大学学报》（哲学社会科学版）2017年第2期。
② 吴泽霖：《社会约制》，第79页。
③ 孙本文：《社会学原理》，《孙本文文集》第1卷。

从社会学本土化的角度来看，社会约制思想中其实包含了诸多中国成分。社会控制思想在西方提出，有着社会和学术的双重基础。社会层面，西方社会自启蒙运动以后，法治思维已经成为一种共同体结合的基本理念之一。尤其在以移民为主的美国社会，只有强调团体对人行为的规制，才能实现社会的高效运转与和谐。由此，罗斯等学者有意无意地忽视人与人之间的约制，更多的是基于西方社会客观事实上的理论提炼。学术层面，美国社会学发展的早期，除了在实用主义和社会心理学领域有着鲜明的美国特色之外，在社会哲学上，更多的是沿袭欧洲社会学的传统，尤其是孔德、涂尔干等人的思想，侧重社会对人的控制作用以及社会的"无所不能性"。因此，在学术谱系上尚未进入从个体角度出发讨论社会构成与运行的阶段。

反观中国，在社会层面，法治观念长期以来不甚发达，团体对个体的制裁与西方制度化的体系相比相差甚远，反而是侧重人人关系的"差序格局"成为人们行为的一种基本准则。在学术层面，欧洲的社会哲学传统在中国早期社会学发展中的影响更是微乎其微。此外，从个人学术经历来看，吴泽霖是最早对孔子的社会思想进行科学梳理的学者之一，对于孔子以"礼"为核心的道德哲学自然深谙其意。他在考察社会控制的概念时，很自然地便会联想到人与人之间的约制关系。基于这三个层面的原因，吴泽霖把社会控制改为社会约制，"突破了传统上仅靠法家学说来理解社会约制的路向，指明了道德教化对于社会约制的根本作用"。① 实际上是基于中华文明的一种对西方社会学概念的补充和延伸，简单地说就是做了中国化的处理。

但近来有学者把吴泽霖的社会约制思想看作"基于文化取向的社

---

① 渠敬东：《吴泽霖和他的〈社会约制〉》，李培林、渠敬东、杨雅彬主编《中国社会学经典导读》，社会科学文献出版社，2009，第608页。

会约制观"，并认为"这一观念又成为吴泽霖切入中国社会问题的基本立场"。① 笔者认为吴泽霖的社会控制思想有着文化因素的考虑确实是事实，但更重要的是，其立论基点和最终依托都放置在人类的心理本质上，强调心理的约制才是实现社会畅通运行的本原，这是吴泽霖早期社会学思想的一个基本特征。之后其对中国社会问题讨论的基本立场，如劳工、人口问题等都是放置在各自议题的学术谱系中寻求解决之道，很难说有一个统一的立场。至于他关于文化功能的论述和以文化取向来考察社会事实，更多体现在西南少数民族的研究中。

二 孔子思想的另类解读

1924年，吴泽霖进入美国密苏里大学攻读社会学硕士学位，1925年获得硕士学位，硕士学位论文题目为"The Social Thought of Confucius"（《孔子的社会思想》）。目前，无论是吴泽霖思想的研究，抑或中国社会思想史的研究，对该文均没有过多提及。本节的介绍属于对吴泽霖此项研究成果的首次披露。该文共有七章：第一章为总论；第二章为孔子及其时代；第三章为个体与社会；第四章为家庭；第五章为政府；第六章为宗教；第七章为孔子社会思想的评判。

在总论中，吴泽霖分述了七个小点。他首先对儒家和孔子学说进行了区分，认为儒家是伦理、宗教和政治体系；接着，他介绍了孔子时代的社会思想，并通过历史的回顾，提出中国的社会思想与孔子的社会思想并不一致。之后，他对一些基本概念进行了介绍，包括社会思想、社会思想与哲学的区别、社会思想与社会学、社会思想与社会学思想等。最后，他对其研究的资料来源做了一些说明。②

---

① 向伟：《从〈社会约制〉看吴泽霖先生的社会治理观》，《中南民族大学学报》2019年第1期。

② Charles Ling Wu, The Social Thought of Confucius, Master thesis, Missouri University, 1924.

第二章为背景介绍,主要论述了孔子及春秋时期的社会情况。宏观方面,介绍了儒家产生的社会背景,内容涉及政治变动、社会构成等;微观方面,他着力探寻了孔子的个人生活。在该章中,吴泽霖把还孔子与其他思想家进行对比,包括老子、韩非子等,分析他们在核心观点上的差异。

第三章,吴泽霖开始论述孔子社会思想的内涵。他首先介绍了西方社会学和心理学界对于人在宇宙中的地位、人的社会属性、人的本性是如何定义的。然后,着重研究孔子的人性观,他认为,实际上孔子已经认识到个人在原始禀赋中有一些差异,同时孔子还深刻认识到环境对于人的影响。接下来,吴泽霖对孔子的自然权利观做了分析,他指出孔子承认自由意志的存在,但是有限度和有边界的。最后,吴泽霖对把孔子"仁"的思想导入社会关系范畴,强调"仁"是一种自我完善的机制,在社会方面的意义是:它调节家庭、治理国家,确保和谐的社会关系。

接下来,吴泽霖分析孔子的家庭观。他首先对古代家庭制度进行了回顾,并从家庭生活中的关系入手,对父母双亲与子女关系、兄弟关系、妻子和丈夫关系做了剖析。对与家庭相关的妇女的地位、结婚和离婚等内容,吴泽霖也做了叙述。孔子对于国家的态度是吴泽霖研究的重点内容,他对国家的本质、政府的本质、领袖的作用、革命、尚武精神、法律与风俗等都一一做了解读。吴泽霖把孔子的宗教观也放置在其社会思想的脉络中展开分析。

最后,吴泽霖对孔子的社会思想在总体上做了述评。在方法论体系上,他认为孔子对个人提出了无数的规则,却没有一个属于社会学体系。"他仅告诉我们做什么,但是却没有告诉我们为什么这样做。"在应用体系上,吴泽霖认为,孔子的说教是一个死气沉沉的理论体系,很难在普通大众中普及;他还批判孔子把社会视为静态的,但实际上个体与社会是一直处于变迁的状态。在结语中,他指出,孔子的社会思想实际上是想让国家摆脱混乱与无序,政治方面的和谐与稳定才是他的核心目标，至于个人道德、祖先崇拜等都是实现这一目的的手段。

从吴泽霖个人的学术研究历程看，《孔子的社会思想》是他接受西方社会学训练的早期成果，而且与此社会思想史相关的研究仅此一例，与其后来的学术生涯并没有形成严密的连贯性，而恰是此种不连贯性诱发了笔者对吴泽霖当初为何选择这一命题的思考。

吴泽霖属于"五四"学生辈的那一代人，他们大多幼年时期受过系统的传统私塾教育，在国外留学多年，深谙西方思想史的发展脉络。这种特殊经历造就了他们对传统有着一种难以割舍的"文化心态"，但是面对国家步步危难，对于西式文明的渴望又始终萦绕心间。这种在东西方之间的"拉锯"，让那一代知识分子试图调和东西方文明之间的矛盾，并通过这种调和找到一条适合中国的现代化道路。关于这一点费孝通有着极为深刻的认识，他谈道："这一点和我的上一代是不同的，他们是受中国文化培养成长的，有着深厚的中国传统文化的根底。由于他们基本是在中国文化传统的熏陶下成长起来的，因为对中国文化的长处有亲切的体验，甚至有归属感，所以他们的基本立场是'要吸收西方新的文化而不失故我的认同'。"[1] 进一步讲，以吴泽霖为代表的"五四"那一代人，与其上一代或下一代相比，由于社会环境、时代环境、心态的不同，他们表现关怀的侧重点各有所不同。比他们早一代的晚清一代，更多的是社会关怀，他们处于社会转折的前期，国家危机更多地表现在外显的社会政治体制上，因此关注的是中国社会政治体制的变革；而"五四那一代人更多的是文化关怀，他们对文化价值和道德重建的关心要超越对社会政治本身的关心"[2]。而比吴泽霖晚一代的知识分子，即"五四"后一代人则对专业知识的关怀更加浓厚些。

在这样的背景下再来具体考察吴泽霖的《孔子的社会思想》。由传

①　《费孝通在 2003：世纪学人遗稿》，中国社会科学出版社，2005，第 150 页。
②　许纪霖：《中国知识分子十论》，第 86 页。

统向现代过渡形成的特殊"文化心态"，促使他在对西方社会学有了深入系统了解后，率先想用社会学的基本概念来分析历史悠久的中国传统知识。而时代又赋予他们那一代人对文化与价值的强烈关怀，使他不自觉地把研究视野聚集在中国传统文化的现代转型、传统价值的现代形塑等方面。这种来自"先天"的文化约制，最终促成了吴泽霖带有鲜明中西合璧色彩的"孔子的社会思想"研究。在具体研究中，他力图在儒家思想中重新发现有别于西方传统的东方社会思想，并在最后对这种东方传统做了价值评判。

"中西合璧"式的书写模式并非仅吴泽霖个人独有，放眼当时整个社会学领域，学者纷纷以各自所学来重新审视中国的传统思想文化体系。与吴泽霖关系最为密切的社会学家潘光旦，则从他一贯坚持的生物学或优生学角度来研究儒家的社会哲学，得出结论"在生物学遗传学未发达以前，性善论、平等论、环境论，原是一切改革家的大前提，孟子只是一个在东方的例子罢了"。[①] 与潘光旦和吴泽霖稍有不同，李安宅在中国社会思想史方面的研究把目光聚焦在《礼记》上，发表了《〈礼记〉与〈礼记〉之社会学的研究》一文。林耀华则在吴文藻的指导下以《严复社会思想》为题完成了本科学位论文。

老一辈学者在其学术研究之初，在议题的选择上表现出来的共性，实际上体现了那个时代学者共通的学术心态，即以源自西方的"科学"体系来重新阐释中国的传统文化，试图找出中国文化的现代价值来解决转型中的中国所面临的深层次的价值重塑问题，多数属于宏观性的命题，最终指向的是学者的一种现实关怀。但随着吴泽霖等留美社会学学生对社会学的认识日益深刻，美国社会学实用风格对他们的影响愈来愈深，此类宏观层面上的文化价值关怀逐渐让步于社会现实问题的关注。

---

① 潘光旦：《孔门社会哲学的又一方面》，《留美学生季报》第 11 卷第 4 期，1927 年；《生物学观点下孔门社会哲学》，《留美学生季报》第 11 卷第 1、3 期，1927 年。

同时，自晚清以后，传统士人逐步向专业学者过渡，传统士人所具有的公共道德和文化价值引领作用进一步被弱化，知识分子更多在专业领域内享有威望。即使早期社会学者有此类改造中国传统文化的宏愿，但很快也都会陷入"有心无力"，更何谈"改造"的窘困状态，倒不如立足调查，讲求实证，扎实开展调查，探讨具体问题。在种种因素的推动下，早期社会学者归国后，多数把精力和关注焦点放在社会具体问题的调查以及对它们的改造方面。

第三节　都市社会调查的开展

把西方社会学的理论与概念体系引进中国，运用中国材料阐释西方理论，运用中国经验接续或更新西方理论，固属民国时期社会学中国化的重要内容，但现代社会学作为一门实证性的经验学科，离开社会调查，其学科立论基础也将荡然无存。孙本文等人倡导的社会学中国化侧重在理论上把西方社会学与中国社会进行结合，然而其"忽视社会调查，使得理论创建活动受到很大制约"。[①] 与孙氏不同，吴泽霖十分注重社会调查，不仅参与了一些城市社会学调查，而且在其主持下，大夏大学社会学系也开展了众多调查，在当时的国内学界具有较高知名度。本节重点考察吴泽霖在大夏大学期间所倡导、主持并参与的都市社会学调查。而就整个民国社会学研究方法来看，又有社会调查和社会学调查（社区调查）的分野，只有把吴泽霖的调查放置在上述背景下，才能更好地理解他在具体研究中的取向。

一　社会调查与社会学调查

张少微曾对人类社会的研究做过如下区分，他说："研究人类社会

---

① 郑杭生、李迎生：《中国早期社会学综合学派的集大成者——孙本文的社会学探索》，《江苏社会科学》1999 年第 6 期。

的方式不外两种：一为社会学的研究，一为社会的研究。"① 与之相对应的也有两种调查方式，即所谓社会调查与社会学调查。"社会调查的目的在得到事实的真相，调查不是为了调查而调查，必须要着眼于社会的实际的改造。要根据建设的需要，调查事实。"② 社会调查并没有理论预设，以事实材料的搜集为切要，以社会改造为最终目标。民国时期，李景汉的定县社会调查和北京黄包车夫的生活调查、陶孟和的北平人民生活消费的调查等皆属社会调查类型，"都含有浓厚的实用色彩，不是纯为研究理论，而是根据调查结果，改善生活，解决问题"。③ 社会学调查多指民国时期影响甚大的社区研究方法，"一切社会科学工作的进行，事前必须悬有一种可以运用的假设。假设和科学决不可分"。④ 社区研究方法"旨在探求社会组织与社会功能和变迁的真象，俾资社会改造的设施，并促进学术上理论的发展"。⑤ 在吴文藻的带领下，社区研究成为社会学中国化最为成功和系统的尝试。从本质上看，两种类型的分歧主要是手段和目的的争论，即到底是把社会调查看作社会研究的目的还是进行理论建构的手段。前者强调的是目的，后者偏重的是过程。赵承信曾对这两种研究方法进行详细区分。他认为社区研究关注的是社区制度相互之间的联系，强调分析制度的结构和功能，侧重于人类共同生活原理、原则的发现；而社会调查主要探究各文物体制的问题，偏重的是实用。⑥

吴泽霖对社会调查与社区研究的区分表示赞同，他还就两者的优劣处做过阐发。他说："第一种因限于一部分的活动，故调查较能详尽，

---

① 张少微：《乡村社区实地研究法》，文通书局，1942，第1页。
② 李景汉编著《定县社会概况调查》，上海人民出版社，2005，晏阳初序，第2页。
③ 阎明：《一门学科与一个时代——社会学在中国》，第86—87页。
④ 吴文藻：《社会学丛刊·总序》，氏著《论社会学中国化》，第6页。
⑤ 张少微：《望亭社会调查特辑·前言（二）》，《大夏周报》第13卷第20期，1937年。
⑥ 赵承信：《社会调查与社区研究》，《社会学界》第9期，1936年。

惟结果仅系片面的、零星的描写,不能使我们了解整个社会形态,但因范围较狭,成绩较容易把握。社区研究使我们明了一切动的、完形的社会整体,但范围扩大,除非有了较长的时间,往往不能有完美的成绩。"① 除在认识上进行区分,吴泽霖还在实践中对这两个类型的调查进行尝试。他在大夏大学社会学系任教期间,② 多次主持开展调查工作。这些调查也基本遵循上述分类,属社会调查类的如上海社会救济事业调查、苏州船户调查、巢湖地区养蚕产业调查等等,③ 属社区调查的有苏州望亭调查等。上海社会救济事业调查下文有详述,这里仅对苏州望亭调查做一介绍。

望亭调查的缘起有两点原因:一是时任大夏大学社会学系教授张少微讲授"社会调查"一课,课程结束之际,准备利用寒假时间开展课程实习;④ 二是吴泽霖"深感社区研究的重要,但国内还没有人去做这样的工作,就择定了京沪沿线的望亭镇"。⑤ 在经费方面,由吴泽霖向校方交涉,后得资助 230 元。调查团共 13 人,于 1936 年 12 月 17 日出发,历时 1 个月。在调查方法上,采取类似林德夫妇"中镇"的调查方法,"不用表格,由调查员访问后摘录于卡片上。此种方式,诚属我国实地调研的创举"。⑥ 调研结束后,经过一众师生的整理,最终形成

---

① 吴泽霖:《望亭社会调查特辑·前言(一)》,《大夏周报》第 13 卷第 20 期,1937 年。

② 大夏大学社会学系成立于 1926 年,吴泽霖 1928 年初进入大夏大学社会学系任教,并长期主持社会学系的工作,直至 1941 年离开贵阳赴西南联大任教。大夏大学社会学系的名称几经变更,不同时期有不同称呼,如历史社会学系、社会系、社会学系等。这里统一称呼,均称为社会学系。

③ 在吴泽霖的主持下,全面抗战爆发前大夏大学开展了许多都市社会学调查。吴泽霖参与并成文发表于各报刊或遗留后世者,仅有与章复合作的上海社会救济事业调查。

④ 陈国钧:《望亭社会调查所遇之困难与经验》,《大夏周报》第 13 卷第 20 期,1937 年。

⑤ 章复:《望亭的一月》,《大夏周报》第 13 卷第 20 期,1937 年。

⑥ 《社会学系同学将赴望亭调查》,《大夏周报》第 13 卷第 20 期,1937 年。

《望亭镇社区研究》，"长十余万，为国内社区研究空前之作！"① 但恰逢全面抗战爆发，国内局势危急，原稿整理后便上交，未及付印。

《望亭镇社区研究》原稿或已毁于战乱，② 目前仅能观其第一章和第二章的内容梗概，③ 不能得见全文。但是此项调查确应引起学界注意，它直接表明社区研究法并非以吴文藻为代表的"燕京学派"的专属，在大夏大学社会学系步入正轨后，以吴泽霖为首的社会学家对社区研究方法也早有关注，且付诸了实践，在时间上还较"燕京学派"的系统研究为早。不幸的是遭遇战火，研究成果未能遗惠后世。

吴泽霖对社会调查与社区调查的分野早有认识，也主持或参与了两个类型的实地调查工作。但就吴泽霖整个的学术生涯而言，他更加偏重于社会调查类型，而非社区调查。主要原因有三。第一，就事实来看，吴泽霖一生参与了众多的调查工作，从留下来的各类成果分析，对于材料的偏爱，对于事实的重视，一直是其学术研究的特色。无论是后文将论述的上海社会救济事业调查，还是人口出生率的调查，抑或中后期在少数民族地区开展的调查工作，都强调对基本事实的呈现。在理论运用方面，在1949年前的调查中，吴泽霖极少有理论预设，其调查目的也多为寻找事实或为社会改造服务。

第二，比较吴泽霖早、中、晚期对田野调查的论述，社区调查法仅在望亭调查中有所表述，其他相关论述基本属于"社会调查"性质。在1932年出版的《新中华社会学及社会问题》一书中，他对社会调查的研究方法有过如下论述："这种方法在该地区内的各种概况，如地

---

① 陈国钧：《大夏大学社会研究部工作述要》，吴泽霖、陈国钧等：《贵州苗夷社会研究》，第269页。

② 大夏大学学生周诗锦给吴泽霖的信中曾提及此事，信中推测原稿不知下落，或已毁于战火（周诗锦给吴泽霖的信，1985年6月17日）。

③ 大夏大学社会学系：《望亭镇社区（一）》，《革命日报》1942年6月30日，第4版；大夏大学社会学系：《望亭镇社区（二）》，《革命日报》1942年7月16日，第4版。

段、人口、政府、工业、卫生、教育、文化、风俗等等,都有提纲挈领的叙述。社会调查时,最重要的一步,当然是材料的搜集。"① 在晚年进行学术回顾时,他又强调:"也许有人会说,仅从务实的社会调查,企图从中发现各种社会问题的症结所在,充其量只是一些微观的剖析,不能上升到对社会全貌的深刻透视和概括,在理论领域内谈不上创新建树。这种说法是欠妥当的。"② 可见,无论是在学术研究早期还是晚期,其注重社会调查性质的研究一直未有太大的转变。

第三,从社会学的"清华学派"所体现出的研究范式来看,有陈达、李景汉的社会调查式的研究,也有潘光旦从传统文化出发试图糅合中西的社会思想史的研究。③ 吴泽霖的研究更接近陈达、李景汉的社会调查法。从学者交往来看,吴泽霖与李景汉、陈达等主张社会调查的社会学者关系密切,经常参与由他们组织的各类学术活动。如吴泽霖曾为李景汉的《中国农村问题》写序,在序言中对李氏注重材料、强调事实的社会调查法给予了很高评价,说:"现在已不是靠名词来解决问题的魔术时代了,最重要也是最根本的工作乃是了解的功夫。"还用无比赞赏的口吻说:"定县的工作一日存在,李先生功绩即一日不朽。"④ 另外,吴泽霖还与李景汉一起为国民党中央执行委员会训练委员会的学员们讲授"社会调查"课程。在西南联大期间,吴泽霖与陈达的私谊极好,他虽不是清华大学国情普查研究所⑤的正式成员,但经常参加国普

① 吴泽霖编《新中华社会学及社会问题》,第15页。
② 吴泽霖遗著《略论今天值得研究的几个社会学问题的若干侧面》,《社会学与社会调查》1991年第1期。
③ 闻翔:《陈达、潘光旦与社会学的"清华学派"》,《学术交流》2016年第7期。
④ 李景汉:《中国农村问题》,商务印书馆,1937,吴泽霖序,第2页。
⑤ 清华大学国情普查研究所成立于1938年,由陈达主持,"本所拟搜集关于本国人口、农业、工商业及天然富源等各种基本事实,并研究各种相关问题,以期对于国情有适当的认识,并将研究结果,贡献于社会",属于典型的社会调查类型。详见王向田《清华大学国情普查研究所探微》,《西南联大研究》第2辑,中国大百科全书出版社,2014,第321—332页。

所举办的各类联谊活动。① 在学术往来中，国普所曾为吴泽霖主持的边胞服务站提供经费支持，吴泽霖亦按照国普所的社会调查要求提交了《云南少数民族之生活及福利事业研究》等文章。

对社会调查方法的偏爱与坚守，吴泽霖或许并不最具代表性，陶孟和、李景汉、陈达等人对此法的"挚爱"，在定县调查及人力车夫、劳工问题等调查中体现得淋漓尽致。老一辈社会学家对社会调查方法程度如此之深的坚持，绝非用"严守西方社会科学研究规范"一句简单总结所能解释。此种坚持背后实际上蕴含着中国意识。近来有学者对此做过一些分析，认为"社会调查的政治便在于此，它在历史实践中被本土学者赋予不同的政治功能与想象，不仅是方法工具，亦成为一种批判旧传统的思想武器，乃至设想通过它来构筑现代社会和国家的基础"。②

诚如所言，社会调查在那一代学者的心目中，不仅是一种研究方法，而且承载着他们的民族复兴、国家独立的家国情怀。通过事实和数据的客观呈现，为社会改良提供科学基础，"社会调查更被视为一种现代社会和国家的必备机制"。在这层意义上，社会调查方法绝非西方社会学的移植，而是在借用西方科学方法的同时，注入强烈的中国意识，有着丰富的中国内涵。因此，对社会调查方法的坚持，也可以说是社会学中国化的一种重要体现。在这样的背景下再来看吴泽霖在社会调查和社区研究之间的抉择，或许更为清楚。而此种方法在具体运用的过程中，中国意识或者说中国化的色彩体现得更为明显。

二 上海社会救济事业调查

上海社会救济事业调查由吴泽霖与其学生章复主持开展。1936 春开始，主要范围为上海，包括今天松江区、昆山等地。调查完成后，若

① 陈达:《浪迹十年之联大琐记》，商务印书馆，2013，第 85 页。
② 何袆金:《他者的变奏：早期社会学中国化的脉络与流变》，《社会学评论》2018 年第 6 期。

干报告公开发表于报纸杂志上,同时出版了一部调查报告。该调查"内容至为详实",① 在当时得到很高的评价,"然在吾国此种研究尚属难能可贵者也"。② 吴、章二人的此次调查报告不仅在上海社会学界属于首创,在中国社会学史上亦为先声之作。报告共分为四部分:第一章为总论,重点介绍了调查发动、范围、方法及经过等;第二章为上海社会救济事业史的检讨;第三章为上海社会救济事业现状的陈述;最后一部分为结论,着重表达了作者的改造建议。昆山及松江的调查报告亦遵循了上述论述逻辑。

在历史的追溯中,吴、章二人通过文献考梳,认为:"上海社会救济事业在很早已有相当的建树,到清中叶尤见发达。"③ 他们把历史上的救济事业分为四个类型,即善堂、水道、田赋、义赈。善堂主要开展给养、施赈等活动。疏通水道在古代也是社会救济事业的一大工作。田赋包含政府豁免田赋、积蓄粮食两项内容。义赈涉及范围较广,有育婴、施钱、代葬、施粥、义学等。在每项工作中,他们都用古代文献进行了论证。除内容的陈述外,他们还对古代上海社会救济事业的性质进行了讨论。他们以为,社会救济是社会整体的一部分,社会的性质决定了社会救济的性质。"从当时的救济事业的种类上看来,可以反映出从前农业社会对于农民方面救济的偏重,这点和近代工业社会的救济事业相比较起来显见项背。"④ 他们还从文献出发,总结出古代救济事业的开展并不科学、救济机关不完善、救济方法不缜密等特征。

对上海社会救济事业现状的陈述,吴、章以救济方法为标准进行分

---

① 《"上海社会救济事业研究"将出版》,《大夏周报》第13卷第18期,1938年。

② 孔宝定:《成都市立第一游民教养所流浪儿童之研究》,李文海主编《民国时期社会调查丛编·底边社会卷(下)》,福建教育出版社,2005,第113页。

③ 吴泽霖、章复编《上海社会救济事业之调查》,大夏大学史地社会研究室,1937,第15页。

④ 吴泽霖、章复:《上海社会救济事业史的检讨(下)》,《华年》第6卷第5期,1937年。

类，有院外救济和院内救济两种。"院内救济为收容被救济者于有组织之机关内加以救济"，[1] 可以分为儿童救济、游民救济、老残救济、妇女救济四个类型。儿童救济包含育婴事业、慈幼教养事业、残疾儿的救济。他们对上海育婴事业的成因、经济收入、物资设备、育婴制度等都有详尽陈述，对慈幼教养事业的分析从质量、教养问题、出入院手续等方面着手。游民救济论述涉及年龄经费分配、管理方法、游民来源、生活状况等。老残救济论述有数量分析、所民来源、救济情形、物资设备、管理方法等数项内容。妇女救济因调查困难，所谈内容较少。"院外救济大别可以分为施诊给药、施棺埋掩、义教及施物等。"[2] 他们认为，院外救济事业有善堂式的旧式机关、由公益机关兼设、缺乏借贷事业、缺乏统计、缺乏科学管理等九个特点，[3] 之后对四项院外救济类型进行了具体分析。在具体方法上多用统计法，报告共有 13 个表格，有经费收支表、年龄统计表、施物数量表等等，读者可很直观地对上海的社会救济事业有个共时性的鸟瞰。

　　吴、章二人调查的目的绝非停留在现象的陈述层面，在基本事实外，他们对上海社会救济事业在总体上提出了几点改进措施，并且对每项社会救济事业都提出了若干改造建议。在宏观层面，他们认为上海社会救济事业正处在一个消极阶段，存在公家救济事业很不发达、负责人缺乏训练、设备简陋、教育缺乏、管理方法不当等问题，由此提出了要提倡官方救济、联合救济团体、训练专门人才、改变救济观念、实施个案工作、改进善堂机关等措施。[4] 在微观层面，他们对每项社会救济事业都提出了个性化的建议。如在上海游民问题的解决上，提出"治本

---

① 吴泽霖、章复编《上海社会救济事业之调查》，第 20 页。
② 吴泽霖、章复编《上海社会救济事业之调查》，第 46 页。
③ 吴泽霖、章复：《上海的院外救济事业及其改进》，《兴中月刊》第 1 卷第 1 期，1937 年。
④ 吴泽霖、章复编《上海社会救济事业之调查》，第 58—62 页。

的办法，要铲除大家族制度，提倡职业教育、心理的改造、环境的改造"。① 在老残问题的预防中，颇具远见地提出要提倡人寿保险和疾病保险、宣传预防的知识、设立各种残疾疗养院等措施。②

综合吴、章二人的上海社会救济事业调查及当时社会学界其他的社会调查，可供分析之处有两点。第一个主题是"社会调查"，第二个主题是"如何处理历史与现实的关系"。

如前所述，吴泽霖赞同社会调查两个类型的分类，并侧重于社会调查类型，这在上海社会救济事业调查中表现得淋漓尽致。整个调查没有任何的理论预设，并且反复强调："我们在研究一个问题之前，最重要的是知道它的实际情形。如果没有确定它的症结所在，怎样去计划改善？对症下药是唯一的法则。实地调查，也就是研究时第一步需要的工作。"③ 在具体调查及论述中，他们把探寻"真实"作为唯一的标准，就连社会救济的分类也处理得很谨慎，首先提出了三种分类结果，之后综合比较，采取了较为简单明了的院内救济和院外救济的分类方法。在内容上也尽量用更为直观和客观的图表进行呈现，在最后定性的分析中，更是从事实出发，就事论事，不过度延伸，建议和对策中，也没有一概而论，而是根据每项社会救济的特点提出一些解决措施。上海社会救济事业调查表现了吴泽霖对社会调查类型的偏重，是其调查风格最显著的体现。通过调查呈现客观事实仅是第一步，吴泽霖更希望以此为基础，上升到中国整个城市化进程中的救济问题。提出若干改造措施，完成中国救济事业的现代化转型，才是其最终愿望，此中蕴含着浓厚的中国意识。

中国悠久的历史与文明不曾间断，虽然近代以后受到西方冲击，但中国社会文化内部的变迁有其自身的逻辑路径，抛开历史的沿革将无从

---

① 吴泽霖、章复：《上海的游民救济事业》，《华年》第 5 卷第 43 期，1936 年。
② 吴泽霖、章复：《上海的老残救济事业》，《华年》第 5 卷第 48 期，1936 年。
③ 吴泽霖、章复编《上海社会救济事业之调查》，第 2 页。

解释社会现象。因此，对历史的把握是理解中国事实的重要思路。"中国的内部始终保留有自己的历史遗产以及发展演化的内在理路，仅简单将中国社会的进程类比于西方，则完全可能导致对中国社会的误读。"① 再如王铭铭所说："民族志书写者若无法基于历史中存在的多重关系展开更广泛的思考，那么，其从时间之河切割下来的'现代'都将失去任何意义。"② 可以说，如何处理历史与现实关系是近代学人，尤其是强调共时性社会调查这一研究类型的社会学家所面临的一个核心命题。在上海社会救济事业调查中，吴泽霖做出了中国化解答。

在吴、章二人论述中，历史并不是点缀，而是造就今天事实与社会问题的一部分，现实与历史有着一脉相承的因果联系。吴泽霖曾明确指出，无论何种社会问题，都是一种社会病态，凡是一种社会病态都有它的历史，都有它的背景。我们要研究它的内容，第一步应有一种历史的观察，才能有较为深切的了解。③ 在上海社会救济事业调查中，吴、章二人再次表示，"救济事业是有时代性的，历史背景和实际环境能影响救济事业的消长和改变其本质，依照社会上的需要可以决定它的动向"。④ 古代社会救济是慈善性质的，多数集中在私人手中，"仅是消极的供以膳宿，免其冻馁而已"。⑤ 慈善性质的社会救济特点一直延续到今天，造成社会救济事业效果不佳。"除少数机关有些类似现代社会的社会事业外，大部分还没有达到真正的社会福利事业的原则，仅是以慈悲为怀的一种没落的慈善团体而已。"⑥ 换句话说，在传统国家体制中，

---

① 伍婷婷：《交往的历史、"文化"和"民族—国家"——读马长寿〈凉山罗彝考察报告〉（1940）兼及其 20 世纪 30—40 年代的民族研究》，王铭铭主编《民族、文明与新世界——20 世纪前期的中国叙述》，世界图书出版公司北京公司，2010，第 152 页。
② 王铭铭：《东南与西南——寻找"学术区"之间的纽带》，王铭铭主编《中国人类学评论》第 7 辑，世界图书出版公司北京公司，2008，第 163 页。
③ 吴泽霖编《新中华社会学及社会问题》，第 154 页。
④ 吴泽霖、章复《上海社会救济事业之调查》，第 16 页。
⑤ 吴泽霖、章复：《昆山救济事业概况》，《中央日报》1937 年 3 月 15 日，第 11 版。
⑥ 吴泽霖编《新中华社会学及社会问题》，第 58 页。

社会救济事业多系士绅的自发自愿活动,在国家行政体系中并没有形成常态机制。20世纪二三十年代,现代国家体制基本形成,但社会救济事业依然延续着传统国家的特点,这种错位与滞后造成社会救济事业与整个国家体系格格不入,这才是社会救济事业问题的本质。之所以得出这样的结论,与作者坚持从历史的视角出发来对古今救济事业进行跨时期的比较有密切关系。

在如何改造救济事业的讨论中,他们依然采用了传统/现代此类带有历史维度的视角来分析。吴、章二人都有在中国建立现代化国家的愿望,一切属于前现代国家属性的事物都应该得到改造。因此,把救济事业视为慈善的传统思维应该得到坚决破除,"勿以救济事业即为'慈悲为怀、乐施好善'的慈善事业,避免烂施和漏施的流弊"。同时,应该树立具有现代意识的救济思想,并把救济事业纳入国家和社会体系中进行通盘改造。"救济事业为整个社会的共同事业,绝非一个团体能负责任的。"[1] "这不是民众的责任,而是国家的责任,并不是少数人民办理,而应由国家主持。"[2] 可以看出,他们把改造方案放置在传统与现代的二元结构中进行考虑,而且在他们看来,传统与现在不是并存关系,而是有着时间的连续性,是一种"你前我后",后者替代前者的关系,蕴含着深刻的历史意识。

总而言之,无论是对社会救济事业本质的探寻,还是改造方案的提出,吴、章二人都从基本的历史事实出发,强调历史遗留造成了今天的社会问题。通过这样的处理,把历史与现实放置在连续的时间序列中,读者可以很清晰地看到中国社会演变中所存在的内在历史逻辑。此种处理已明显不同于源自西方的社会调查模式,甚至与当时流行的社会调查方法也有些差异。其最大的不同之处在于,在共时的研究中加入了历时的视角。当然,

---

① 吴泽霖、章复:《松江之救济事业(续)》,《中央日报》1936年11月23日,第11版。

② 吴泽霖、章复:《上海的老残救济事业》,《华年》第5卷第48期,1936年。

历史向度的加入并非作者的心血来潮，而是基于中国几千年来不曾间断的历史的基本事实，也可以看作吴泽霖社会学中国化的一种尝试。

第四节 中国社会问题的症结

费孝通论及 1949 年前中国社会学发展时提到："综合起来说，中国社会学是极复杂的，除了搬运贩卖西洋各家社会学说之外，和实际结合起来的方向主要是两个：一是在外国捐款下搞社会工作，一是从社会病态入手去做社会调查。"① 社会病态即社会问题。可以说，从社会问题出发来探寻社会本质及解决方法，是当时学者遵循的一般性路径。正如孙本文所说："我国社会学者大多注重社会问题的研究。"② 这种研究倾向，一方面是受到西方社会学风潮的影响，尤其带有美国芝加哥学派城市社会问题调查的影子；另一方面，当时的中国积贫积弱，千疮百孔，找寻中国社会问题的症结并提出解决方案，不仅是知识分子具有社会关怀的体现，也是社会学中国化最直接、最有效，也最易操作的方式之一。吴泽霖自也不能例外，他把社会问题纳入社会学体系中。在宏观层面，他对社会问题有过总体性的阐释；在中观层面，他对数个中国社会问题做了一些具体分析；在微观层面，他还开展了一些小型的社会调查来证明他提出的若干观点。

一 社会问题的一般认识

第一，什么是社会问题？历代学者众说纷纭，有所谓社会问题最根本的是人口问题者，也有人认为凡是由社会制度变迁而引起的种种问题都叫作社会问题。吴泽霖对上述定义均不认同，他比较认可美国社会学

---

① 费孝通：《大学的改造》，商务印书馆，2017，第 60 页。
② 孙本文：《当代中国社会学》，第 280 页。

家凯斯的提法,认为社会问题是一种社会境况,它能引起多数善于观察者注意,并主张用团体方法补救时,社会问题就已存在。此种定义虽然在表面上带有"问题"二字,但实际上并没有把社会现象问题化,仅把其看作一种引起人们关注并强调要用社会力量及时予以解决的普通社会现象。其包含范围极广,社会病态仅是社会问题的一种表现形式。

第二,社会问题的特性是什么?在吴泽霖看来,社会问题有五个特点。一是普遍性,古往今来,东方西方,每个社会都有社会问题存在。二是进化性,社会问题的进化绝非呈现从低级到高级的递增规律,更多类似斯宾塞所言的组织的演进,社会问题在社会组织形式较为简单的初民社会,自也不复杂,但到工业社会中,各类组织重叠繁杂,社会问题与之相应也有变化。三是多元性、复杂性,主要指社会问题导源的多元性与社会问题内容的复杂性。四是整体性与有机联系性,"一种社会问题往往与他种问题有连带关系,且同时产生。社会好像一种机器,只有一部分出了毛病,许多地方都会受他的影响"。① 五是地方性,某种社会问题在一种文化背景中是社会问题,但在另一种文化背景中可能就不会引起社会上一般人士的注意。

第三,社会问题如何解决?吴泽霖认为,社会问题解决的第一步应该征求社会科学家的意见。社会问题极为复杂,在看起来较为简单的表象之下,可能纠缠着各种复杂的关系网络。社会科学家可以根据实际情况,开展社会调查来认识社会问题。"在认识社会问题的时候,最主要的步骤应从调查入手。调查的手续,好像医生的治病,没有精细的诊查,就不能断定疾病的性质;没有精确的社会调查,就无从知道社会问题的分量和范围。"② 社会问题的解决有治标和治本两种类型。当然,除了问题出现后尝试进行解决外,积极地进行社会问题的预防也十分重

① 吴泽霖编《新中华社会学及社会问题》,第146页。
② 吴泽霖编《新中华社会学及社会问题》,第151页。

要。同样，科学的预防法也需要社会科学家的分析和建议。

第四，社会问题的研究方法是什么？吴泽霖认为有以下几个原则。一是研究者要站在客观角度，摒弃兴趣与成见，实事求是，尽量求得情况的真实性；二是每种社会问题都有其历史脉络，研究时应带有一种历史的观察，才能明了事实的真相；三是利用各种方法，尤其是统计法，来实现对社会问题各方面的了解。

二 中国社会的具体问题

吴泽霖对中国社会问题做过诸多论述，其中尤以人口问题为多，不仅出版了专论人口问题的著作，而且还发表了多篇文章来展开讨论。他认为其他社会问题的形成或多或少与人口问题有联系。"人口问题为社会问题、政治问题、经济问题以及国际关系问题的核心之一。"[①]他的人口问题论述在理论上有所阐发，也有实地调查作为支撑，二者交相呼应，见解深刻。他的叙述路径一般先从澄清基本的理论问题开始，继而结合中国实际情况，最后通过实地调研再次进行论证分析。

19 世纪中后期，马尔萨斯的人口论[②]传入中国，引起了巨大反响。20 世纪 20 年代，中国知识分子围绕人口问题和生育节制展开了一场论战，《新青年》为此还专设"人口问题"专栏，支持马尔萨斯者如陈长蘅、彭一湖等，反对者如陈独秀、陶孟和等。[③]甫一归国，吴泽霖便加

---

① 吴泽霖、叶绍纯编著《世界人口问题》，商务印书馆，1938，第 13 页。

② 马尔萨斯，英国经济学家。他主张人口发展要受到食物的限制，人口增长的速度比食物增长的速度快，食物供给有限，因此要对人口增长进行限制，要开展生育节制。生育节制有两种，即人为的节制和自然的节制。后来又出现了新马尔萨斯主义，但主要观点与马尔萨斯基本一致。

③ 陈长蘅是国内最早系统阐释人口问题的学者，他在《中国人口论》中明确主张要节制生育。陈独秀在《新青年》上发表文章《马尔萨斯人口论与中国人口问题》，公开表明对马尔萨斯主义的批评态度；陶孟和《贫穷与人口问题》一文表示："贫穷问题不是由于人口过多，实在是分配不均。"

入人口问题的论战中。终其一生,他对人口问题的观点基本未变。

他把学界对马尔萨斯人口论的批评意见归纳为六种,并一一攻破。第一,他对马氏学说仅适用于不进步社会,在进步社会新发明促使食物供给超过人口供给的观点,保持怀疑,他用各类数据及"收获递减率"概念来说明,虽然通过技术改造可以增加粮食产量,但"消费浩大,徒增负担",得不偿失。第二,有人主张人口增长,劳动力也在增长,人才也会大量涌现,发明也会层出不穷,可以增加粮食的产量。他同样认为"这种批评也是一样的似是而非",人才的出现并非数量增加的结果,而是取决于人才发展的机会,与文化背景相关。第三,有学者还提出随着人类体质的演化,生育率将会逐渐降低,因此不必惊慌。吴泽霖针对此论调说"我以为这条律在动物界中可以引用",并用翔实的人类演化数据来阐明该论点不合逻辑。另外,他还对"人口过多是天然淘汰中不能少的景象""人类已经开垦的地不过占可以开垦的地的小部分""世界上可以给我做食料的东西,非常的多,我们现在并没有充分的利用他们"[1] 三个论点,用数据进行了批驳。

总之,用吴泽霖的话来说:"马氏学说中理论的缺点,并非没有,惟从大体上看,他的原理并无任何大误。他们的批评,终不能把马氏的中心主张推倒。只要世界上人口不止的增加,食料的供给终归有不敷的危险,这几乎是一个铁律,我们无从否认的。"[2] 他在总体上对马尔萨斯的主张持赞同观点,认为人口增长应该与粮食产量相协调,人口应该得到限制,这是吴泽霖论及人口问题的基调。在此之上,他结合中国实际做了诸多探索。

论及人口问题不外两个方面,即"数量和质量两个方面",[3] 吴泽霖的诸多看法也是在此基础上得出的。数量问题涉及人口增长率、食料

---

[1]　吴泽霖:《马尔塞斯人口论批评的批评》,《社会季刊》第 1 卷第 1 期,1928 年。

[2]　吴泽霖编《新中华社会学及社会问题》,第 246 页。

[3]　吴泽霖:《人口问题各论》,《华年》第 3 卷第 8 期,1934 年。

与人口问题、人口分配问题（人口结构问题）三个方面。人口的增长又有自然增长和移民两种方式。讨论自然增长必然会涉及三个概念，即出生率、死亡率及自然增长率，通过对比各类数据，他认为：当时人口出生率在35‰左右，死亡率在25‰左右，所以中国的人口在两三代之后，会增加五万万的数目。[①] 移民也会增加人口的数量，关于此点，吴泽霖重点论述了分配、品质和同化问题。在"食料与人口问题"的论述中，他的结论是：中国自然藏量有限，每户的食量除缴纳赋税外，仅只能供给自己，一旦遭遇饥荒等，会饥饿而亡。[②] 结合两个方面的考虑，吴泽霖对中国人口的增长并不乐观，认为人口过剩是限制中国发展的重要原因。

中国的人口问题不仅存在于数量方面，在人口结构上也有重大缺陷，主要表现在数量分配、性别分配、年龄分配和职业分配四个方面。[③] 数量分配上，中国的人口分配十分不均，全国6/7的人口聚居在1/3的土地上，再者近代以来都市的发展，使得城乡人口分布更加不均。性别分配上，中国两性不平衡的形势更加严峻，"中国男性过剩的现象，实为不可掩饰的事实"。[④] 这种不平衡状态造成了严重的社会问题，如失婚状态、女子结婚率的提高、性犯罪的增多、娼妓问题等等。年龄分配上，三角形人口分配状态与社会发展关系密切。抗战时期的中国，中年男子死亡最多，导致了生育率降低，塔形结构随之改变，若干年后，如学生数、兵役数等锐减，"遂得早做准备"。[⑤] 职业分配上，中

①　吴泽霖：《中国社会病态的症结》，青年协会书局，1934，第9页。
②　吴泽霖：《中国社会病态的症结》，第8页。
③　吴泽霖、韦悫、吴叔和：《复兴高级中学公民课本》第1册，商务印书馆，1937，第8页。该书为三人合著，分上下两篇，上篇为社会问题，下篇为政治概要，其中上篇中的人口问题、农村问题、劳动问题、职业问题、婚姻问题等均系吴泽霖所作，在此特做说明。
④　吴泽霖：《中国两性不平衡的问题》，《新中华》第1期，1933年。
⑤　李景汉、吴泽霖：《社会调查》，中央训练团党政高级训练班，1943，第117页。该书系李、吴二人的授课讲义，吴泽霖撰写了"人口分析调查"一章。

国的翔实数据尚未有可靠统计，但从事农业者占据 70% 以上，工业生产者占 10%，此种职业分配结构会直接影响经济增长，但"职业的分配，完全带有时间性"，[1] 十年之后，或许就大不相同了。

上述皆属人口数量范畴，在人口质量方面，当时的中国依然面临诸多严重的问题。吴泽霖首先强调："中国的民族在先天并不病弱，外表上的病弱是后天获得的特征。"[2] 中国的人口素质在本质上并不比其他任何种族的人差，中国历史上创造出的灿烂文化就是最好的证明。但近代以来与西方文化的接触，使得环境发生了剧烈变化，直接导致了中国人不能快速、完全地适应周边环境，出现了诸多病态表现。"如一般健康的不良、自私心的畸形发展、组织能力的缺乏和既不能命又不受令的态度，都已经成了很严重的问题。"[3] 上述问题在世界竞争日趋激烈的形势下，将会成为限制中国社会发展的因素。正如吴泽霖用戏院来做比喻，"中国的民族宛如一班衣服褴褛、精神萎靡的演员，嘈杂拥挤于戏台上，请问如何能使营业蒸蒸日上"。[4]

以上谈及的人口数量过剩问题，人口结构分配不均衡、不科学问题以及人口质量上的诸多弊端，均是人口本身的问题。除此之外，人口问题必然也会引起其他社会问题。"人口过剩的自然结果，就是民族的贫弱。"[5] 民族的病弱更会影响民族的体质，造成中华民族的自私自利及愚昧。[6] 其他如失业和犯罪的增加、淫乱恶习的流行[7]和战争的流行[8]都是人口过剩的结果。因此，从这个意义上讲，"人口问题的解决，往往

---

① 吴泽霖编《新中华社会学及社会问题》，第 270 页。
② 吴泽霖：《中国民族是真的病弱吗?》，《光华大学半月刊》第 2 卷第 7 期，1934 年。
③ 吴泽霖、韦悫、吴叔和：《复兴高级中学公民课本》第 1 册，第 13—14 页。
④ 吴泽霖：《中国社会病态的症结》，第 10 页。
⑤ 吴泽霖：《中国社会病态的症结》，第 9 页。
⑥ 吴泽霖：《中国的贫穷问题》，《申报月刊》第 3 卷第 7 期，1934 年。
⑦ 吴泽霖、韦悫、吴叔和：《复兴高级中学公民课本》第 1 册，第 9 页。
⑧ 吴泽霖：《战争——社会问题之一》，《大夏周报》第 10 卷第 4 期，1933 年。

可以得到社会、经济、政治及国际问题的解决"。①

　　除人口问题，吴泽霖对其他问题也有论述，如家庭问题、农村问题、劳工问题等。家庭问题主要围绕大小家庭展开，在他看来，由家庭引发的纠纷自古以来就有，但未受到多数人关注，因此不能称为问题。中国当下存在的家庭问题多系受欧美文化的冲击，使很多人认识到小家庭才是最完善的制度，大家庭制度"是凡百罪恶的渊薮"。② 中国家庭的特点有四，即大家族制度、家长的权力、崇拜祖先、纳妾制度。大家庭制度在经济活动较少的农业社会中，是社会制度最有效的维护者，但社会逐渐复杂，经济活动突破家族限制，民族或国家成为人群的新认同，有时需要个人牺牲家庭利益。中国参与世界竞争，需要更大规模的合作，"才能有热烈的团体精神，才能有坚强的民族意识"。但"面情重于才干，家务重于公务，假公济私和贿赂中饱，都已根深蒂固，几乎是积重难返。欲言改革实非易事，如这种根本结构不加以彻底改造，那中国的一切社会组织，是不会走上轨道的"。③ 大家庭制度弊端众多，但完全采取西方的小家庭制度（核心家庭）却也不行，小家庭亦有重大缺陷，如父母老无所依、缺乏帮助、极端个人化等等。因此，欲谋中国家庭改造还应另寻出路。

　　农村问题的重要性已是当时学界共识，中国农业衰败也是不争的事实，如农民的减少、移殖外地、耕地缩小、灾民的增加和灾区的扩大、生产品的减少，但衰败原因何在？吴泽霖总结为六点，分别为耕地面积与人口增加的不平衡、灾荒的影响、赋税过重、地租过重、高利借贷、国际资本的侵略。中国农业衰败将会造成严重的后果，最明显的表现是自耕农的减少、农民耕地面积的减少、农作物的减少、农民的赤贫

---

① 吴泽霖、叶绍纯编著《世界人口问题》，第13页。
② 吴泽霖编《新中华社会学及社会问题》，第257页。
③ 吴泽霖：《中国社会病态的症结》，第12页。

等。① 吴泽霖对于农村问题的论述多借鉴杨开道《农村社会学》、刘大钧《我国佃农经济状况》等著作,在事实陈述部分创见不多,但有关中国农村问题改造的论述中却有些可待挖掘处,关于此点留待后文讨论。

张绪生曾谈及 1949 年以前中国社会学的研究,主要可以分为三类:民族问题、劳工问题、民政问题。② 劳工问题在当时受到诸多社会学家的关注。吴泽霖曾言:"劳工问题在社会问题中,当属严重的一种。"③ 吴泽霖对劳工问题的研究多系宏观意义上的讨论,与以研究劳工问题著称的学者,如陈达、何德明、骆传华等相比,其见解并无特殊之处,诸多观点甚至沿用前人说法。如在劳工问题的定义上与陈达看法基本一致,④ 在劳工运动、劳资纠纷等内容论述上也借鉴了相关研究成果。但除相似之处外,吴泽霖根据自己的研究经验,洞察到了劳工研究中一些被忽视的问题。在评价骆传华《今日中国劳工问题》一书中,他谈道:"本书似未曾注意到劳工问题所产生的社会道德问题。"⑤ 基于学界研究的盲点,吴泽霖做了诸多展拓工作。他通过调查发现,劳工群体中性道德比较松弛,宗法社会中的两性标准早已经失去它的势力,并指出:"性道德的混乱虽不尽是工业化的结果,但工业化却能使性道德更为堕落。"⑥ 但对此问题他总体上比较乐观,称"两性间风纪问题是社会变迁中的一种必然的结果"。⑦ 只要政府或者劳资双方及时发现,问题将会得到缓解。吴泽霖还谈到了劳工问题中专家较少涉及的工帮问题,介绍了工帮问题的成因及上海各行业中的工帮情况等。与性道德一样,他认为工帮问题也是"社会变迁中的一种附属的状态,其解决当亦有待

① 吴泽霖、韦悫、吴叔和:《复兴高级中学公民课本》第 1 册,第 22—27 页。
② 张绪生:《劳动科学的地位问题》,《新建设》1957 年第 3 期。
③ 吴泽霖编《新中华社会学及社会问题》,第 257 页。
④ 详见陈达《中国劳工问题》,商务印书馆,1929,第 1 页。
⑤ 吴泽霖:《今日中国劳工问题(书评)》,《华年》第 2 卷第 47 期,1933 年。
⑥ 吴泽霖:《上海的工业化与性道德》,《华年》第 4 卷第 42 期,1935 年。
⑦ 吴泽霖:《劳工问题中被忽视的问题》,《东方杂志》第 32 卷第 1 号,1935 年。

于社会整个的改造适应"。①

值得一提的是，抗战全面爆发后，吴泽霖初到筑城便组织开展了贵阳城区劳工概况的调查。在此调查中除了对一般事实的呈现，如贵阳劳工的工资、工时、工人年龄、工人家计等，其研究的精彩处在于对劳工问题地方性的发掘。之前的相关研究多强调劳工问题的一般性，把某城市的劳工问题上升到整个中国层面上来，而吴泽霖明确表示："解决劳工问题的方式，决不能放诸四海而皆准，这就是劳工问题的地方性。"②只不过殊为遗憾的是，吴泽霖没能做过多的延伸。

三　中国社会问题的出路

在早期社会学家的研究视野中，发现客观事实并不意味着学者使命的完成，学术研究更要有现实担当。正如前文所述，人口问题在数量上已经出现了过剩的危机，在质量上也存在诸多阻碍近代化进程的问题。数量的过剩需要通过生育节制来解决，吴泽霖但凡论及人口问题，必然呼吁生育节制。他在归国初的1928年便通过赞同马尔萨斯的学说来表达他的生育节制的主张。30年代他更明确地提出："我们深觉得中国的节育运动已到了势在必行的时期。"③ 即使在抗战人口大量损失的情况下也不鼓励多生，他说："欲求人口的增多，较为经济的途径，仍应以减低死亡率为先务。"④

抗战胜利后，吴泽霖与其他社会学家一起呼吁政府应"公开教导人民使用科学方法去节制生育，以期最低限度使现在的人口数量稳定下来，不致继续猛涨"。⑤ 晚年他再次强调："'只生一个孩子好'是人类

---

① 吴泽霖：《劳工问题中被忽视的问题》，《东方杂志》第32卷第1号，1935年。
② 吴泽霖：《贵阳城区劳工概况的初步调查》，《新大夏》第1卷第3期，1938年。
③ 吴泽霖：《怎样提倡节育运动》，《华年》第2卷第40期，1933年。
④ 吴泽霖：《抗战与人口政策》，《新大夏》创刊号，1938年。
⑤ 吴泽霖：《减轻人口压力与生育节制》，《新生路月刊》第15卷第3期，1948年。

历史性的创举,是适应我国国情而产生的。"① 然而,在晚年赞同生育节制的同时,他也清醒地看到了"只生一孩"政策在子女成长、父母养老、亲属结构、社会增长等方面的弊端。20 世纪 80 年代,吴泽霖指导南开硕士研究生边燕杰做关于独生子女相关问题的研究,体现出他对独生子女带来诸多社会问题的关注。

把吴泽霖的生育节制主张放入民国社会学研究的学术谱系看,就会发现,生育节制是民国知识界争论不已的重要话题,总结起来有四种路向:母性道德、新性道德、人口问题、优生学。② 吴泽霖论述的多为人口问题和优生学,这不仅是吴泽霖个人的特点,而且当时多数社会学家均从人口问题出发表达对"生育节制"的看法,诸如陈长蘅、陈达、陶孟和、柯象峰、许仕廉、潘光旦、吴景超等等。在他们的眼里,生育节制对人口膨胀的限制仅是其意义的第一层面,更重要的是,生育节制与社会整体进步有关,与当时国家兴亡有关,甚至有人打出了"生育救国"的口号。

人口素质偏低也是人口问题的重要方面,吴泽霖把问题的解决寄希望于优生学上。他指出:"一个民族的盛衰,由于品质优劣的大,由于数量多寡的少。"③ 他不止一次地提出,解决民族的品质问题需要依靠优生优育政策。社会上的"优秀分子可以多生子女,而有明显的遗传缺点的人,须限制或停止繁殖"。④ 他又主张实现优生需要推迟生育年龄,同时在意识层面要改变生育是个人私事的思想,"使民众知道结婚和生育是国家的大事"。⑤

与吴泽霖关系最为密切的潘光旦是以优生学著称的社会学家。在基

①　吴泽霖遗著《略论我国的生育政策与贫穷问题》,《争鸣》1991 年第 3 期。
②　俞莲实:《民国时期关于"生育节制"的四大论战》,《史林》2008 年第 5 期。
③　吴泽霖、叶绍纯编著《世界人口问题》,第 194 页。
④　吴泽霖、韦悫、吴叔和:《复兴高级中学公民课本》第 1 册,第 14 页。
⑤　吴泽霖:《抗战与人口政策》,《新大夏》创刊号,1938 年。

本主张上，吴泽霖优生优育的主张大体与潘光旦的优生学一致。潘氏的优生学主张实际上就是通过婚姻手段使社会上的优秀分子增加，非优秀分子减少。① 但是在具体哪些人应该生育，哪些人应该限制生育的讨论中，吴、潘二人存在一些分歧。② 吴泽霖曾明确表示："我们不敢完全采纳优生学家的一切办法。"③

他们的主要分歧在于，吴泽霖认为"种族间没有什么优劣之分，个人却有优劣的区别"。④ 通过鼓励优秀分子优生优育，固然可以改造民族的品质，但"优生学者的改进民族，我们虽不能认为唯一的要素"。⑤ 而潘光旦的优生学，关注的是中国民族的先天不足，更多的是从生物、遗传、优生的角度出发来改造中国的民族。这一点是吴泽霖不能接受的，他曾发表《中国民族是真的病弱吗?》来表达中国民族先天的优秀性，病弱是后天影响的观点。

也就是说，通过优生优育提高个人的品质，此乃吴、潘二人所共同承认，但以优生来改造中国的民族性，在吴泽霖观点中仅是必要条件之一，而在潘氏看来，则是充分且必要的条件。把其放置在当时整个社会学界的论争中考察，吴、潘二人主张的分歧，是多数派与少数派的纷争，而吴泽霖则隶属多数派，与吴景超等人的观点一致。⑥

人口问题的讨论基本如此，但生育节制之法则不仅仅局限在人口问题的解决层面，在劳工问题中也有重要作用。劳工问题的解决有两种方式，其中消极的方法"就是使劳动力的供给减少，要使它实现，当以

---

① 潘光旦：《优生概论》，潘乃谷等编《潘光旦全集》第 1 卷，北京大学出版社，1993，第 243 页。

② 详见潘光旦《生育节制的几个标准》，潘乃谷等编《潘光旦全集》第 9 卷；吴泽霖《怎样提倡运动》，《华年》第 2 期，1933 年。

③ 吴泽霖编《新中华社会学及社会问题》，第 273 页。

④ 吴泽霖：《种族的优劣问题》，《新社会半月刊》第 6 卷第 8 期，1934 年。

⑤ 吴泽霖编《新中华社会学及社会问题》，第 274 页。

⑥ 吕文浩：《中国现代思想史上的潘光旦》，福建教育出版社，2009，第 141 页。

生育节制为出发点"。[1] 治本的方法也有，吴泽霖分别从生活、工作、经济、社会四个方面展开讨论。

吴泽霖在找寻家庭问题的症结时发现：大家族制度的弊病很多，西方小家庭制度也并不符合中国国情。他比较赞成一种折中制家庭，这种家庭容纳直系亲属，如夫妇、子女、父母、祖父母的同居，假使有两个儿子，儿子成人后，可轮流侍奉父母。在呼吁成立折中制家庭的同时，他对其缺陷也保持着警惕，更多从家庭的社会属性来思考其性质，发现折中制家庭依然存在感情的冲突、职权的冲突等等。

如何解决农村问题？吴泽霖提出平均地权、便利交通、公家借贷、农民合作、发展工业等五条措施，前四条皆属老生常谈，新意不多。惟发展工业，走农业工业化道路尚有可分析之处。吴泽霖坦言："根本的补救，还在提倡工业化，只要工业发达到相当的程度以后，自可吸收农村过剩的人口，移到城市中去做工作。"[2] 与此同时，吴景超出版了《第四种国家的出路》，书中把世界上的国家分为四种类型，中国属于第四类，人口密度高，农业人口比例高，农业是主体。解决中国问题的根本出路在于发展实业，包括矿业、商业、交通业等。实业发展了，便可吸收农村人口，通过工业化的成果来改善农民生活。[3] 可以看出，吴泽霖与吴景超的观点基本类似，当然吴泽霖也仅是有类似主张，与吴景超系统性的论述相比略显浅薄。在研究特点上，吴景超的"研究是宏观的，用全世界各国的材料来做对比，去找中国社会的出路，去理解中国社会"。[4] 吴泽霖对农村问题的论述与吴景超全然不同，更多是从中国农村的实际情况出发，最后形成发展工业补助农村的总体思路，虽道

---

[1]　吴泽霖编《新中华社会学及社会问题》，第 237 页。
[2]　吴泽霖、韦悫、吴叔和：《复兴高级中学公民课本》第 1 册，第 32 页。
[3]　阎明：《一门学科与一个时代——社会学在中国》，第 151 页。
[4]　吴景超：《第四种国家的出路》，商务印书馆，2008，费孝通序，第 10 页。

不同但最终结论却是一致。另外，与同样关注农村问题的费孝通相比，费氏更多关注中国农村的"乡土性"，似乎更加强调地方性知识的挖掘，由特殊经验上升到一般理论，而吴泽霖不论是出发点还是落脚点，都在于具体事实的发掘与问题出路的找寻。

对社会问题的偏重，不仅在吴泽霖身上有所体现，其他一些学者亦有此特点，人们甚至一度把社会学等同于社会问题学。林耀华在回顾1949年以前社会学、人类学发展时说，它们都是"以问题而不是学科为导向，起到学以致用的功效"。① 对问题的呈现与解剖都是为问题的解决提供知识服务，有着鲜明的实用取向。从社会学中国化的角度来看，中国的社会问题属于研究对象的中国化。而社会学家选择的都是当时在中国出现的紧迫而严重的问题，如人口问题、劳工问题、农村问题等等，这些问题关系着民族的独立与国家的复兴。

第五节　社会学的学科规范化

作为中国最早一批专业社会学、民族学者，吴泽霖与同辈学者奠定了中国社会学、民族学的早期传统，这些传统直到今天依然凸显或潜藏在后辈学者的学术研究中。诚然，从学术思想内在理路的延续与传承中找寻连接点是重要方面，但超越思想的"知识人"组织在传承延续中的作用亦不容轻视。由此，研究学者与学科间的互动与互惠关系，意义更重。民国时期，吴泽霖的身份极为多元，单就学者一项而论，教书育人、培养后学自是"园丁"本色；制订学术计划、课程安排、创建专业系科，使其学术理念通过制度化形式影响后来者。再者，前后奔走，组织创建各类学术组织、编辑专业刊物等等，更在特殊时期作为学科代言人出现在世人面前，让他个人与整个学科的走向发生勾连，个人命运

---

① 《林耀华学述》，浙江人民出版社，1993，第60页。

随着学科命运跌宕起伏。这是吴泽霖、孙本文等早期学科领袖人物有别于一般学者之处。当然，他们对于"社会学学科建设的影响也比一般教授复杂的多"。① 同时，学术规范化实际上也是制度层面学科中国化的表现之一，吴泽霖在此方面也做了诸多努力和贡献，以下从人才培养和学会组织两方面展开讨论。

一　人才培养和学系建设

1927 年 10 月，吴泽霖游历欧洲完毕回国，在扬州中学短暂担任心理学教员后，1928 年 2 月，进入大夏大学任教，直至 1942 年底，在大夏任职 14 年之久。其间他的行政职位虽有多变，但教职一直依托于社会学系，并主持系务工作。"二十一年前，吴泽霖教授主其事，对系务力谋发展，学生人数颇众。"② 经十余年努力，大夏大学社会学系成为当时国内社会学的主要阵地之一。

从师资情况看，大夏大学社会学系成立于 1926 年。是年秋，学校聘请了社会学家、复旦大学教授应成一为社会学系教授兼文科主任，社会学系其他教师还有杨开道、陈士寅等，③ 社会学系发展初见端倪。但真正使大夏大学社会学系的研究教学工作步入正轨，并迅速得到各界认可，当在吴泽霖执掌系务之后。1928 年 2 月，吴泽霖正式入职大夏大学，但当时大夏大学社会学系只是徒有建制。据 1928 年编辑的《大夏大学一览·教职员名录》，当时社会学系专任教师仅有吴泽霖与严恩柞，且严氏在复旦大学亦有兼职，④ 其惨淡情况可见一斑。经吴泽霖多

① 谢燕清：《孙本文与中国社会学学科建设》，《南京大学学报》2012 年第 6 期。
② 苏希轼：《历史社会学系概况》，《大夏周报》第 24 卷第 1 期，1947 年。
③ 应成一（1897—1983），中国早期社会学家，早年留学美国，师从罗斯，获社会学硕士学位，回国后长期任教于复旦大学，在大夏大学的教职应该属兼职，时间为 1926 年 9 月至 1927 年 6 月。杨开道，1924 年赴美留学，学习农村社会学，1927 年获博士学位，在大夏大学任教时间为 1927 年 9 月至 1928 年 1 月。陈士寅系美国芝加哥大学硕士，在职时间为 1926 年 2 月至 1926 年 6 月。
④ 《大夏大学一览》，第 4 页。

方筹措，学校很快聘请了唐庆增、潘光旦、张元枚、俞志翰、戈公振、孙超烜等，① 或为专职教员或为兼职教授，后来又陆续补充了全增嘏、张少微、罗荣宗、苏希轼、张镜予、章复等人，② 教师队伍得到很大的充实。

　　课程设置也逐步趋于完善、稳定。大夏大学社会学系课程分普通学程和研究学程。普通学程课程有普通社会学、社会心理学、社会教育学、人类学、劳工问题、社会起源、社会及经济统计学、犯罪学、家庭、社会问题、妇女问题、西洋社会思想史、乡村社会学、穷困问题，以上课程皆为 3 个绩点。研究学程必须绩点达到 20 以上，方可选修。研究学程的主要课程包括社会调查、社会主义、中国社会思想史、中国近日社会问题、社会学讨论、马克思经济思想之研究、人口问题、近世社会思想。③ 以上为吴泽霖刚接任社会学系主任职务时的课程表，有两个特点。一是注重社会问题的探讨，带有明显美国社会学色彩。这应与在吴泽霖之前担任文科主任的应成一有关。二是从中可见马克思主义社会学的影子，这从社会起源、社会主义、马克思经济思想之研究等课程的设置可以体现出来。应是受到了瞿秋白等人以上海大学社会学系为中心宣传马克思主义社会学的影响。

　　吴泽霖担任社会学系负责人之后，对课程进行了大力改革，使得社会学课程既迎合了世界学术潮流，也兼顾了中国的实际。1936 年，大夏大学社会学系的课程设置也分为普通学程和研究学程。普通学程有社

① 《社会学界消息》，《社会学刊》第 1 卷第 1 期，1928 年。
② 汤涛主编《王伯群与大夏大学》，上海人民出版社，2015，第 417 页。全增嘏系美国哈佛大学硕士，1930 年 9 月入职。张少微为美国密苏里大学硕士，1935 年 9 月入职。罗荣宗系美国南加州大学博士，1926 年 9 月入职。苏希轼从大夏大学社会学系毕业，担任助教。章复系大夏大学毕业生，1936 年 2 月入职。另据孙本文介绍，还有郑安仑与张镜予等人（见《孙本文文集》第 3 卷，第 391 页）。郑安仑，1936 年毕业于清华大学社会学系，毕业后赴英国留学，其入职大夏时间应在吴泽霖离开大夏之后，故在此不述。张镜予毕业于燕京大学，1941 年前在厦门大学及大夏大学任教。
③ 《大夏大学一览》，第 24—25 页。

会统计（3 学分）、社会学概论（3 学分）、社会问题（6 学分）、人类学（3 学分）、社会起源（3 学分）、社会心理（3 学分）、犯罪学（2 学分）、监狱学（2 学分）、农村社会学（3 学分）、社会事业概论（3 学分）、变态心理学（3 学分）、社会教育概论（3 学分）。高级学程有社会调查（3 学分）、社会问题（3 学分）、社会政策（2 学分）、教育社会学（3 学分）、社会思想史（3 学分）、社会哲学（3 学分）、近代社会学研究（3 学分）、社会专题研究（3 学分）。[①]

与 1928 年吴泽霖刚执掌大夏教职之时的课程设置相比，增加了社会哲学、社会政策等内容，继续坚持以实际社会问题为导向，删减了马克思主义社会学相关课程。这一方面与当时国内局势的变化有关；另一方面社会问题方向的坚持、社会心理学权重的增加，与吴泽霖的社会学体系十分契合。因此，从某种意义上说，大夏大学社会学系的课程设置在近十年的发展中，在吴泽霖的主持下，美国社会学的实用化色彩更重，同时注重中国问题的探讨，最终形成了较为稳定、科学，带有吴泽霖特点的课程体系。

此外，在日常教学中，给同学们留下深刻印象的是吴泽霖严格和负责的态度。1928 年初到大夏大学，吴泽霖便亲自指导十余位同学的毕业论文。社会学系的学生杨锐后来回忆说："他对学生考试认真而严格。同学们都喜欢听他的课，但都怕选他的课，因为恐怕不及格。"[②] 1940 年陆德音去世后，所遗课程由吴泽霖继续教授。期末考试时，全班有四分之一的学生没有通过考试。章复也曾回忆："每次讲解，条例清晰，举例生动，见解新颖。学生遇问题，用启发方式引导同学思考，再作出确切答复。不但当时校中交相称誉，很多同学走向社会从事实际

---

① 《大夏大学社会学系课程概况》，《社会学刊》第 5 卷第 2 期，1936 年。
② 杨锐：《我在大夏的片断回忆》，陈明章主编《私立大夏大学》，南京出版社，1982，第 217 页。

工作后，更是从中受益。"① 虽然上述小事不足以体现吴泽霖人才培养的贡献，但教学风格可以侧面反映其对教学的认知和态度。

教学上有所推进，科研方面，在吴泽霖的主持下也得到了较快的发展。1931年，经大夏大学校务会议审议通过，成立两个研究室，一为教育研究室，一为社会学研究室。② 研究室成立后，便立即投入工作。经过3年多的发展，研究工作取得很大进展，原有场地、建置等已不敷使用。1934年，在吴泽霖及王成组的倡导支持下，社会学研究室扩展为历史社会研究室。全面抗战爆发后，大夏大学迁黔，在原有基础上成立了社会经济调查室，一年后，再次更名为社会研究部。

在具体活动中，吴泽霖更是不遗余力地推动研究工作，促进社会学人才的培养与成长。在资料购置方面，动用各种资源筹措经费。吴泽霖把自己征订的各类报纸杂志捐赠给研究室，供同学们阅读，还设法对外宣传，鼓励各界人士捐赠书报。"文学院院长吴泽霖对于同学研究工作向积极倡导，专事搜集各种事实材料及调查图标，以供同学研究之。室中陈列各类中英文专业杂志25种，室内四周悬挂人类学、人口学、社会调查图表等20张，还陈列着各种标本、文物等。"③ 后来，资料增多，遂按照人口、劳工、农村等问题分为13种类型，还搜集到了各地方志及风俗资料50多种，为相关研究工作提供了极大便利。社会调查方面，吴泽霖主持社会学研究室期间，开展了望亭的社会生活调查、上海船户调查、太湖盆地蚕丝销量调查等，④ 当然还包括上海社会救济事业调查等。迁黔后更侧重民族学调查，如贵州乡土教育调查、贵阳城区劳工概况调查、贵阳劳动力调查、贵州各少数民族地区的风俗习惯调查

① 章复：《忝列门墙五十春——一位老学生对泽霖师30年代时的回忆》，赵培中主编《吴泽霖执教60周年暨90寿辰纪念文集》，第99页。
② 《大夏大学筹设社会学研究室》，《大夏周报》第110期，1931年。
③ 《社会学研究室陈列中外杂志二十余种，剪贴中外报纸六大份》，《大夏周报》第9卷第20期，1933年。
④ 王建民：《中国民族学史》（上），云南教育出版社，1997，第193页。

等等。上述调查多系师生共同完成，对于社会学青年人才的培养有重大的促进作用，在当时学界也引起了注意。

在专业刊物方面，吴泽霖接手大夏大学社会学系后，立即指导学生成立了大夏大学社会学会，并与杨开道等四人担任指导教师。学会在其支持下创办了《社会季刊》，以"交换知识，融汇学术，发扬校光，贯彻初志，改造社会，重建民国"① 为宗旨，吴泽霖把归国后的第一篇文章交由该杂志发表，以示支持。可惜的是，该杂志由于种种原因只公开出版了一期。吴泽霖在任内还创办了名为《史地论文摘要月刊》的杂志，不仅亲任主编，而且还从中外各类杂志中总结基本观点，写成论文摘要，供社会学系师生及学界使用。从现有数量看，达200多篇。杂志"每期六份，全年征订大洋六角"。② 由于价格低廉，使用方便，简单直观，注解清晰，社会及学界人士大为欢迎，"销路极畅"。③ 迁黔后，吴泽霖利用关系，以《贵阳日报》副刊的形式公开发行《社会研究》杂志，还积极促成了大夏大学社会研究部乙种丛刊（包括《民族学论文集》第1辑、《炉山黑苗的生活》等五种）、贵州苗夷研究丛刊（包括《贵州苗夷社会研究》等）等系列书籍的出版。另外，除大夏大学外，吴泽霖还兼任上海光华大学社会学系教授。在日常授课之余，他还担任光华社会学会导师，④ 指导该会的学术研究工作，帮助社会学青年人才的成长。

总而言之，吴泽霖任职大夏大学的十几年来，大夏大学社会学系逐步成长为整个中国社会学的重镇之一。正如时人评价："大夏大学的社会系固然不能说而不敢说是中国东南部之最好的社会系，然无论如何至少还可以相信大夏的社会系是在进步和发展的路上走的。从民国十七年

---

① 陆德音：《发刊词》，《社会季刊》第1卷第1期，1928年。
② 《史地论文摘要月刊》，《申报》1936年4月24日，第13版。
③ 《大批古物供众阅览，论文摘要销路极畅》，《大夏周报》第12卷第1期，1933年。
④ 《社会学会会史》，《光华年刊》第10期，1935年。

校中聘请社会学专家吴泽霖博士来担任该系主任后，在这两年中就不断地更是蒸蒸日上，大可与燕大之社会学系相并美。"①

　　大夏大学经历仅是吴泽霖执教生涯的第一阶段，其后在清华大学的十余年中，吴泽霖对社会学、人类学的学科建设也有重要贡献。1941年，吴泽霖离开大夏大学赴西南联大社会学系任教，主要讲授高级社会学和人类学课程。当时联大社会学系共有专职教师9名，如陈达、吴泽霖、潘光旦、李景汉、李树青、陶云逵、廖宝昀、袁方等。②以联大社会学系为中心，联合清华大学国普所、南开大学边疆人文研究室、云南大学社会学系等机构，建立了所谓的"昆明社会学共同体"，共同体的核心人物有陈达、潘光旦和吴泽霖。③但吴泽霖此时的研究兴趣已转向民族问题，他利用自身地位及资源在联大社会学系中开辟出一片民族研究的园地，并以此为据点培养了一批学者。在科研方面，他到昆明的秋天就制定了《黔滇苗族调查计划》，"贵州西南部及云南东部散布苗族亦甚夥，惜为时间及经济所限未及进行，殊感怅憾。兹拟借教学之暇，延聘助手继续调查研究，若有所得，亦足供民族学之补充资料"。④之后，他派遣胡庆钧去昆明附近的苗族调查，对其研究给予细心指导，对胡影响很大。⑤另外，他还主持成立了墨江和丽江两个边胞服务站，选派联大社会学毕业生张正东等人前往负责。由其指导的社会学专业本科毕业生论文也多与少数民族有关。通过各类直

---

① 杨企静：《大夏社会工作班赴苏参观记》，《申报》1930年12月5日。
② 王文俊主编《国立西南联合大学史料·教职员卷》，云南教育出版社，1998，第121—145页。
③ 王昕、李立纲：《同侪与师承：1943年的昆明社会学共同体》，民盟云南省委员会编《费孝通与云南》，群言出版社，2013，第288页。
④ 吴泽霖：《黔滇苗族调查计划》，张思敬等主编《国立西南联合大学史料·教学科研卷》，云南教育出版社，1998，第557页。
⑤ 杜发春问，胡庆钧答《在比较中探求奴隶制社会的规律与特点》，中国社会科学院青年人文社会科学研究中心编《学问有道：学部委员访谈录》下册，方志出版社，2007，第1222页。

接指导或间接引导，"他培养出来的学生，虽然没有统计过，估计有数千名之多，是毫不过分的"。[1] 如胡庆钧、张正东等人后来成为我国著名的民族学家。

抗战胜利后，吴泽霖担任清华大学教务长一职。在其推动下，清华大学成立了人类学系，但可惜该系生源稀缺，仅有1人，[2] 因此在人类学学科人才培养方面未有实效。但其意义不容忽视，是1949年以前人类学单独成系的最早单位之一。80年代，中南民族学院申报民族学硕士点时，吴泽霖写信给国家教委副主任彭珮云，在其力荐下，学校终获硕士授予权。[3] 另外，吴泽霖作为我国民族学博物馆学的奠基人之一，对该学科的人才培养厥功至伟。民族文物工作成为其研究重心，主要是在1949年以后。1949年以后，他分别创建了中央民族学院文物室、西南民族学院文物馆、中南民族学院民族学博物馆等，还参与了中央民委民族博物馆的筹建工作。1982年到中南民族学院工作时，吴泽霖还准备招收民族博物馆学的硕士研究生。[4] 在他的带领下，出现了一大批民族文物人才，如赵培中、杨元芳、李家瑞等人。

20世纪二三十年代，社会学在中国尚不发达，开设的学校不多。社会上的部分人士，如国民政府的有些官员把社会学和社会主义混淆，对其抱有疑虑和观望态度。在此情况下，吴泽霖在大夏大学及清华大学聘请师资、厘定课程、设置研究机构、带领学生开展调查、协助学生创办学术刊物、指导学生开展研究，为社会学专业人才的培养殚精竭虑，奠定了今天华东师范大学和清华大学社会学、人类学学科的研究传统，

---

① 王辅仁：《谈谈民族学与历史学的集合问题——在吴泽霖教授学术思想报告会上的演讲》，赵培中主编《吴泽霖执教60周年暨90寿辰纪念文集》，第65页。

② 清华大学校史研究室编《清华大学史料选编·解放战争时期的清华大学（1946—1948）》，清华大学出版社，1994，第192页。

③ 吴永明教授访谈录，2018年3月26日，吴永明家中。彭珮云系清华大学社会学系毕业，与吴泽霖有师生之谊。

④ 《宋兆麟给吴泽霖的信》（1986年10月16日）。

规范了社会学学科的人才培养体系，有力地促进了社会学学科在中国的扎根发芽。

二 学会组织和学科发展

大学系科的设置与完善仅是社会学在中国站稳脚跟的基础之一，近代学术走向规范化、独立化、标准化主要以专业学术团体及学术期刊的出现为标志。中国社会学经过数十年的发展，终于在 20 年代成立了学会组织，为中国社会学学科的传播及向纵深化发展创造了条件。吴泽霖在中国社会学社的成立发展过程中出力很多。

第一，积极促成中国社会学社成立，并长期担任学会关键职务。早在 1922 年，余天休就发起了中国第一个社会学学会组织——中国社会学会，但当时并不成熟，很快便宣布解散。1928 年 9 月，吴景超自美学成归国，当时尚在复旦大学任教的孙本文为其接风洗尘，邀请在沪的社会学家参加。有吴泽霖、潘光旦、王际昌、应成一、钱振亚、俞颂华、李剑华等人。席间，吴泽霖等人提议，应组织一个专业社会学团体，获得一致赞同，便推定吴泽霖、潘光旦和孙本文为临时委员，起草章程。① 后来学会选举职员，吴泽霖当选为书记兼会计，孙本文当选为常务委员及编辑主任。

几个月后，北平的许仕廉倡议发起全国社会学组织。学社上海部在吴泽霖的召集下召开第二次会议，讨论合并事宜，经决议同意重新整合。1930 年 2 月，中国社会学社正式成立。同年 12 月，在南京中央大学召开了中国社会学社第一次年会，会上吴泽霖报告了上海分社的情况。在理事会选举中，吴泽霖当选为学社理事兼任会计。全面抗战爆发前，学社还组织了数次年会及理事会议，吴泽霖担任了重要职务。1931年（第二届）担任理事兼任会计，1932 年（第三届）职位未有变动，

----

① 《东南社会学社纪事》，《社会学刊》第 1 卷第 1 期，1929 年。

1934 年（第四届）当选为副理事兼任会计，1935 年（第五届）当选为理事，1937 年（第六届）当选为正理事兼任会计。抗战期间，会员四散，正常活动无法开展，学会的日常工作均由吴泽霖负责。战后担任学会监事会常务监事。总之，从中国社会学社成立到初步发展，吴泽霖一直作为核心成员参与活动。社会学社由弱到强，全国社会学者凝聚力的增强，都有吴泽霖的心血在其中。以下几件事情可反映出吴泽霖的贡献。

处于早期发展阶段的中国社会学社，经济收入有限，吴泽霖长期担任会计职务，为此事殚精竭虑。在收入方面尽量开源，在开支方面尽量收缩，精打细算，在极其有限的条件下，维持了学社的日常运转，财务总体上尚算乐观。孙本文及吴泽霖等人都属兼职，日常事务不能事无巨细地过问，但若单独聘请职员势必花费过多，因此在吴泽霖的倡议下，书记和会计聘请助理每年补贴不可超过 50 元。① 全面抗战爆发后，各高校内迁，学社活动一时无法开展。等局势稍微稳定后，吴泽霖着手准备年会召开、学刊出版等事宜，但经费没有着落。吴泽霖多次向社会部申请，希望能予以补助，以便开展活动。全面抗战爆发后的第二年，他申请"场地费 1 千余元，社会学刊 44 元，全年补助 6 万元"，② 但当时国民政府无暇顾及，社会学社年会之事只得一拖再拖。抗战胜利后，形势稍有所缓，吴泽霖作为主要筹备人积极推动中国社会学年会的举行。③

第二，作为《社会学刊》的主要编辑人之一，吴泽霖与孙本文、吴景超等人通力合作，有力地保障了学刊的正常运行。1928 年，东南社会学社成立时便决定编辑出版《社会学刊》。1929 年 7 月，《社会学

---

① 《中国社会学社第二届理事会第二次会议》，《社会学刊》第 2 卷第 2 期，1931 年。
② 《中国社会学社及中国社会改进研究会等组织请发补助费案》，社会部档案，卷宗号：7132，中国历史第二档案馆藏。
③ 《中国社会学年会华北区年会在平举行》，《华北日报》1947 年 9 月 23 日，第 5 版。

刊》正式出版。中国社会学社成立后，《社会学刊》改由学社负责编辑。1937 年因战争停刊，1948 年以 6 卷合订本的形式出现，共发表文章 150 多篇，是"社会学期刊中维持最久、贡献最多之刊物"。[①] 第 1期《社会学刊》的编辑出版主要由吴泽霖、吴景超与孙本文三人完成。后面数期刊物的编辑，吴泽霖均担任主要负责人之一，为第二届、第三届、第五届、第六届、第七届编辑委员会的委员。《社会学刊》原由上海书局出版，后来改由上海新生命书局出版，1937 年 4 月因特殊原因出版受阻。在吴泽霖的力主下，《社会学刊》改由大夏大学史地社会学研究室出版发行，确保了学刊的正常运行。在日常工作之外，吴泽霖在《社会学刊》上发表了 7 篇文章，涉及社会学理论与社会思想、社会问题、社会调查等方面，其中《群众的分析》《人类学上所了解的环境势力》《强者与弱者的变态心理》《弱者的心理》《社会距离的一个调查》等均属吴泽霖研究最有心得之作，可见他对该刊物的重视。

第三，新中国成立初期及改革开放后，吴泽霖积极投入中国社会学会等学术组织的建设中，为社会学、民族学学科的重建与发展做出了有益贡献。1949 年后，如何在新形势下开展社会学、民族学的教学与研究工作，是学者思考的重点。1949 年 6 月 10 日，在北京燕京大学林耀华家中召开了一次小型座谈会，参加者有费孝通、吴景超、吴泽霖、苏汝江、李有义、严景耀、雷洁琼、陈永龄等数人，他们就此问题展开讨论。[②] 会议就社会学、民族学学科今后的转向达成了初步意见，吴泽霖参与其中，建言献策，出力不少。改革开放后，费孝通受命重建社会学学科，他邀请老一辈社会学者挂帅，吴泽霖亦在其列。1979 年 2 月，吴泽霖参加了社会学重建座谈会。在同年 3 月 20 日召开的中国社会学

---

① 《中国社会学社简史》，《社会建设》第 1 卷第 1 期，1944 年。
② 杨圣敏：《中国民族学社会学界 69 年前的反思及其当代意义》，《民族研究》2018 年第 1 期。

研究会成立大会上，吴泽霖被推举为学会顾问。① 在实际工作中，吴泽霖更是身体力行，为学会发展做了诸多贡献。1980 年中国社会学研究会和中国社会科学院社会学研究所联合举办社会学讲习班，吴泽霖此时已 82 岁，依然坚持为学员授课，讲授"美国早期社会学及抗战前我国沿海社会学的发展情况"。1981 年南开大学社会学专业班开课，吴泽霖担任讲座教授，同年 5 月，第 2 期讲习班开办，吴泽霖依然作为主讲教授，亲自讲授。上述各讲习班中邀请的专家学者，以吴泽霖最为年长，从中可见其对社会学学科重建的期望。之后，吴泽霖还多次参加中国社会学会的理事会议、湖北社会学会理事会议等，为学会的发展提出了可行的建议。

吴泽霖作为一位跨学科研究的综合性学者，在社会学学会的作为仅是诸多面相中的一方面。他还是中国民族学学会的创始人之一，并长期在学会中担任重要职务。改革开放后，吴泽霖数次出席民族学年会，担任人类学学会、民族学学会、民俗学学会顾问等。吴泽霖还担任过影响极大的中国边政学会的理事，甚至一度兼任出版组主任，对《边政公论》的编辑出版做出了重大贡献。

综上所述，知识生产并不能仅依靠学者的主观创作，现代学术的确立需要学系、学刊、学会等组织化体系的相互配合。从 20 世纪 20 年代开始，中国社会学相继完成了知识制度化、学科化所要求的机构上的建设。制度化之后的中国社会学由于拥有完备的组织基础，而且可以在国内外培养足够的专业人才，因此开始发展成为中国特色的学科体系，寻找中国社会学的自我认同。② 在整个社会学学科体系搭建的过程中，吴泽霖均系参与者，在某些活动中甚至扮演着关键性角色。从他的活动中，可以概观民国时期的社会学学者，如何把一种西学思潮运用所学逐

---

① 《社会学研究会成立，中共社会科学院决定成立社会学研究所》，《人民日报》1979年 3 月 21 日，第 4 版。

② 顾定国:《中国人类学逸史——从马林诺斯基到莫斯科到毛泽东》，第 99 页。

步落实，形成一门研究人群与社会的专门学科，并通过各种努力，使得这门学科在现代中国学术中占据一席之地，让公众有所认识。当然，改革开放后，学科重建及迅速发展的历史事实，再次证明人类对知识与思想的永恒追求，正如荒原野草般"野火烧不尽，春风吹又生"。

小　结

目前，学界对民国时期社会学中国化的研究，多关注孙本文、吴文藻、黄文山、陈序经等明确有中国化主张的学者，而对一些未有明确主张却在以实际行动践行"社会学本土化"的学者，却缺乏关注。近来，有学者认为后者虽未有直接论述，但其研究自始至终贯穿着中国意识，应该称之为广泛意义上的"社会学中国化"。[①] 吴泽霖的社会学研究也应该被纳入广义社会学中国化的范畴中进行考察。谢宇把社会学本土化分为三种类型，议题本土化、理论与方法本土化和范式本土化。议题本土化主要在于聚焦中国的社会问题；理论与方法本土化指把西方理论和方法应用于中国，并加以改进和创新，使之契合本土特质，成为适用于理解中国社会现象的工具；范式本土化是指从传统文化中发展出新的理论、方法，认识论层面形成植根于中国历史文化的新范式。[②] 按照此分类来考察吴泽霖的社会学研究。

议题本土化应该是中国化过程中比较直观，也最易操作的层面，吴泽霖中国社会问题的研究属于议题本土化层次。吴泽霖在美国留学时，受以城市社会问题研究著称的芝加哥学派的影响。回国后，这种以社会问题为核心的实用主义研究风格延续了下来。而当时的中国正处在向现代化转型的阶段，加之吴泽霖长期生活、工作于都市化程度较高的上

---

① 何祎金：《他者的变奏：早期社会学中国化的脉络与流变》，《社会学评论》2018 年第 6 期。
② 谢宇：《走出中国社会学本土化讨论的误区》，《社会学研究》2018 年第 2 期。

海,城市发展、社会转型过程中的各种社会问题浮现于世。因此,吴泽霖在议题的选择上,把人口问题、劳工问题等作为核心问题。这可以看作研究议题在空间上的位移,是社会学本土化的第一个层次,但绝不是对西方学术议题的简单复制,其中也蕴含着学者对实现国家现代化转型的强烈愿望。在此潜意识下,他们不仅强调对问题事实的呈现,更重要的是提出改造方案,推动问题切实地得到解决。这也是议题中国化的一项潜在内容。

理论与方法本土化。在理论本土化方面,吴泽霖所做的努力并不突出,其工作多集中于对西方理论的介绍及用社会心理学原理来解释中国的若干现象上,但方法的本土化中蕴含的中国意识却极为浓厚。"社会调查"方法并不是西方研究方法的翻版,中国化的"社会调查"所指向的不仅是作为一种研究工具,而且附着着学者试图通过社会调查来改造社会、复兴国家的政治价值与文化追求。在具体操作中,吴泽霖已然意识到强调共时性的社会调查方法与中国悠久的历史有内在的冲突性。基于此,在上海社会救济事业调查中,他从历史向度出发来把握救济事业的本质,并提出带有历史意识的改造方案。这种中国化的努力在今天看来依然有重要价值。

范式本土化。吴泽霖对社会约制思想的改进,可看作他试图从中国的人伦传统和礼制思想出发,以东方的特有经验来补充西方理论的不足。他把仅强调团体对个人控制的思想,扩展到人与人之间和人与社会之间的关系层面,有一种由结构论到互动论转变的色彩。虽然带有鲜明的中国特色,但其指向并不在于理解中国现象,而更多想要与西方社会学界展开对话。虽未上升到重整范式的层面,但其中隐含的"社会学的想象力"却值得进一步发掘和思考,或许可以达到范式革命的程度。

除上述三个层面之外,对西方学科制度的引进也是本土化的一项重要内容。吴泽霖在其中做了诸多工作,涉及人才培养、学会建设和刊物及研究平台的创办等,为社会学在中国的发展提供了外在的制度依托。

课程设置等方面也体现了吴泽霖中国化的若干努力，他试图调整课程安排，使其更加符合当时中国的特殊国情。

民国时期，吴泽霖作为主流社会学家之一，与孙本文、吴文藻等人不同，他没有对社会学中国化提出过实际的主张。但从上述分析可以看出，不论是有意识还是无意识，吴泽霖对于如何将社会学这一西方的舶来品更好地运用于中国社会问题的研究是有思考的，其研究中还隐藏着深刻的中国意识。可以说，社会学中国化的内涵在他的研究中亦十分丰富，并不亚于孙本文、吴文藻等人。与吴泽霖类似的学者还有很多，如李景汉、陈达、陶孟和、严景耀、应成一等，虽然他们对社会学中国化都没有系统论述，但并不代表他们对社会学如何在中国开展没有思考，只不过是潜藏在他们的研究中，需要我们去发现和挖掘。在此基础上，重新考察中国早期社会学的发展状况，才能真正理解民国时期社会学中国化的含义和意义，为今天社会学中国化之争提供历史之镜。

民国时期学科本土化的成绩，从学科国际化中也可得到证明。学科本土化或中国化与学科国际化或世界化，两者绝非对立关系，而是一组互证或互补的关系，"愈是本土的就愈是世界的，本土的成果是否有意义和价值，不能自我检验，自家说了算，只有放到全人类的文明系列中加以定位"，反之，"愈是世界的，也愈是本土的"。[①] 也就是说，本土化程度的高低，从国际学界的评价中也有一定程度的反映。弗里德曼对早期社会学的发展有过如此评价："可以说，在第二次世界大战以前，中国是除北美和西欧以外的世界上社会学发展的最繁荣兴旺的地区，至少学术质量方面如此。"[②]

从世界著名人类学家的评价中可以看出，民国期间社会学本土化运动是卓有成效的，赢得了世界声誉。从学者群体角度考察，也可以看出

---

① 许纪霖：《学术本土化与世界化》，《读书》1995 年第 3 期。
② Maurice Freedman，" Sociology in and of China," *British Journal of Sociology*，Vol. 13，No. 2，1962.

当时学科的国际化程度之高。据龙冠海的调查，20 世纪 40 年代中国社会学教授、副教授、讲师共 143 人，其中 13 位为外国教员，其余 130 人中，留学国外者共 115 人，约占总数的 88.5%。[①] 教师中如此之高的留学比例，直接的影响是当时的知识生产与国际潮流保持一致。本书论述的吴泽霖的"社会约制"思想，与当时西方社会学研究是一种继承、对话与发扬的关系，站在了世界学术潮流的最前沿。孙本文对社会学理论的综合，吴景超以跨文明比较视野提出国家发展的多样性道路，李景汉、陶孟和细致入微的社会调查工作，以吴文藻为首的"燕京学派"的社会学、人类学研究，等等，都可以看作社会学本土化的代表性成果，可与当时西方一流的社会学前沿研究相媲美。这一方面启示我们需要进一步发掘老一辈学者的学术成就；另一方面也应该看到民国社会学研究的多样性。

或许有人会疑惑，早期中国社会学的研究成果与西方著述并不"差之毫厘"，缘何学术地位、学术关注度等却"差之千里"呢？知识生产并非在真空中进行，就连知识本身也都受权力关系的支配，更何况知识之外的各种"附着物"呢！世界政治版图中的"中心""边缘"地位、世界经济体系中的"主导""依附"关系，都与国际学术对话、学术权力争夺、学术资源支配、学术话语控制等有着密不可分的联系。

---

① 龙冠海：《社会学与社会意识》，台湾大学，1974，第 71 页。

第三章　分异与趋同：两个时期的
西南民族研究

　　学科史研究中存在诸多分歧，但在分期问题上，都不约而同地以1949年为节点，认为1949年前与1949年后的民族学史，非继承与延续关系，而是处于一种断裂状态。"中国人类学史有一个引人注目的现象，它的发展以1949年为分水岭，呈现截然不同的面貌。"① 王建民亦明确指出："1949年之后在中国大陆发生了学术断裂。"② 此种粗线条的划分似已成为学科史研究中的共识，诸多学者以此为基点展开讨论。

　　不可否认，以1949年中华人民共和国成立为标志对学科史进行阶段划分，确有其道理。但时间不存在断裂性，历史也常常是延续的，任何时间上的划分都是一种带有相对性的主观建构。诚如王建民所说："在学科的发展史的阶段划分方面，在时间上的划分只能是相对的，是研究者的建构。"③ 以1949年为节点进行的"断裂"式的学科史叙事，更多强调的是民族学学科建设、主流范式等方面的结构性转变。但就学者个人的学术研究来看，并不存在所谓的"断裂"，其思想始终处于一

---

① 谢燕清：《中国人类学的自我反思》，王建民、汤芸主编《学科重建以来的中国人类学》，中央民族大学出版社，2008，第108页。

② 王建民：《中国人类学西南田野工作与著述的早期实践》，《西南民族大学学报》2007年第12期。

③ 王建民：《中国民族学史》（上），第36页。

个接续的状态，只不过属于 1949 年前的那部分思想特征，在 1949 年后以另一种方式存在而已。通过老一辈学者的学术自述，我们可窥见一斑。

江应樑说:"解放后，我从云南大学社会系转到历史系任教，开始转入单纯地埋头故纸堆寻找材料。我转入历史系的时期，所写的文章都是偷偷地把民族材料与历史文献材料结合。这样就觉得道路宽广了，自己也不至于钻进死胡同里去了。"① 在江氏看来，1949 年前主要从事民族问题的共时性讨论，1949 年后结合历史文献，开始全局式的通览，在这个意义上讲，其学术研究绝非断裂，而是更新与完善。与江氏研究路向相反，方国瑜早先以史学为主攻方向，1949 年后从事民族调查，他曾有如此心迹表述:"瑜留心地方史，先后异趣而实相承。其初治文献之学，纂录故实，比勘考辨，囿于地方志书体例十余年。后乃解脱，稍习科学，略知奥妙:盖从积累现象进而探寻实质，惟限于理论水平低，知识亦疏陋。"② 可见，在方氏看来，其学术研究也并非因中华人民共和国的成立而有革命性的转折，虽有"异趣"，但实际"相承"。

若说学者自述尚有粉饰之嫌，那么其他人对其学术思想的理解，比较之下，尚算客观。费孝通在"纪念吴文藻逝世十周年座谈会"上谈道:"在吴老师返国后，于 1952 年高校院系调整中，原在各大学中的社会学系被取消了。原来在社会学系里的教师和学生分别安置在各有关学系里。其中一部分包括我自己，转入新成立的民族学院，开展有关少数民族历史和社会调查。这项研究实际上和吴老师在成都时所开展的少数民族研究是相衔接的，所以从学术上看去吴老师所主张的联系中国实际和吸收人类学的田野作业方法在新的条件下，还是得到

① 《江应樑民族研究文集》，民族出版社，1992，自序，第 1—2 页。
② 林超民编《方国瑜文集》第 1 卷，云南教育出版社，2001，自序，第 4 页。

了持续。"① 按照费孝通的理解，吴文藻在1949年前已倡导社会学中国化，1949年后虽然外部条件发生重大变化，但主线依然没有大的转变。

按照这样"持续"叙事的思路往下思考，其中最重要的一点是：到底是什么样的线索，跨越了政权的更迭和社会结构的转变，实现了两个阶段知识生产的内在继承、发展或接续呢？本章将紧紧围绕这一主题对吴泽霖两个时期的民族研究进行比较分析，探讨其中的"变"与"不变"，也即标题中的"分异与趋同"。

第一节　西南民族研究的多样范式（1938—1949）

一　学术研究的大转折：社会学向民族学

吴泽霖晚年对其民族研究进行了回顾，他把对民族的认识分为五个阶段。第一个阶段是"无知"阶段；第二个阶段是对"五族共和"中的"族"认识的阶段，这里的"族"主要指汉满蒙回藏；第三个阶段是在美国读书时，看到不同种族、不同语言的人群，但此时更多侧重体质与遗传特征的"种族"概念，对国内民族情况反而了解不多；第四个阶段是回国后到50年代参加中央访问团之前，按照吴泽霖的说法，此时的认识更多的是"为了知识"；第五个阶段是在参加中央访问团之后，此时吴泽霖表述为"为前人还债"的心态。②

其中，第四个阶段是由社会学转向民族学时期。1927年回国后，吴泽霖一直从事社会学的教学与研究工作，对各民族情况的了解多系间接所得，与少数民族并没有直接接触。1937年，吴泽霖作为中国社会学社的唯一代表，参加了国民政府组织的"京滇公路周览团"，这是他

---

① 费孝通：《开风气，育人才》，王庆仁等主编《吴文藻纪念文集》，中央民族大学出版社，1997，第34页。
② 吴泽霖：《对"民族"认识的五个阶段》，年代不详，未刊稿。

第一次接触国内少数民族。1937 年 4 月 6 日，周览团于南京出发，先到安徽祁门，次经江西景德镇至南昌，再经江西万载各地至长沙，由长沙经衡阳入贵州，于 4 月 29 日抵达昆明。"周览团抵达湘西，受到民众的热烈欢迎。其中有一部分即是苗民，他们列队站在公路旁，迤逦数里，使我们很受感动。在贵阳时，省府曾赠给我们每人一张苗胞照片，约三四十张，并注明各族的名称，后来回去不时拿出来看，更发生了浓厚的兴趣。"① 可见，此次经历给吴泽霖的震撼很大，激发了他开展民族研究的兴趣，但在认识上还比较肤浅。回沪后，在一次公开演讲中，他谈了几点感想。一是沿途人民生活的困苦程度，已经达到了无法想象的地步，尤其是少数民族。二是由于发生灾荒，灾民"匪化"现象出现。三是卫生状况极度不良，在少数民族地区表现得尤为明显。云南思茅小镇一、二月以来，民众死于疫者有两三千人之多。四是币制混乱。②

吴泽霖此时对湘滇黔少数民族的认识，均属"一面之缘"，多系走马观花所得，加之当时国内学界的民族研究也正起步，因此，吴泽霖报告中对少数民族的族群分类、物质文化、精神文化、制度文化等均不甚了了，仅是对其生活状态有个大致印象。然而，随着全面抗战的开始，其学术研究发生了巨大转折。

全面抗战爆发后，中国大部分院校西迁，研究机构分布格局的新变化对学科发展产生了重大影响，直接推动了民族学研究第一个高潮的到来。大夏大学原在上海，淞沪会战激战正酣之时，大夏大学校长、国民党元老、黔籍著名人士王伯群前后奔走，组织迁校。1937 年秋，大夏大学与复旦大学在庐山成立联合大学。第一联合大学设在庐山，钱新

---

① 吴泽霖讲，邢鼎元、赵璧还记《贵州苗胞生活概况》，《西南公路》第 135 期，1941 年。

② 《吴泽霖教授报告该团沿途所见，对中国前途表示非常有望》，《大夏周报》第 13 卷第 8 期，1937 年。

之、吴南轩担任正、副校长，吴泽霖担任教务长；第二联合大学设在贵阳，王伯群和欧元怀担任正、副校长。1938 年 2 月，联合大学在贵州桐梓召开会议，复旦、大夏脱离联合体，在贵阳的第二联大为大夏大学。学校在贵阳花溪一带择地 2000 余亩，开始办学。① 大夏大学迁黔后，王伯群倡导要"协助政府以开发西南之资源，促进西南之文化"。② 在此背景下，大夏大学社会学系必须按照新的形势要求，开始以西南地方社会为研究重点。也是在这样的整体背景下，吴泽霖开始正式介入西南民族研究，当然此种学术转向并非瞬时完成，而是经过了一个过渡时期。

一方面，大夏大学迁黔之初，在文学院设立了一个名为"社会经济调查室"的研究机构，一年以后，更名为"社会研究部"。这一年多的时间可以看作大夏大学社会学研究的调整转向期，也可看作吴泽霖由社会学研究朝民族学研究转向的过渡期。迁黔之初，大夏大学社会经济调查室在吴泽霖的带领下，分别开展了贵阳城区劳工概况的初步调查、贵阳劳动力人口结构之研究、黔垣二四灾情调查、贵州各县风俗习惯调查等。从研究对象看，该机构延续了大夏大学在上海时的风格，注重劳工问题、人口问题及各地风俗习惯的调查，带有很强的主流社会学研究的色彩，强调社会问题的呈现及改造。吴泽霖承担了劳工问题的调查，发表了《贵阳城区劳工概况的初步调查》。在内容方面，吴泽霖按照陈达、陶孟和等人的研究模式开展；在立意方面，是想通过贵阳劳工情况的调查来改变当时社会学中对劳工问题研究的偏狭。"解决劳工问题的方式，决不能放诸四海而皆准，这就是劳工问题的地方性。我国工业中心的产业劳工状况，以前较有精密的调查，在内地同样的调查尚还不

---

① 保志宁：《王伯群生平》，涂月僧主编《兴义刘、王、何三大家族》，中国文史出版社，1990，第 81 页。
② 王伯群：《弁言》，《大夏周报》第 14 卷第 7 期，1937 年。

多,这是我们研究这个问题的动机。"① 可见,过渡期吴泽霖的研究依然是延续之前偏重城市社会学的基本思路,但很快此种思路与实际情况产生了冲突。民国时期内地的城市化水平均不高,城市化过程中引起的劳工、人口问题等均处萌芽状态,研究对象本身发展"不成熟"对研究工作的深度、广度有着直接影响,这是促使其进行学术转向的一方面。

另一方面,过渡时期吴泽霖对民族学的研究也有部分涉猎。社会经济调查室成立后,吴泽霖向太平洋国际学会申请研究经费,但由于各种原因未能批准,只得另寻他路。吴泽霖的清华旧友顾毓琇当时担任国民政府教育部次长,吴泽霖写信求助。顾氏回复:得到教育部固定性的补助比较困难,但教育部当时正在开展各地乡土教材的搜集,包括少数民族地区,并询问吴泽霖是否愿意承担。吴泽霖收到信后,与大夏大学历史社会学系主任王成组商议,择定贵州定番县(今惠水县)为调查地点,认为:"定番青苗、白苗仲家都有相当的人数,这种民族分布情形,很可以代表全省的汉苗分配状态。"② 利用国民政府教育部资助的 600 元,③ 吴泽霖等立即到定番县开展调查,经过七个月的辛苦走访,撰写了《贵州定番县乡土教材调查报告》。这是吴泽霖在少数民族地区开展的首次田野调查,此次经历使吴泽霖对贵州民族多样性有了更深的认识,并敏锐地发现对少数民族的研究是一块亟待开发的学术富矿。在此种认识基础上,吴泽霖决定开始以贵州民族为今后研究的重点,把原先范围较狭的社会经济调查室更名为社会研究部,"并扩充计划,工作方针,亦多改进。特别注重黔省境

① 吴泽霖:《贵阳城区劳工概况的初步调查》,《新大夏》第 1 卷第 3 期,1938 年。
② 吴泽霖等:《贵州定番县乡土教材调查报告》,贵阳大夏大学,1939,吴泽霖序,第 1 页,贵州省图书馆藏。
③ 《私立大夏大学领取补助费的文书及表册》,教育部档案,全宗号:4019,中国历史第二档案馆藏。

内苗夷生活之实地调查工作"。① 从某种意义上说，社会经济调查室的更名，标志着大夏大学的社会学系由城市社会学研究转向民族问题研究，同时也标志着吴泽霖在数度思索后完成了第一次学术转向。这一时间节点应定格在 1939 年 8 月。

学术转向后，吴泽霖分别在贵州和云南开展了田野调查。第一个阶段是"贵州阶段"，从 1938 年初至 1941 年初。3 年多的时间，吴泽霖与其助手踏遍了贵州所有的少数民族聚居地，主要人物还有陈国钧、张少微、李振麟、杨汉先、苏希轼等人。"从事贵州省苗瑶仲家水家之社会调查，不遗余力，成绩卓著。"② 1940 年 6 月 19 日，妻子陆德音因肠炎医治无效去世，吴泽霖悲痛欲绝，"热中肠兮惨揪，夜既盼兮不寐，终弗交兮重睫"。③ 加之，当时私立大夏大学经济拮据，举步维艰，又因改为国立等诸事，风波不断。而之前好友闻一多自昆明至贵阳迎接妻儿时，曾劝吴泽霖去联大任教，吴泽霖当时未应允。此时又有潘光旦、梅贻琦等人的邀请，吴泽霖决定改换环境，重新开始。1941 年 1 月，吴泽霖抵达昆明，开始在西南联大社会学系任教，这标志着吴泽霖的民族研究进入"云南阶段"（1941—1945）。与贵州民族研究比较而言，云南研究多系"单打独斗"，调查都是吴泽霖亲力亲为。另外，其精力又被昆明译训班的日常事务所分散。故而研究范围上，已不似贵州研究"全方位"的通览，而是"聚焦"式（纳西族）的定点调查。

王利平在分析民国时期的民族学研究时，认为有两大传统。一是以中研院凌纯声、芮逸夫为代表，强调对史料和文献的挖掘与考证，探讨文化与族群历史，解决中华民族文化历史的难题，也就是王建民在

---

① 陈国钧：《大夏大学社会研究部工作述要》，吴泽霖、陈国钧等：《贵州苗夷社会研究》，第 271 页。
② 《边疆学术文化运动消息》，《边疆研究通讯》第 2 卷第 25 期，1943 年。
③ 吴泽霖：《哀德音》，周独云：《陆德音女士哀荣录》，第 12 页。

《中国民族学史》中所说的"中国历史学派",[1] 他们受到进化论和博厄斯学派的影响;二是以研究现在和历史的差异为主,强调田野调查及社会服务,主要人物有吴文藻、费孝通、林耀华、李安宅,主要指涉的是燕京学派。这一派学者多系抗战时期由社会学领域转向民族学研究,在开展民族研究时,原先社会学中强调社会问题、实用主义倾向的风格自然延续到民族问题研究中。[2]

吴泽霖在美国留学时受博厄斯学派的影响很深,在转向以少数民族文化为研究对象的民族学领域时,在理论分析时自然而然地运用历史学派的方法做具体材料的分析,在研究风格上与中研院一派学者有些类似。他试图通过文化涵化的历史来推测族群的交往历史,重点在于探寻贵州少数民族与汉族及中华民族的一体性,可以看作一种文化历史的研究取向,或者是人类学取向。此种风格的研究主要体现在其贵州民族研究的阶段。同时,吴泽霖作为一位主流社会学家,回国前十年集中于社会学的研究,其研究中带有鲜明的社会问题与社会改造取向,这种取向在其转向民族学研究时,依然十分明显。在云南么些人的研究中,他以么些社会出现的问题为导向,以实现边疆社会的经济现代化为目标,这与吴泽霖早期在社会学领域的关注重点如出一辙,可以看作身为一名社会学家研究民族问题时所带有的特征,也可称之为社会问题取向或社会学取向。以下将从具体内容出发来分析两种不同的研究取向。

二 贵州"苗夷"社会：文化历史取向

一般意义上,把 1926 年《说民族学》的发表作为中国民族学学科正式确立的标志。蔡元培把民族学分为"记录的民族学"和"比较的民族学",前者是考察各民族文化而从事记录或比较的学问,后者举各

---

① 王建民：《中国民族学史》（上），第 153 页。

② 王利平：《知识人、国族想象与学科构建：以近代社会学和民族学为例》，《北京大学教育评论》2016 年第 3 期。

民族物质上、行为上的各种形态而比较它们的异同。① 此种区分奠定了
其后中国民族学发展的基调,这在中研院的民族学研究中有集中体现。
1934 年,凌纯声在松花江赫哲族的田野调查中沿用了此种分类。他开
篇便强调:"民族学可分记录的与比较的两种研究:偏于记录的我们称
之为民族志;偏于比较的为民族学。"② 作为深受美国人类学影响的早
期民族学家,吴泽霖是否支持此种带有明显欧洲风格的分类,并没有直
接的证据可以印证。但从其民族志的一些只言片语中可以推测:对此种
分类,总体上他是认可的。他曾有如此表述:"我们编过一本《炉山黑
苗的生活》,出版多日;现在将这本《安顺苗夷的生活》付印问世。这
两本可说是一对姐妹花,在这本报告中,我们仍不作任何学理的探讨,
关于这方面我们另有专刊发表。我们的目的只想把事实叙述出来。"③
更重要的是,从最终的文本反向推论,此种"讲求事实的民族志和注
重比较、分析的民族学"的分野,在吴泽霖所撰的民族志中也有诸多
体现。

(一)作为事实的民族志

吴泽霖在贵州 3 年多的时间,撰写了 3 部调查报告、12 篇文章,
总字数 50 余万。他首次科学全面地呈现了贵州少数民族的多样文化与
地方性知识,涉及区域有凯里、安顺、惠水、荔波、都江等地,内容包
含方方面面,既有纵向的介绍,也有横向的调查。以下将以 3 部调查报
告为例,来分析吴泽霖对于民族志的态度和对追求事实的严苛。

《贵州定番县乡土教材调查报告》,该报告是在国民政府教育部所
拟订大纲的基础上补充调查撰写而成。共 13 章,分地理、人口、物产、

---

① 子民:《说民族学》,杨圣敏、良警宇主编《中国人类学民族学学科建设百年文选》,
第 13 页。
② 凌纯声:《松花江下游的赫哲族》,民族出版社,2012,序,第 1 页。
③ 吴泽霖、陈国钧:《"安顺苗夷的生活"序及各族族类概述》,《贵州日报·社会研
究》1941 年 5 月 6 日。

农业、工业、交通、商业、财政、政治、教育、社会、人文、名胜,每章下设若干小节。仅就人口一章而言,分人口总数、人口分布、种族分布、性别分配、年龄分配、家庭大小、职业分配、财富分配、教育程度、婚姻状况、残疾与嗜好11项内容。其中共有表格22个,内容包括每个区镇的人口数目、户数,每个年龄层的人数,男性和女性的数目,汉族和其他各少数民族的数目,学校的在校人数,等等,十分精确。该报告绝非一味地摘抄当地政府的调查数据,而是此基础上选取了个别村庄进行验证。另外,关于一些礼俗情况的描述更是细致入微,竟对苗民布鞋的材料都进行了分类描述。①

《贵州安顺县苗民调查报告》,该报告有上下两编。上编主述民政概况,分地理环境、族系分布、政治、经济、教育、卫生6章,共25个小节,所含内容十分丰富,如沿革、地势土质气候、山脉水道、族名、杂居状况、中心地带、户口、保甲、土司、壮丁、土地利用、租佃情况、商业制度、交通情况、学校教育、社会教育、苗语教育、日常卫生、疾病防御等等。下编主述礼俗状况,家庭组织章中有家庭组织、亲属称呼、宗祧继承、生育率与死亡率等节;生活状况章中有职业副业、食品、居住情形、衣服装饰、宗教信仰、一般迷信、社会交际、岁节习惯、娱乐方式;婚丧章共7小节,分别为定婚、结婚、再婚、招赘、离婚、童养媳、丧葬。另外,该报告比较有特色的是,除了一般性描述外,还用蝇头小画来惟妙惟肖地对少数民族的服饰进行呈现,也侧面反映出作者观察得细致入微。②

《炉山黑苗的生活》,该报告共7章,分别为族系分布、苗民生活的背景(地理、历史、文化)、家庭生活、经济生活、日常生活、社会生活、婚丧。报告的性质,正如作者所说:"年来各方对于西南各族问

---

① 吴泽霖等:《贵州定番县乡土教材调查报告》,吴泽霖序。
② 吴泽霖、陈国钧:《贵州安顺县苗民调查报告》,大夏大学社会研究部,1939。

题颇加重视，苦无系统的记载，以资参考。如以民族学或社会学的观点来看，那我们的调查报告离科学标准尚远；但是其中一部分的原始资料在社会科学上，甚而对于从政者未始没有一点贡献。"①

对上述 3 个报告内容的介绍点到为止即可，读者可具体参考原文。这里着重分析其特点。从目的来看，极尽描述，不掺杂任何理论预设，这并非作者无意识的偶然为之，而是刻意强调此种罗列材料，分类编写的方式。撰写报告的目的是呈现客观事实，为相关人士提供参考，不掺入任何的理论对话或升华。从具体内容来看，几十万字中，带有明显主观推测或解读的词句寥寥无几，就事论事，深入详尽是其民族志的最大特点。相关学者对此点已有阐述，② 在此亦不多论。

（二）作为比较的民族学

按照当时的民族学研究理论，"民族志"追求事实，而"民族学"追求的是比较，在文化比较中得出一般性的规律，更多具有理论追求。吴泽霖的民族研究中，用所学理论分析贵州民族的文化与历史亦是重要内容。他关注的焦点主要在于婚姻丧葬、神话传说等风俗习惯。为何以风俗习惯等非物质文化特征作为探寻族群本质的切入口呢？这首先要回到吴泽霖首次接触少数民族时的印象。组织京滇公路周览团时，贵州省政府为每位团员发放了三四十张苗族照片，每张后面都标明了名称。当时吴泽霖认为："本谓某一特点，或某一种风俗，是必一族所独有。"③抗战时期，吴泽霖进入少数民族地区调查，发现即使同一民族，其风俗也不尽相同。风俗认识的误差引起了吴泽霖的极大兴趣，使他开始孜孜

① 《吴泽霖民族研究文集》，第 56 页。
② 详见钟年、孙秋云《吴泽霖民族研究思想述评》，《中南民族学院学报》1992 年第 4期。钟年《从田野中来》，《民族研究动态》1993 年第 3 期；孙秋云、钟年《注重田野调查　为社会进步服务——吴泽霖教授学术思想概说》，《中南民族学院学报》2001 年第 6 期。
③ 吴泽霖讲，邢鼎元、赵璧还记《贵州苗胞生活概况》，《西南公路》第 135 期，1941 年。

以求地希望通过文化习惯来探求族群的本质，其中比较有代表性的是婚姻、神话和食俗节俗的研究。

第一，婚姻研究。吴泽霖在早期社会学的论述中，就已经表达了他对婚姻家庭的看法。他认为，前工业化时代家庭的约制力量十分强大，个人思想几乎都从家庭教育里得来。到了复杂社会，家庭渐失去它的重心，宗教教育兴起，家庭的功能被转移了，其约制力量也逐步减弱。[①]换句话说，在前工业时代，家庭承担着众多的社会功能，是社会组织中的重要核心。因此，在前工业时代的研究中，理应从家庭问题切入，从而窥得整个社会的全貌。贵州少数民族社会的现代化进程，直到20世纪40年代正式起步，在社会性质上自属前工业社会。由此，吴泽霖把家庭作为研究的切入点便不难理解了，而家庭的形成首先要从婚姻的缔结中得来。

在少数民族地区有了更多田野经验后，他对婚姻家庭问题更为看重。对婚姻的重要性，他曾有如下表述："婚姻是人生的一件大事，与婚姻直接、间接有关联的活动，几乎支配了整个人生。它是个人的生物性与社会性的纽带，是肉欲与社会约制之间矛盾的焦点。因此尽管它只占人生中一个不大的领域，但它涉及到整个社会的方方面面。通过它，可以反映该社会和民族的经济、政治、宗教、教育和其他一些方面的风貌。"[②]

可见，在吴泽霖的民族学思想中，婚姻家庭问题只是探寻少数民族社会本质的手段之一，而非最终目的。他更多的是想通过婚姻家庭问题讨论其他的社会和文化现象，实际上是以一种整体论的视角来观察社会，把社会视为一个有机联系的整体。当然，这样的思路不仅体现在婚姻家庭问题研究中，在其社会学、民族学研究中都自始至终贯穿着。

---

① 吴泽霖:《社会约制》，第76页。
② 《吴泽霖民族研究文集》，第54页。

不同族群婚俗自是不同,但同一族群中婚俗也各有差异。吴泽霖对这一问题十分关注。在普遍意义上,婚姻具有生物、经济和社会三重要素,这三种属性不论在任何族群中都不会有改变。但婚俗的不同之处在于订婚、结婚的程序及其他方面。吴泽霖分别对黑苗、花苗、青苗、仲家四个族群的订婚过程进行了详尽的描述。上述属于不同族群的订婚习俗,在同一族群中也十分不同。吴泽霖对这种现象也有关注,他分别调查了八寨黑苗、短裙黑苗、贵阳仲家、安顺仲家、贵州西部花苗、安顺青苗、水家的订婚仪式,做了一一介绍。

婚姻的第二步是结婚。与订婚习俗的介绍一样,吴泽霖着重描述了结婚习俗的多样性,主要的族群有炉山长裙苗、八寨及炉山的短裙苗、贵阳附近仲家、安顺仲家、荔波一带水家、安顺花苗,描述的风格依然延续了他的民族志特点,深入详尽,事无巨细,条理清晰,且还简单比较了几个族群的结婚仪式。在婚姻的其他方面,主要叙述了八寨苗、炉山长裙苗和短裙苗、仲家等族群的离婚及再醮情况。

在吴泽霖的笔下,多样性的婚姻特点仅是其研究的开始,更为重要的是在这种多样性背后隐藏的更深层次的关系。婚姻多样性只是表象,顺着这个表象讨论多样性形成的动力机制才是吴泽霖研究的最终目的。他认为婚姻制度和习俗在贵州民族间有很大差异,首先要从文化接触的角度来解读。婚姻制度是一种文化的产物,与其他文化特征一样,只要与其他民族或另一部分的人发生了接触,多少都会相互影响。文化接触会导致婚姻制度的变迁,"所以婚姻的研究可以间接使我们明了各族间的接触关系和文化传播的影响"。①

按照这个思路,吴泽霖推断地理环境的隔绝及与周边族群的接触是造成婚姻多样性的原因,同时他还从分析中得出结论,认为少数民族迁入贵州不止一次,在时间上约为周秦以后,而且最早的移殖者和最后的

① 《吴泽霖民族研究文集》,第 31 页。

迁入者，至少有几百年甚至千余年的隔距。通过婚姻形式上表现出的相同性和差异性，吴泽霖得出了贵州民族形成的基本脉络。今天看来，上述论点早已成为贵州民族史研究的基本共识之一。比较可惜的是，吴泽霖对此未做更多深入的考证与分析。

第二，神话研究。吴泽霖对歌谣、神话、传说等的重视，早在来黔之前就已有体现。在上海时，他曾嘱咐大夏大学社会学系的学生利用寒暑假时间收集各地的神话传说，又明确提出："我们可以看到这一类民俗情歌、风俗等的研究，也正足以明了中国社会的结构。凡研究文化传播或社会流动的人，对于这一类的材料，都是欢迎的。"[①] 入黔后，丰富多彩的少数民族神话传说更成为他着力搜集和分析的对象。

与婚姻研究的路径一致，吴泽霖并不太关注神话内容所传达的意义，而是试图通过对神话的分析得出族群发展历史的基本要点。在《苗族中祖先来源的传说》一文中，他首先搜集了花苗、八寨苗、短裙苗三个族群的神话传说，认为这三个族群的神话传说在内容上虽有差异，但在结构上是一致的，正是由于这种结构上的一致性可以得出一些结论。

一方面，苗族祖先并不住在洪水流域，但神话中带有洪水传说，应系从汉地传入的。且传说中有铁刀、铁块等金属用具，而铁器的使用之早在春秋时代才开始。因此，他推断神话传说应该至少春秋以后才开始产生，汉族和贵州少数民族的接触也至少在春秋以后。他还用兄妹禁婚的习俗来反证上述推论。另一方面，当时学者对人工取火法最早是撞击法还是摩擦法有很大争议。吴泽霖根据苗族神话传说，证明撞击法早于摩擦法，并批判了古典进化论的主张，指出："造火方法的次序至少带有地方性，而不一定循古典派所主张的一定的程序和阶段。"[②]

---

① 吴泽霖:《书报介绍·江口情歌集》,《华年》第 4 卷第 23 期, 1935 年。
② 吴泽霖:《苗族中祖先来源的传说》,吴泽霖、陈国钧等:《贵州苗夷社会研究》,第105 页。

在《贵阳苗族的跳花场》一文中，吴泽霖介绍了苗族桐木岭跳花
场的传说，通过分析得出三点结论。其一，苗族早期生活的环境应是森
林茂密、虎狼为患的地方，所以故事中才有众多老虎吃人的情节，而且
苗族信仰中也把最恶毒的恶鬼视为老虎；其二，故事中，杨令公为防止
偷窃，日日对财产进行点数，而偷窃是私产的附带现象，说明苗族移入
贵州时，私产制根深蒂固；其三，故事中有关于"玩郎房"的部分，
这种建筑在东路苗族中已不存在，贵阳附近苗族中也没有关于此建筑的
传说，唯在西路的大花苗中还较流行。基于此，他推断，贵阳的花苗是
从西路迁移过来的，西路的大花苗是由东南方面传播出去的，东南路的
苗族在历史上应与汉族接触较多，原来的风俗因文化接触而逐渐消失。
此外，当时有学者提出，自由恋爱是苗族固有的婚姻制度，父母包办应
系从汉族中传入，但他根据对神话的分析，并不赞同上述看法，认为
"部分苗族地区盛行的父母包办婚，不一定是从汉文化区传入的"。①

从上述两类分析可知，吴泽霖的神话研究采用的是人类学的立场
和方法，与文学研究方法迥异。他的研究及结论，无疑具有重要意
义。尤其是摩擦生火的结论，具有开拓性的意义。② 在研究思路上，
吴泽霖并非按照神话的逻辑结构进行推论，并不强调神话所负载的历
史价值，也不讲求神话的文学价值，而是把神话看作一种能反映实际
生活的文化特征，注重神话传说的社会文化属性。通过比较得出族群
接触和文化交流的若干历史事实，同时也把社会文化背景作为解读神
话传说的资料。

第三，食俗与节俗。食物的材质多来自当地，制作方法也多会沿袭
旧惯，与食物有关的生活形态自然不会有剧烈变化。"民族学家和社会

---

① 吴泽霖：《贵阳苗族的跳花场》，吴泽霖、陈国钧等：《贵州苗夷社会研究》，第
173 页。
② 刘锡诚：《二十世纪中国民间文学学术史》（上），中国文联出版社，2014，第
453 页。

学家常能从食的一端,窥测到整个民族的生活状态。"① 从食物出发也可研究族群的历史,吴泽霖按照这个思路,注意到贵州仲家在米食中往往掺进杂粮,即使富人也不例外。他据此得出了几个结论,其中有一条为:仲家祖先或系从食麦文化区辗转迁入食米文化区。迁入后需适应新环境,但仍然保留着原习惯。他还注意到,仲家的食物结构包含鸡、鸭、牛肉等,但"蟹和螺蛳根本不吃",这反映出他们的祖先绝不是海边或河边的居民。

在《海梗苗中的斗牛》一文中,吴泽霖对海梗苗女子背部一条用线织的花布十分感兴趣,其与海梗十分相似,他推测海梗苗的名称由此而来。但海梗苗居住的贵州地区并不是海梗产地,何以海梗名称如此流行?他根据简单的文献梳理,发现与贵州毗邻的云南地区有关于海梗的记载,但是作为一种货币或占卜用品使用。据此,他再次推断贵州的海梗苗应该是从西部迁移而来。

综合而言,吴泽霖在描述民族志的基础上进行的比较研究,主要包含族际的比较和族群内部的比较。他所讨论的主题包括婚姻、神话、饮食、节俗等,虽内容有差异,但主线却是一致,即通过各种族群文化异同的比较来推断文化间的采借,从而分析历史上族群的迁徙及与汉族之间的接触历史。

吴泽霖的上述研究思路与美国博厄斯学派的研究路径十分相似,都试图通过文化特质间的关系来构拟文化与族群的历史,也就是一种文化历史的研究取向。而在当时的民族学研究领域,中研院的学者也体现出这个特征。凌纯声、芮逸夫等人结合田野调查和文献考梳,试图以"礼失求诸野"的方式求得少数民族和汉族之间的关系,进而证明中华民族历史发展过程中的一体性,实际上这也是一种文化历史的研究取

---

① 吴泽霖:《贵州仲家的生活一角——食俗》,吴泽霖、陈国钧等:《贵州苗夷社会研究》,第123页。

向。① 虽然在最终旨趣和研究方法上都有相似性，但在具体操作中，二者还有诸多分异之处。吴泽霖并不擅长历史文献的考梳，在研究中也极少出现结合文献资料与田野调查进行文化历史的推断，他更多是从田野中实际观察到的文化特质差异性出发，来分析文化特质之间的采借，进而推导族群接触历史；而中研院的学者对文献与田野都十分看重，具有很强的历史感，带有欧洲民族学和美国博厄斯学派的双重特征。

探究吴泽霖研究中体现出的文化历史取向的原因：一方面是受到了美国博厄斯学派的影响，这点在研究中有十分明显的体现；另一方面或许与凌纯声的《松花江下游的赫哲族》有关。李亦园在评价该书时说："它具有典型民族志书写的内容与章节，一直成为中国民族学学者从事田野调查与撰写报告时之圭臬；实际上一九三五至四五年代，中国民族学者从事于西南、西北边疆民族之调查，无不以此书为范本。"② 贵州时期的此种文化历史取向的研究风格并非吴泽霖一直秉持，在云南的田野工作中则又体现出另一种强调社会问题与社会改造的社会学取向。

三 "么些人"的生活：社会问题取向

1941 年，吴泽霖赴西南联合大学社会学系任教，当时社会学系名师云集，但却无人从事少数民族研究。吴泽霖有感于此，计划对云南少数民族进行系统研究，"溯自西迁入滇，倏逾三载。而对滇黔民族问题研究尚乏其人，良可惋惜"。③ 1943 年 7 月，吴泽霖应国民政府社会部之请，与周汝诚到云南丽江纳西族地区开展田野调查，④ 归来后，撰写

---

① 详见王建民《中国民族学史》（上），第 153 页。
② 李亦园：《凌纯声先生对中国民族学之贡献》，《中央研究院历史语言研究所集刊》第 29 期，1970 年。
③ 吴泽霖：《黔滇苗族调查计划》，张思敬等主编《国立西南联合大学史料·教学科研卷》，第 557—558 页。
④ 《滇康交界调查吴泽霖教授将前往》，《大公报》（重庆）1943 年 7 月 16 日，第 2 版。

了五万余字的调查报告《麽些族的生活》。①

报告共分八章。第一章为绪论，分两小节，民族发展及分布与地理环境，梳理了史籍中关于么些人的记载及周边的地理概况；第二章主要介绍么些人的衣食住情况，对食物的食材、做法、禁忌，男女衣饰构造、制作、功用，房屋的形式、内部结构及家具陈列、日常用具等都有详细交代；第三章为社会组织，家庭及家族组织小节中对妇女在家庭中的地位特意做了介绍，政治组织一节主要集中于对村寨的形式、村规、事物等内容的描述，经济组织一节对货物、交换规则、土地制度等的调查较为详细；第四章为宗教，主要内容涵盖多巴教、喇嘛教、宗教传说、放蛊、征兆迷信等；第五章是婚姻及生育，对从订婚开始到结婚及生育的各个过程的礼仪都有诸多完整叙述；第六章为丧葬，分为断气时情形、开丧葬礼、断孝三小节；第七章为节令与娱乐；最后一章为结论。

在《麽些族的生活》一书中，吴泽霖"比较民族学"的关注重心并不在于么些人内部差异性的比较，而是更多把么些人与汉族进行比较研究，他切入的角度有体质、语言和文化三个方面。体质层面，么些人与汉族早期历史中或许会有差异，但经过长期交融，"麽些人与汉族在体质上已混合到分不开的程度，若硬要把他们看做两种人种，那只能说是成见"。② 语言层面，对于当时部分学者主张将语言视为判断族群的唯一标准，他提出强烈批评，认为虽然么些语与汉语属于不同语系，但不能看作区分他们的标志。以语言分类来推论族群来源及关系，只能提供一种线索，不能当作民族源流的证据。文化层面，么些文化属于山地型，汉族文化属于平原型，虽然文化类型不同，但相似之处颇多。从么些人一方看，诸如婚姻制度、家庭制度、宗教信仰都是文化采借的结

---

① "麽些"又称"么些"。吴泽霖原稿中采用"麽些"的称呼。
② 吴泽霖：《麽些族的生活》，第199页。

果，从结果上推论么些人并不是封闭的，在历史上是"相当流动的"，同时指出："麽些人文化中的一部分，也正在这种演变的过程中。"① 上述论述可以反映出作者试图通过文化接触推断族群历史的想法，但检索全书内容，此种试图仅此一处有所表达，反而更多体现的是：以发现么些社会中的问题，并试图进行改造么些社会为中心的现实主义取向。

一方面，从《麽些族的生活》本身所体现出的特点来看，吴泽霖在"结论"中专门讨论么些社会的问题及改进措施。作为一个以实现国家现代化为愿的知识分子，与现代化背道而驰的社会事实都会被他归类为社会问题，那么么些人的社会问题主要在于教育程度低、宗教迷信笼罩、物质生产不丰裕、人口过剩等等。同时，作为一个人类学家，对文化力量的深信不疑又促使他把么些社会问题产生的主要原因归咎于文化接触的不畅。

社会问题的症结找到后，问题的解决方案便呼之欲出。吴泽霖认为文化的接触需要政府层面进行统筹安排，方能妥善推进。在总体政策层面，政府不应厚此薄彼，硬要把边民区别成一类，而应该凡是汉民享有的权利，边民亦能享有，不应有内地和边区之分，设教施政当应尊重当地习惯，绝不能与汉地一样整齐划一。在政策推行时，吴泽霖并不赞同当时流行的改造边区社会应以边民学习汉语为第一步的看法。他反而认为，用边民的语言做媒介推行政策，一则可以深入，二则可以获得边民信任。在具体改造中，推行边民福利首先要改进他们的生活条件，这需要政府通盘筹划，亟待解决的是人口过剩、农耕用地缺少、卫生医药事业落后等问题。如何看待边民文化也是边区改造的核心问题之一，吴泽霖强调民族的风俗习惯是他们的历史文化背景，不能简单抽离出去，不能急功近利，使用强迫手段让其改弦更张。当然，一些所谓的"陋俗"，如铺张浪费办丧礼等，应该得到整顿。在他看来，边区改造既繁

---

① 吴泽霖：《麽些族的生活》，第 201 页。

且杂，人事的得体关系重大。他倡议边区改造应由边民自己承担，但在改造初期需要政府选派有牺牲精神及服务经验人士前往主持一切，并辅之以各种资源支持。①

另一方面，比较当时其他学者对纳西族的研究来看，吴泽霖强调社会问题及改造的取向则体现得更为明显，成为其纳西族研究的特点之一。20 世纪 40 年代，云南纳西族研究中外学人齐聚，显示出"百花竞放"之态，但研究旨趣又各不相同。国内方面，有董作宾《读方编么些文字典甲种》（1940），方国瑜《纳西族象形文字谱》（1933）、《么些民族考》（1944），陶云逵《关于么些之名称分布与迁移》，傅懋勣《维西么些语研究（一）语音》（1940），李霖灿《么些象形文字词典》（1944），等等。② 有两个研究倾向，一是语言学偏向，更多对纳西象形文字进行音韵学或现代语言学分析；二是通过语言或者文化事实来推测纳西族的族群历史，陶云逵、方国瑜等都做过相关分析。国外纳西族研究早在 19 世纪末即已开始，最初也主要以东巴经和纳西古文字为重点，有德斯古丁斯、拉克伯里、伯宁等人。进入 20 世纪出现了几部里程碑式的著作，如巴克《么些研究》、洛克《中国西南古纳西王国》、顾彼得《被遗忘的王国》等等。其中巴克一直集中于纳西语语法方面的研究；洛克从东巴教的文献整理入手，继而钻研纳西文字。③

大体上看，在当时中西学界，纳西研究最火热的领域应是东巴语言，即使如陶云逵等人从人类学角度切入，更多关注的也是语言与族源的关系。洛克与顾彼得虽对纳西族社会有民族志式的呈现，甚至在描述方面更为细致全面，但他们作为西来的"他者"，眼中所见的纳西社会与吴泽霖全然不同。顾彼得想要寻找和守护香格里拉的世外桃源，似乎

---

① 吴泽霖：《麼些族的生活》，第 199—201 页。
② 郭大烈：《国内纳西族研究述评》，《云南社会科学》1983 年第 5 期。
③ 李晓亮：《西方纳西学史研究》，博士学位论文，西南大学，2014。

隐约映射出些许"东方学"的色彩，而洛克一心想要写好人文地理报道。[①]

再看吴泽霖的研究，他不仅不关注语言与历史的联系，而且对以语言为标准进行族群区分的方法持怀疑态度，此种全景性、整体性民族志式的描述在当时看来可说是另类。令他乐此不疲的是：对纳西族地方性知识的呈现、纳西族社会问题的发现及具体改造措施的提出等，带有实用主义取向的主题。对此，张海洋的评论恰如其分："吴先生的这部手稿写成时间最早，最具现实关怀暨边民经济社会发展意识。若非当时中国内忧外患战乱频仍，这部纳西族民族志发表或有夺人先声之效果。"[②]吴泽霖民族志式书写透露出的问题取向、忧患意识和现实关怀，与当时中国边疆的危机处境息息相关，与中国知识分子视国难为己任的情怀有关，这是作为"西来者"的顾彼得和洛克所不具备的，甚至难以理解的。也正因如此，他们在同一个时期书写纳西族社会的历史与人文，但各自所传递的声音、透露出的意义却迥然不同。从这一点来看，知识书写趋异的背后确有一种无形之力，无时无刻不在发挥作用。

从上述两个方面的分析可以看出，吴泽霖云南么些人的研究在整体风格上与前一时期贵州"苗夷"社会的研究有些不同，更多与他早期社会学研究中关于社会问题的探索有些类似，强调发现问题，提出改造建议，有着强烈的问题意识和现实主义关怀，可以说是一种社会问题取向的研究范式。该时期采用这一范式，一方面是由社会学转向民族问题研究学者的一种普遍特征；另一方面，吴泽霖此时任教于西南联大社会学系，与陈达、李景汉等以社会问题为中心的学者关系密切，个人经历的特征与此种研究特征也应有某种联系。

民族学学科史中有所谓"南派"和"北派"的区分。[③] 这一时期，

---

① 吴泽霖：《麽些族的生活》，张海洋序，第9页。
② 吴泽霖：《麽些族的生活》，张海洋序，第10页。
③ 唐美君：《人类学在中国，人类与文化》，《台大考古人类学会刊》第7期，1976年。

吴泽霖表现出的研究特征与吴文藻、费孝通等"北派"有些类似,都强调社会学和民族学的结合,注重微观的实证研究方法,处理当代社会的具体问题,在研究主题上多选择社会中的实际问题,这一相同之处可以看作社会学家转向民族问题研究的一个共性。但同时也应该看到,二者有不同之处。吴泽霖并不信奉"北派"常常援引的"功能主义",对用材料来验证理论的方式也不太感兴趣。他的研究更多地与陈达、李景汉等有些类似,是一种社会调查式的,只不过后者更多关注现代社会学上的社会问题,而吴泽霖关注的是前工业时代的少数族群。从某种意义上说,吴泽霖云南么些人的研究属于社会调查式,而"北派"学人更多是社会学调查或社区研究式。

四 探索边疆如何开发:两种取向的融合

1943 年 7 月的丽江之行,是吴泽霖 1949 年前的最后一次田野经历。之后,其民族研究开始由地方知识的呈现转向一般理论的思考。此种宏观视野的理论思考绝非吴泽霖的主观构建,而是在贵州"苗夷"社会和云南么些人田野经验基础上的升华,是在他黔滇田野经历之上深化提炼而成。田野与理论有着深刻的内在勾连,其田野实践中体现出来的风格,在边政研究中不仅得到了很好的表达,而且更多体现为两种取向的融合。只有结合吴泽霖前一时期的田野调查,才有可能清晰地认识其关于边政研究的若干论述。

首先,我们来看吴泽霖为何在这一时期要关注边疆问题,尤其是边疆开发问题。从国内情势看,20 世纪 40 年代,抗战形势进入新阶段,巩固大后方的需求、保持国际支援通道的畅通等,使得边疆问题比以往任何时候都受到社会各界的关注。从学术界的情形看,40 年代出现了独具中国特色的"边政学",尤其顾颉刚在 1939 年发表的《中华民族是一个》文章引起了历史学、社会学、民族学界的广泛关注。吴泽霖对此问题也有过思考,只不过当时基于抗战形势需保持国内团结的考

虑，未发表任何言论，但在抗战胜利，紧迫形势稍微缓和后，他表达了
自己的看法。从个人经历来看，该时期吴泽霖担任中国边政学会理事兼
任出版组主任、中国边疆委员会委员等职务，[①] 多次参加边疆教育委员
会举办的各种会议等，熟知国民政府的边疆政策，并具体参与了诸多边
疆改造计划的制订。由上述时代谱系、学术谱系与个人谱系可推知，吴
泽霖对边疆问题的关注有时代的需求，也有学术争论的推动，更有个人
经历与学术兴趣的导向。因此，对其边疆研究也要在上述三个谱系中进
行考察。

其次，我们再来看吴泽霖对边疆问题到底是如何论述的。民国学界
早已认识到"边疆"概念的相对性，对地理边疆、文化边疆和政治边
疆的区分也有述论。吴泽霖对此种分类不仅高度认可，而且其阐述更进
一步，金句频出。他认为："就地理而言，所谓边疆是一条'线'，政
治上说是'区'，而文化上则说是'带'。"[②] 地理接壤往往有着明确的
界线，即所谓"线"的边疆，中枢政治势力达不到的区域就是所谓政
治上的"特区"。两类型文化的接触地带绝非泾渭分明，而是呈犬牙式
交叉分布，是一种复杂的地带，因此文化的边疆是一种"带"。三个类
型的边疆并不是完全重合，有时甚至完全相反。吴泽霖在其后论述中，
对地理边疆绝少涉及，主要集中于政治与文化的边疆。政治与文化的边
疆并不是天然形成的，而是人类结群过程中的产物。由之而来的是边疆
的政策问题，通过对世界各国的对比，他总结出边疆政策有三类，即德
法型、美加型和德捷型。结合中国所面临的边疆危机，上述三种类型皆
不适合，因此要谋求问题的解决，政府不能"把将来可能引起大患的
边务问题列为次急、次要的政治措置"，[③] 同时要积极筹措边疆的建设
与巩固。

---

① 《顾颉刚日记》，中华书局，2014，第97页。
② 吴泽霖：《战后边疆问题》，《清真铎报》第19期，1945年。
③ 吴泽霖：《积极的边疆政策》，《益世报》1947年11月30日，第2版。

　　"边疆"概念的争议并不是吴泽霖关注的重点,带有强烈应用色彩的边疆改造方案才是他论述的核心命题。他认为,边疆社会建设有两种方式。一是自然的社会建设,需要长时期的配置,顺着环境逐渐奠定种种社会基础,主要在自然环境好、文化接触多的社会中实行;二是计划的社会建设,即是对自然环境进行改造、利用、开发式的建设,可不受传统的束缚,主要在一些自然条件恶劣的地区进行。它"能在极短期内把若干荒原的处女地蔚然成为人们乐居的社区,这种计划的社会建设,就是今日中国边疆上亟待实现者"。①

　　而要建设中国的边疆,首先要了解其特点。吴泽霖总结为地域广阔、人口稀少、语言复杂、宗教多元、生活不同五点,虽然边缘与中心的文化、地理差距很大,但依然是中国的一部分。这里他提出了一个新颖看法,他说:"文化好比钢条,其力量之大小,应当以其中最薄弱的一环力量之大小而定。"② 按照这样的道理,边疆地区的兴衰关系着整个中国的强弱。

　　如何改造边疆? 他认为要遵循四条原则。第一,各区域差异很大,边疆建设要分期逐步建设,毗邻内地的为第一期,有了相当基础后,再波浪式地向外推展;第二,边疆人口稀少,资源丰富,边区建设应从有计划的移民入手,但移民绝非追求数量上的增加,涉及水土、适应等社会问题;第三,社会秩序的安定,需要边区当地领袖的协助,同时政府还应使阶级形态尽早消除,实行各民族平等;第四,政府推行边疆建设要注意同化问题,同化分为绝对同化和相对同化,绝对同化要求一切衣食住行、生活方式等都要与中心民族一致,相对同化旨在培养各族间的意识,产生一种同类意识。边区建设需要相对同化,"是民族间意识上

---

① 吴泽霖:《边疆的社会建设》,《边政公论》第 2 卷第 1—2 期,1943 年。
② 吴泽霖:《战后边疆问题》,《清真铎报》第 19 期,1945 年。

的团结，而不是形式上划一的汉化"，① 是统一（Unity）而不是化一（Unifority）。

在边疆建设的具体措施中，他提出要发展经济、便利交通、改进卫生条件、推行福利事业等等，皆属老生常谈。但值得注意的是，吴泽霖倡导在边疆建设中要重视少数民族传统文化，若急于移风易俗，会导致社会失调；教育设计要因地制宜，注重地方性；在边政人员选择训练上，要与边民共同生活，学习当地语言；等等。这些看法在现在看来依然掷地有声。

再次，我们回到本部分开头所提出的问题：吴泽霖如何由田野经验上升到边疆开发论。笔者认为主要体现在三个方面。第一，在吴泽霖早期社会学思想中，限制人口增长有两种方式，一为生育节制，二为向外移民。节制优生是吴泽霖长期以来所秉持并积极倡导的观点，但对有人提出的通过移民来减少人口的看法，吴泽霖反应则较为冷淡，还列举了诸多移民所要付出的代价。然而，在对西南边疆地区进行系统观察与研究后，他的态度开始有所转变，不仅不反对向边区移民，而且变成了积极的鼓吹者。他说："在中国内地人口密度原嫌太高，移殖政策一方面可以减轻内地人口压力的适度高涨，一方面可以于短时期内供给边区以必要的人力，实属两得其美。"② 此种认识上的根本转变，与他在边疆民族地区丰富的田野经历有着密切关系。在田野实践中，他发现边疆地区地广人稀，移民不仅可以缓解内地人满为患的问题，而且可以开发边疆，巩固后方。正是此种经历，使他切实感受到边疆开发的紧迫性，促使他对西南民族的认识由原先的"想象"向后来的"事实"转变，实现了认识上的蜕变与升华，也改变了之前所秉持的部分观点，对移民的态度便是代表案例之一。

---

① 吴泽霖：《从么些人的研究谈到推进边政的几条原则》，《边政公论》第 5 卷第 2 期，1946 年。
② 吴泽霖：《边疆的社会建设》，《边政公论》第 2 卷第 1—2 期，1943 年。

　　第二，吴泽霖的"比较民族学"研究极为看重文化接触的作用，这与他在美国受博厄斯学派的影响有关，但黔滇的田野经历更进一步夯实了他的认识基础，使其更具经验与实证意义，也更加丰富了他对该理论的认识。同样，经过田野淬炼的文化接触观，也直接体现在他的边疆开发论中。他说:"边疆与内地之所以发生隔膜与误会，主要的是由于交通阻隔，彼此难于接触，使物资和精神文化无法畅通，习而久之，形成天各一方、各自为政的局面。"① 因此，积极边疆政策的推行，各方面的沟通极为重要。

　　第三，黔滇民族的文化多样性是其民族志所着力表达的主题之一，同时亲身参与少数民族的日常生活，使吴泽霖更清醒地认识到:每种文化都有自身的逻辑，每种文化对其载体——民族都有独特意义，文化是一个完整的有机体系，单方面的改造将会得不偿失。按照这样的思路，他在边疆问题的论述中说:"贵州苗民的服饰，在他们社会中，有其特殊的意义。"继而又上升到普遍意义上说:"许多文化的特质，无论在任何社会中都有他本身之价值，如果不自然的硬要把它改变，反而引出另外的毛病。"② 此种站在少数或边缘群体角度提出改造建议的取向，可以说是人类学家开展应用研究的共性，是一种学科使命和学者担当的表现。而这种观念的形塑，除去思想上的源头，更重要的是长期田野实践赋予的特殊感受和经验。

　　最后，我们再来分析吴泽霖的边疆研究有什么特点，或者说其研究中如何体现人类学和社会学两种研究取向的融合。20世纪40年代兴起的边政学实际上是多学科交叉的应用性学科。吴文藻认为边政学的基础，首推人类学、社会学和政治学，而人类学和社会学为考察边疆民族及文化的关键。③ 在吴泽霖的边疆或边政研究中，政治学体现得不太明

① 吴泽霖:《积极的边疆政策》,《益世报》1947年11月30日,第2版。
② 吴泽霖:《战后边疆问题》,《清真铎报》第19期,1945年。
③ 吴文藻:《边政学发凡》,氏著《论社会学中国化》,第557页。

显，人类学强调文化多元、文化相对及本地人的视角，社会学则以社会问题为中心，注重社会改造的两种取向都被包含在这一主题中，把其贵州"苗夷"社会和云南么些人的研究经验有效地容纳进了边疆开发论中。

社会学取向体现在边疆研究的总体风格和具体事例中。该时期吴泽霖发表了 7 篇关于边政学的文章，虽然讨论的内容有别，但均涉及边疆问题的发现及解决措施。如《战后边疆问题》一文分为四个部分，即边疆的意义、中国边疆的特点、中国边疆有什么问题、问题的解决。开展边疆社会的改造是其重要目的，这一带有以现实问题的解决为导向的应用特征，与早期社会学及云南么些人研究中的研究风格十分相似，也可以看作社会学取向在边政研究的延续。从具体主题上看，在早期社会学研究中，他对人口过剩问题关注较多，系当时主张生育节制的学者之一。而这一主题也是当时社会学关注的核心命题之一，民族学研究中则较少有人谈及。吴泽霖转向民族研究后，对人口问题的关注度依然不减，只不过涉及对象由城市转向边疆社会。另外，吴泽霖在上海时开展过社会救济事业调查，这一时期他按照上海时的思路撰写了《云南少数民族之生活及福利事业研究》① 一文，也是由城市转向边疆社会的典型案例。

人类学取向在其边政研究中更多体现在边疆开发的具体措施中。前文探讨到吴泽霖的人类学取向更多体现为对文化接触作用的重视，以及文化相对观和本地人视角。这些总体观念在边疆开发论中都具象化为一条条政策。吴泽霖谈及边疆改造方案，把文化接触列为根本性的措施之一；在文化相对观的指引下，他对妄图以汉化或同化政策来改造边疆的看法提出了严厉批评，并指出需要的是认同上的

---

① 该文系吴泽霖应陈达及清华大学国情普查研究所之邀所作，带有明显的早期社会学研究风格。

统一，而非文化上的统一；吴泽霖的诸多边疆改造政策实际上是站在本地人的立场，他认为要用边民的语言进行政策推进，按照边民意愿进行改造，利用边民中的领袖人物开展具体工作，等等。

结合民国边区开发的实际，吴泽霖所提建议，无论是原则还是细目，不仅没有实现，甚至在实际工作中有诸多南辕北辙的做法。如他大力呼吁民族平等不仅表现在法律上，更要在政治、经济、文化等各领域切实实现；但在国民政府"中华民族宗族论"与当时"国难危机"的背景下，实现民族平等、尊重少数民族文化等只能是一种学术理想。然而，中华人民共和国成立之初，民族平等政策的推行与落实，从某种意义上说，实践了吴泽霖等一批人类学家的文化本位或少数民族本位的边区改造政策。从这点来看，20 世纪 50 年代知识分子热情高涨地投入民族调查、民族访问工作中，除了个人利益的追求等复杂考量之外，或许还掺杂着他们学术夙愿即将实现的兴奋与激动。

第二节　马克思主义民族学的研究（1949—1958）

抗战胜利后，西南联大宣告解散，吴泽霖于 1946 年 4 月离开昆明，之后兼任清华大学教务长，1948 年 9 月正式卸任。1951 年院系调整前，他一直在清华大学人类学系、社会学系任教。1948 年 12 月，蒋介石密电傅作义，要求他将在北平的 62 位重要人物南移，吴泽霖作为"因政治关系必须离开平者"[①] 位列名单中，但他并未接受安排南下"避难"。[②] 1949 年后，吴泽霖与其他知识分子一起参加了思想改造运动。"在北平和平解放后，我们以最大的努力，学习新民主主义，参

---

① 黄克武：《蒋介石与贺麟》，《中央研究院近代史研究所集刊》第 67 期，2010 年。
② 笔者据相关资料推论，有四个原因：其一，清华大学在北平城外，消息隔绝；其二，吴泽霖当时子女众多，骤然迁居十分不便；其三，潘光旦等一众好友并没有南下的想法；其四，吴泽霖与叶剑英有过几次接触，叶曾表示中国共产党对民族问题也极为重视。

加各种工作。"① 经过此次马克思主义的思想改造，吴泽霖的学术研究进入一个新阶段。

一 思想的时代性"改造"

讨论吴泽霖在中华人民共和国成立初期接受的思想改造，首先要回顾他对马克思主义的态度。吴泽霖一生绝少涉足政治活动，也极少发表带有意识形态色彩的言论，但从若干论述和人际交往中，可寻得一些蛛丝马迹。1946 年 9 月，储平安创办《观察》杂志，吴泽霖担任该杂志的特约撰稿人。它以"民主、自由、理性、进步"为宗旨，在知识分子界中影响极大，梁实秋、钱锺书、吴晗、马寅初、冯友兰、傅斯年、潘光旦等人都是该杂志的撰稿人，被称为"自由知识分子"的大集结。1948 年 3 月，中国社会经济研究会成立，吴泽霖在吴景超的邀请下加入该会，担任该会《新路》杂志的撰稿人。该会提出政治民主化、制度民主化、民主社会化等 32 条民主主张，② 并以《新路》杂志为阵地，"就某个专题进行辩论，发表集体宣言或抗议，由此形成了一个自由知识分子群体"。③

综合来看，吴泽霖参加的两个社会团体在政治倾向上均明显带有"自由主义"倾向。他们反对内战，争取人权，呼吁法治，倡导的是一种渐进式的社会改良主义。此种政治观在当时社会学界普遍流行，"中国社会学者的观点更接近于当时西方某些改良主义的社会学说，特别是影响较大的英国费边派社会主义"。④ 根据吴泽霖参加的上述两个"自由主义"社团，笔者推测其政治思想应当倾向于"自由主义"，对马克

---

① 《吴泽霖等 423 名教授 根绝幻想坚决斗争到底 各界严斥美帝白皮书 清华大学在校教职员发表对白皮书的看法 要以全力为人民服务 湔雪"赔款学校"的耻辱》，《人民日报》1949 年 8 月 26 日，第 1 版。
② 《中国社会经济研究会的初步主张》，《新路周刊》第 1 卷第 1 期，1948 年。
③ 许纪霖等：《近代中国知识分子的公共交往（1895—1949）》，第 462 页。
④ 阎明：《一门学科与一个时代——社会学在中国》，第 257 页。

思主义的学说保持一种中立态度。在这样的思想前提下,我们继续讨论
50 年代的思想改造运动。

50 年代前后知识分子的思想改造,并非一蹴而就,而是一个逐步
推进的过程。1949 年 9 月,北平各大学正常开学,在课程设置和组织
制度上有了些新变化,课程设置方面新增添了马克思主义的课程,成为
必修课。清华大学社会学系教师,包括吴泽霖、陈达、潘光旦、费孝通
等,除了正常参与"唯物辩证法"等课程的学习外,还举行讨论会,
加深理解。当时在清华大学社会学系任教的胡庆钧说:"在解放后不
久,全系师生就定期连续的举行了学习讨论会。在这个讨论会里,他们
首先选择了《毛泽东选集》中几篇重要的著作,交流着互相学习的经
验。"① 社会学系的教师在学习毛泽东的农村调查方法时,还经常与他
们之前所做调查进行对比。经过一段时间系统的学习和多次研讨,清
华、燕京和辅仁的社会学系教授代表举行了一次会议,"初步得出了一
个结论:我们共同认为今后社会科学的基础就是马列主义,所以不论政
治学、经济学、历史学及哲学均应有一个共同基础,它们都不过是在这
共同基础上发展出来的重点"。②

通过上课、研讨等方式学习马克思主义只是知识分子思想改造运动
的开始,继之而来的是知识分子参加土改,使他们在实践中加强对马克
思主义的认识,从而进一步巩固马克思主义思想的指导地位。1950 年 2
月 27 日,清华大学文法学院 292 名师生参加京郊的土改工作。同时,
此次土改也作为社会学系的寒假实习,吴泽霖及冯友兰、雷海宗等教授
都参加了该活动。③ 这次经历对吴泽霖的思想转向起到了很大的推动作

---

① 胡庆钧:《清华社会学系的改造》,《光明日报》1949 年 9 月 21 日,第 3 版。
② 费孝通:《社会学系怎样改造》,氏著《大学的改造》,商务印书馆,2017,第65页。
③ 《提高政治认识改造思想　全国各地学校师生　纷纷开展寒假学习》,《人民日报》
  1950 年 3 月 4 日,第 3 版。

用，"经过实际斗争锻炼，阶级立场趋于明确"。① 在土改工作中，吴泽霖与农民有了更加亲密的接触，对农民的看法有了根本性转变，并且已经开始运用阶级分析法、唯物辩证法等分析所看到的现象。他说："在城市中长大的我，对乡下农民是瞧不起的，从小就喜欢跟大家给农民加上'田鼠'的绰号。在我心中，他们是愚蠢的、被动的、奴性的。这次参加京郊的土改，一个半月的工夫与农民在一起，我发现以前对他们估计的完全错误。"思想转向不仅体现在个人体验中，他对社会的看法也带有马克思主义的特征。在探究中国农民的基本特性时，他把原因归结为几千年来的阶级压迫，"他们所以表现的那样呆笨落后，实由于几千年来受尽统治阶级的层层剥削压迫，使他们永无翻身出头的机会"。②

土改之后是更为全面的知识分子思想改造运动，时间从1951年9月开始到1952年9月结束。运动重点是"革除知识分子资产阶级思想""打击知识分子的不满"，再次巩固马克思主义和毛泽东思想，明确工人阶级的立场、观点和方法等。当时北京各高等院校教师纷纷"下水洗澡"，开展自我批评。在思想改造的前期，吴泽霖大部分时间在贵州参加中央访问团，1951年4月返回北京时，运动达到了高潮。从现有材料看，吴泽霖并没有发表任何"自我解剖"类的文章，但这并不代表思想改造运动对他没有影响。

从这一时期他撰写的相关学术论文看，对帝国主义的批判成了他笔下的重要议题，并且马克思主义分析方法已经开始自觉运用到他的民族学、社会学研究之中。他对马学良在《撒尼彝语序》中对法国神父邓明德的赞扬提出了批评，认为"对于法国神父邓明德的'功德'倍加

---

① 金凤：《首都八百教授学生参加郊区土地改革　热诚帮助农民翻身并改造自己》，《人民日报》1950年2月13日，第3版。
② 吴泽霖：《我对农民本质的认识——参加土改的观感》，《光明日报》1950年4月1日，第2版。

赞颂是不适当的。天主教堂大量收购土地，教堂成为该区最大的地主，许许多多的撒尼人和阿西人沦为教堂的农奴，永远不得翻身（解放后当然翻身了）"。① 他还认为应该"用邓的活动，做一个例子，来说明我们为什么必须反对帝国主义国家派人来中国传教"。② 在另外一篇文章中，他说："中苏的民族政策是各民族的相互信任、平等团结、和平共处及和睦相处。相反的，美国对少数民族是采取屠杀、奴役、压榨和隔离分化。"他还用阶级分析方法对美国民族现状做了定性，"美国国内的阶级矛盾已经到了极度尖锐的阶段。少数民族，尤其是黑人，已经认识到了他们的真正的敌人。解放阶级也就是解放民族"。③ 对于美国的种族问题，吴泽霖有绝对的发言权。此时的一些基本论点和表述，与早期他的美国种族问题研究相比，有着"改弦更张"式的转变，这种转变侧面反映出时代境遇对学者思想的形塑力何其之大。

综合而言，中华人民共和国成立前，吴泽霖对马克思主义学说的态度与当时学院派的社会学家一致，属于社会改良派，介乎于支持和反对的"中间"状态。从 1949 年开始到 1951 年，经过思想改造运动，吴泽霖的认识观发生了极大转变，马克思主义思想成为他武装头脑的重要武器之一。这一改变过程首先从学习马克思主义的基本方法开始，继而在土改实践中进行强化和巩固，再经过思想改造运动的推动，最终马克思主义学说成为吴泽霖及其他民族学、社会学家分析社会问题和民族问题的核心理论之一。1953 年，经过思想改造，吴泽霖从北京中央民族学院调到成都西南民族学院担任教授，参加了西南民族工作视察组，又投

---

① 吴泽霖：《撒尼彝语序文意见》，《科学通报》1951 年第 19 期。

② 纵观吴泽霖一生的学术与人生，他与基督教的关系十分密切。虽然他不是纯正的基督教徒，但通过基督教青年会的关系获得了众多学术资源，为他三四十年代的研究提供了众多资金、人力上的支持。这一时期他对基督教态度的突变，确实值得深思。

③ 吴泽霖：《在法西斯匪徒奴役下的美国少数民族》，《光明日报》1951 年 1 月 23 日，第 5 版。

入轰轰烈烈的"少数民族社会历史调查"中,撰写了大量调查报告。以下从具体内容出发展开分析。

二 婚俗中的"封建性"

1956 年 6 月,全国少数民族社会历史调查开始,吴泽霖担任调查人员培训的主讲教授,讲授民族文物的搜集等内容。之后,吴泽霖担任湖南、贵州少数民族社会历史调查组组长。调查组共 23 人,其中北京各高校教师 6 位,贵州省抽调 17 名人员,副组长由贵州兴义专区副专员仇复荣担任。9 月,调查组在贵阳集中学习,并把贵州台江巫脚交确定为试点调查地,采取一边调查一边整理的形式。1957 年 1 月,已收集、整理、撰写了 60 万字的材料。[①] 1958 年 7 月,西南民族学院召开批判大会,吴泽霖被错划为"右派"。同年 8 月,吴泽霖返回北京,顶着"右派"帽子参加民族文化宫的筹建工作。1956—1958 年在贵州的调查,是他人生中最后的田野经历。从遗留下的材料看,他的研究主题依然延续 1949 年前的风格,以婚姻、礼俗等为主,其中尤以婚姻的论述为多。总体而言,这时期吴泽霖的西南民族婚姻研究,主要通过若干婚俗特征推导少数民族的社会形态,论证它们属于封建社会。在材料的来源上,有些是吴泽霖参与调查搜集的第一手资料,有些则是间接材料,由本地人口述而来,属于第二手资料。

吴泽霖并未到大小凉山开展田野调查,但他依据相关成果及当地彝族的口述材料,认为大小凉山已不是一个单一的奴隶占有制社会,而是一个既有奴隶主与奴隶,又有封建主与农奴的两种生产关系综合并存的社会。从发展的趋势来看,它是一个由奴隶社会向封建社会过渡的社会。[②] 这个观点主要体现在《大小凉山彝族的婚姻》一文中。该研究成

---

① 杨通儒、莫健:《贵州少数民族社会历史调查组工作始末》,政协贵州文史资料研究委员会编《文史资料选辑》第 22 辑,1986,第 134 页。

② 《吴泽霖民族研究文集》,第 214 页。

文于 1953 年，彼时国内关于凉山社会性质的争论日趋激烈，该文也应系为了回应此议题而作。与有关大小凉山婚姻的论述稍有不同，吴泽霖虽在纳西族地区开展过调查，也发表过若干文章，但都系 1949 年前所作。1953 年，他再次翻阅之前纳西族的调查材料，按照马克思主义理论进行了重新诠释。他明确提出："城区是大地主和商业资本集中的地方，封建主义已高度发展。在乡间，封建主义也已发展。"[①] 1956 年，他再次进入贵州民族地区开展调查，经过 3 个月观察，他提出："根据我们现有的知识，黔东南苗族在解放前已经进入封建主义的阶段。"只不过是封建主义的发展程度在各个地区有所差别而已。[②] 上述三个族群各自聚居地域不同，文化形态各异，但在吴泽霖笔下，通过简单的经济结构分析，它们具有共通性，即社会性质都是封建主义，或者正处在向封建主义的过渡阶段。在这个基本论调之下，吴泽霖对西南少数民族的婚姻形态，采用马克思主义的视角进行了重新诠释。

"一切的社会制度，包括婚姻制度在内，反映一个人们共同体的发展阶段，也反映一个地区的社会结构的形态。他们基本上是随着社会的发展变化而变化的。"[③] 上述三个族群在社会发展形态上有一致性，因此上层建筑方面也有诸多相同之处，其中婚姻形式表现得最为明显。吴泽霖借用毛泽东的论述，指出政权、族权、神权和父权代表了全部封建宗法的思想和制度，这四种权力表现在男女关系和家庭关系方面的是包办婚姻、男尊女卑、漠视子女利益的封建主义婚姻制度。也就是说，只要少数民族的社会形态是封建主义，婚姻形式在上述诸方面也必然会有所表现。吴泽霖按照此思路，在少数民族的婚姻中找寻"封建性"的特征。

---

① 吴泽霖:《拿喜（纳西）族的婚姻》，赵心愚、秦和平编《西南少数民族历史资料集》，巴蜀书社，2012，第 259 页。
② 吴泽霖:《清水江流域苗族的婚姻（讨论稿）》，1957，第 3 页。
③ 吴泽霖:《清水江流域苗族的婚姻（讨论稿）》，第 3 页。

在纳西族婚姻的研究中，他总结了纳西族婚姻"封建性"的两个表现：一是父母包办制，包括同姓不婚、外族不婚、辈分的限制、八字吉凶的限制等；二是男尊女卑制，包括男子重婚、离婚的限制、续弦和再嫁、财产继承和其他方面。[①] 在彝族婚姻的论述中，他认为封建婚姻与男尊女卑、家长权威等特点密切相合，主要表现为青年当事人不能表达意愿、聘金繁重、占卜通婚等。在《清水江流域苗族的婚姻（讨论稿）》中，他用大量的篇幅从婚姻的限制、婚配的选择、婚姻的缔结、婚姻中断与不满处理等各个环节来找寻"封建性"的特征。这些"封建性"的特征不因地区或者民族的不同有所差异，而是同一经济基础之上同质的表现。但是，"封建"婚姻特点仅能解释西南民族婚俗的一部分，还有很多民族习惯无法纳入"封建"婚姻的序列中。对这一部分，"一切人类学者所不能了解的事物，都可以归入遗俗中，作为他们猜度幻想的出发点"。[②] "遗俗"概念成为理解民族社会的"万能钥匙"。

此一时期的吴泽霖作为一个马克思主义者，对"遗俗"的解释力自然深信不疑，在文本写作中，他把所有不能归入"封建"的婚俗都统称为上一阶段社会历史形态的"遗俗"，并通过"遗俗"来构拟民族发展的阶序历史。他按照摩尔根的论述，谈道："属于上层建筑的意识形态方面，其变化往往落后于经济基础，形成社会文化的历史残余。这些残迹在各民族、各时期的生活的各个方面或多或少都可以看到。所以对残余的研讨不是一种猎奇，而是探讨社会发展的一种方法。"[③]

在民族志论述中，所有少数民族婚姻中均有"遗俗"存在。清水江流域苗族的婚俗中，"遗俗"的表现多种多样。吴泽霖调查后认为，

---

① 吴泽霖：《拿喜（纳西）族的婚姻》，赵心愚、秦和平编《西南少数民族历史资料集》，第 264 页。

② 马凌诺斯基：《文化论》，费孝通译，华夏出版社，2002，第 13 页。

③ 《吴泽霖民族研究文集》，第 387 页。

同姓不婚是外婚制的遗留；苗族婚姻的服装限制是以部落为单位的族内婚制的遗留；姨表兄妹的婚姻禁忌是母系家庭制度下群婚制的残余；"摇马郎"是群婚制的残余；"坐家"习俗是母系社会夫随妻居的制度向父系社会妻随夫居制度过渡的遗留；缺乏身价的聘礼是上一阶段的历史遗留；"姑娘田"是母系氏族社会中母女利益一脉相承的象征；接亲人须先到女方家接受招待是群婚制的历史残余；新妇回门仪式是群婚制向偶婚制过渡阶段中妇女两头居住的遗留；寡妇再嫁比较自由是阶级社会初期的残余制度；转房是氏族社会中族外婚制的一种遗俗；离婚时交的"头钱"也是一种历史遗留。总之，"苗族婚姻习俗中充满了父系氏族初期的、母系氏族的、初期个体婚制的、对偶婚制的以及群婚制的历史残余"。① 在大小凉山彝族的婚姻中，在称谓上，婆婆、岳母和舅母、姑母都是相同的，岳父与舅父、姑父也是相同的，"这是母系社会的遗俗"；姨表兄弟姊妹间禁止婚配是"彝族以前曾经经过母系社会的遗迹之一"。"在大小凉山的彝族社会，今天还保留着许多由奴隶社会过渡到封建社会的特点，在反映这种经济形态的婚姻制度中也存在着不少较为古老的习俗。"②

　　吴泽霖关于"遗俗"的论述不仅体现在民族志中，而且他还通过对国内各民族婚俗的对比，系统阐释"遗俗"的广泛性特点。在《群婚残余试探》一文中，吴泽霖不再仅就单一民族进行分析，而是转变论述思路，按照"遗俗"的内容分别展开。在他的解读中，公房、阿注婚、坐家、辈分限制、姨表不婚、姑舅表优先婚、父兄弟婚等都属于"遗俗"。上述"遗俗"普遍存在于各民族、各时期中，"这些残迹在各民族、各时期生活的各个方面或多或少都可以看到"。③

　　吴泽霖在少数民族婚俗中找寻的上述"遗俗"，从社会性质上来

---

① 吴泽霖：《清水江流域苗族的婚姻（讨论稿）》，第 102 页。
② 《吴泽霖民族研究文集》，第 238 页。
③ 《吴泽霖民族研究文集》，第 386 页。

说，均属于原始社会时期的婚姻形式。比如，纳西族中的阿注婚，是母系社会过渡到父系社会后遗留下来的一种残存形式。再如，苗族中的"摇马郎"习俗，是原始社会中群婚制向对偶婚制过渡的遗留。但结合前文所述，吴泽霖判定苗族、纳西族等民族在解放前已经进入封建主义阶段。再按马克思主义社会发展论的逻辑推论，50年代苗族、纳西族婚姻中的"遗俗"应该是前一阶段上层建筑的表现，即奴隶社会婚姻习俗。但事实上，这些是进入阶级社会之前的原始社会的"遗俗"。按照这样的逻辑，吴泽霖推断出："苗族的发展曾跳过奴隶占有制阶段而今过渡到封建制的阶段。"①

当然，该时期吴泽霖研究的几个民族都绝非跳跃式的发展，其中彝族的历史发展阶序，在吴泽霖笔下则按照一般的发展规律，经过原始社会、奴隶社会和封建社会。而50年代大小凉山的社会性质，吴泽霖则把它定性为奴隶社会向封建社会过渡阶段，因此其婚姻"遗俗"也主要表现为奴隶社会的特点。吴泽霖曾这样表述："作为奴隶社会向封建社会初期过渡的社会的组成部分，彝族的婚姻必然是与这个发展阶段的阶级对立，男尊女卑，和家长权威等社会特点密切配合的。"②

综合而言，该时期吴泽霖的婚姻研究已与1949年之前有些不同。他首先从少数民族的阶级划分、经济形态出发，对其社会形态进行定性。之后，在定性基础上来分析婚姻形式中体现的各种"封建性"特征。在处理一些难以被"封建"话语解释的习俗时，"遗俗"的概念被广泛运用。最后，通过分析"遗俗"体现的社会形态来反向印证少数民族经历的社会历史发展阶序，带有些循环解释的倾向。很显然，在上述研究中马克思主义的色彩已然十分浓厚。在此种理论指导下，"所有

---

① 吴泽霖：《清水江流域苗族的婚姻（讨论稿）》，第104页。
② 《吴泽霖民族研究文集》，第215页。

文明的存在都是同质的，但存在等级差"，① 各种文化特质都可以被整齐划一地纳入自原始社会到社会主义社会的历史发展阶序中进行考察。以今天的学术标准来看，或许吴泽霖的上述研究略显刻板和生硬，但学者的书写应放置在当时的社会背景中去考察。

三 节俗中的"文化遗存"

除婚姻外，吴泽霖还调查了黔东南巫脚交地区苗族的节日，虽然内容不同，但基本思路一致，都是在上层建筑中找寻"文化遗迹"来推断民族的社会历史发展形态。吴泽霖开门见山地指出："我们今天进行民族节日的调查，不但借此可以深入了解一个民族的民族特点，而且可以帮助我们追寻一些历史线索，对探讨一个民族的发展过程也会有一定的参考价值。"②

在《贵州台江县苗族的节日》中，吴泽霖认为节日一般是按照季节更替的规律逐步形成的。因此，他按时间顺序对苗族节日的整个过程进行了细致描述。他对苗年的每个细节都展开了调查，包括名称、历史、准备工作、祭祖、增添饮食、斗牛、摇马郎、走亲戚、捕鸟等等。之后，介绍了客家年、敬桥、爬坡、吃姊妹饭、敬秧节、吃丑、敬新谷节、吃牯藏等习俗，其中对吃牯藏的描述事无巨细，包括来源、含义、过程（推选牯藏头、买养牯藏牛、接鼓、翻鼓、作鼓、斗牛、杀牛、杀牛后的节日活动）。在民族志风格上，与 1949 年前一样，详细深入，实事求是，但不同的是对节日习俗的解读。

除事实的描述外，吴泽霖民族志中也表现出与婚姻研究同样的范式，即通过上层建筑的节日来反向印证苗族的社会历史形态。他采取的手段，依然还是通过文化遗存来进行推断。文化遗存可以包含的内容很

---

① 魏志龙：《多重情境下的学术发展：少数民族社会历史调查的人类学再研究》，博士学位论文，中央民族大学，2011，第 83 页。

② 吴泽霖：《清水江流域苗族的婚姻（讨论稿）》，第 111 页。

多，诸多难以解释的习俗都可以被归为"遗俗"一类。

苗族斗牛完毕后，聚集起来同欢乐、共饮食，不分彼此的情况是古老共同消费的遗风旧俗；"摇马郎"是一夫一妻制以前的一种习俗的遗留；"爬坡"应当是比"摇马郎"更早的群婚阶段的残余；"吃姊妹饭"只能理解为是妇女原有的，是女子与男子平等的社会地位的象征性残余；"吃牯藏"时表演的"用火把祖宗赶出去鸟巢"的仪式是原始社会的残余；"斗牛宴"上任何人都可到牯藏头家里去吃喝，是原始社会共同消费和平均分配生活方式的残余；敬桥和拜祭大树、岩石明显反映了原始社会的灵物崇拜习俗；女儿出嫁时要表演的"背水喂鱼""葫芦洒酒""贴两性生殖器模型""放狗撵寨"是古老性生活比较自由时生活方式的残余。

以上论及的习俗都是苗族自原始社会遗留下的"遗俗"。但"此地所可值得注意的是：在一个已经进入封建社会的苗族中，在生活的很多的方面，包括节日活动在内，在我们初步的调查中就已经发现许多原始社会的残余，而并未发现突出地反映奴隶社会的痕迹"，在这样的基础上，吴泽霖大胆推断："是不是苗族未经过奴隶社会，而是由于外来的原因而直接过渡到封建社会。"①

吴泽霖还从节俗表现出的阶级地位来推断苗族社会历史形态的跳跃式发展。在调查中，他发现当时的黔东南苗族在任何祭祀活动中都没有"跪拜"的习俗，而跪拜是阶级社会的产物，在平等的原始社会中并不存在奴役性。而当时的苗族已被定性为封建社会，却依然保存着原始社会的习俗，也可直接说明苗族经历了跨越式的发展。"摇马郎"是一种平等的、集体或个别的婚恋形式。这种平等性是原始社会的表现，即使在一些父母包办制婚姻（封建制）盛行的地区，依然有"摇马郎"的习俗。进一步说，在封建制婚姻形态中保留着原始社会平等的婚俗，更

---

① 吴泽霖：《清水江流域苗族的婚姻（讨论稿）》，第169页。

能证明苗族没有经过奴隶社会而直接进入封建社会。

　　可以看出,吴泽霖的节日研究与婚俗研究,无论在基本思路上还是最终结论上都有着一致性,都是在摩尔根婚姻理论及马克思社会形态论指导之下的经验研究,最终目的都是判定苗族的历史发展阶序,为少数民族的社会改造提供认识论上的参考。而他采取的路径更多是从上层建筑出发来反向推论少数民族的社会形态。

　　这种路向与当时主流的社会形态研究尚有些差异,若放置在当时实际情形中进行考察,或有更好的理解。1956 年,毛泽东指示,必须抓紧开展少数民族社会历史调查,具体工作由全国人大常委会副委员长彭真负责。学术界积极响应,多数民族学家参与了调查工作,"关于各少数民族社会性质的研究是我国民族学当前的重要任务,也是今后一段时期中的中心工作"。[1] 这项活动可以分为两个阶段,第一个阶段大致从 1956 年 8 月到 1958 年 6 月,工作是以社会形态为核心的田野调查;第二个阶段从 1958 年 8 月到 1964 年 5 月,工作是以编写史志丛书为核心的调查研究。[2] 吴泽霖主要参与了第一阶段的工作,调查的主要任务是判定民族的社会形态,构拟少数民族社会形态的演变历史,在主题上对社会形态的关注便不难理解了。

　　但是,按社会历史调查开始前拟订的《社会性质调查参考提纲》,判定封建社会性质需要从"自然经济占统治地位、封建制基础是取得份地并束缚于份地的小农个体经济、超经济强制、墨守成规和极端低下的生产技术等特点"入手,而从民族的生活特点和习俗等出发,直接论证社会历史形态的方法,只是"可以帮助我们了解一个民族现阶段的社会性质",[3] 并不是最核心和最主要的手段。

----

[1]　费孝通、林耀华:《当前民族工作提给民族学的几个任务》,杨圣敏主编《中国民族学人类学学科建设百年文选》,第 157 页。

[2]　宋蜀华、满都尔图主编《中国民族学五十年》,人民出版社,2004,第 111 页。

[3]　《社会性质调查参考提纲》,凌纯声、林耀华等:《20 世纪中国人类学民族学研究方法与方法论》,民族出版社,2004,第 417 页。

从贵州调查组实际情况来看，经济形态及阶级的调查分析也是他们工作的重心之一。但吴泽霖作为调查组组长，在分配调查及撰写任务时，把婚姻和节日作为自己的研究内容，并亲自执笔，① 应该说是"有意为之"。换句话说，吴泽霖为何不选择经济形态、阶级分析的方法，这样既可以为社会形态的判定提供最直接、最有力的证据，在操作上易于实行，而且也与《社会性质调查参考提纲》的精神和要求相契合，在政治上毫无风险，反而选择属于"上层建筑"的婚姻、节日等来反向印证贵州苗族的社会形态呢？

这或许应从吴泽霖 1949 年前的贵州民族研究谈起。40 年代初涉民族学时，吴泽霖就特别注重从婚姻、妇女、礼俗等非物质层面来探讨贵州民族的本质，就已认识到上述要素在西南民族研究中的重要性。50年代依然选取非物质的习俗、节日为研究重心。如 50 年代，他对婚姻重要性的理解与 1949 年前基本一致，认为婚姻是一种社会关系，有两重性，一种是稳定的因素，一种是变动的因素，是探寻族群历史发展本质的核心手段之一。② 这种在选题上的"有意为之"，实际是与他 1949年前的民族研究形成了一种呼应和延续的关系。但也正因如此，他被错划为"右派"，遭到了贵州调查组部分人的大力批判。

第三节　两个时期间的范式转换与学术延续

王铭铭谈及学科与国家的关系时曾说："回顾 20 世纪 70 年代以前人类学在中国的演变历程，经历了三个阶段，这三个阶段的发展所表现

---

① 吴泽霖只参加了贵州调查组的试点调查，分别在台江县的巫脚交、从江县加勉乡及罗甸县平亭地区。从现存的调查资料来看，吴泽霖亲自执笔的有《清水江流域苗族的婚姻》和《贵州台江县苗族的节日》。
② 吴泽霖：《清水江流域苗族的婚姻（讨论稿）》，第 3 页。

出的，是学科国家化随时间的推移而不断升级的趋势。"[①] 学科与国家的关系在历史发展中不断得到密切，学科国家化程度不断得到强化，而国家历史的分期往往也成为学科历史的分期。

　　1949 年是中国历史上具有转折意义的一年，新中国的成立直接影响了学术研究的转向，单从文本而论，主要体现在范式转移方面。这种转移实际上也是 1949 年前后两个时期研究的分异之处，学界目前对此认识基本趋于一致，但两个时期是否只有分异而未有延续或趋同之处？如本章开篇所说，就学者个人而言，其学术思想前后是一种延续关系，只不过前一时期的研究特点与风格在后一时期主流范式的主导下，以另一种方式存在。以下以吴泽霖跨越两个时期的研究为个案，来呈现此种转移与延续。

一　从"博厄斯"到"马克思"

　　1949 年前，吴泽霖的西南民族研究在研究取向上是多元的，有文化历史取向和社会问题取向两个类型。文化历史取向实际上就是博厄斯学派理论在中国的具体运用，社会问题取向的研究虽然与文化历史取向的关注点不同，但依然带有文化相对的底色。因此可以说，中华人民共和国成立前，吴泽霖的西南民族研究是"博厄斯"式的。在思想起源上看，吴泽霖在美国求学时受到博厄斯学派的直接影响，这一点无可争议。抗战时期，在描述民族志基础上进行"比较民族学"分析时，吴泽霖就对博厄斯学派的方法十分推崇。改革开放后，吴泽霖撰写了多篇关于博厄斯学派的文章，也可见他对该派思想的理解之深。从具体研究出发，以下四个方面体现出博厄斯学派的学术风格。

　　第一，历史主义和传播论。威廉·亚当斯把早期博厄斯学派特点总

[①] 王铭铭：《西学"中国化"的历史困境》，广西师范大学出版社，2005，第 67—68 页。

结为八个，指出博厄斯学派是历史主义的，他们把人类学看作历史学，主要任务在于发现文化的历史；文化传播是文化变迁的驱动力，他们希望在任意和混乱的文化采借中找到一个宏大模式。① 实际上，博厄斯学派在研究文化变迁时有一个总的思路，即文化特征在历史发展过程中相互接触、相互黏附并重新组合。上述思想在吴泽霖的西南民族研究中得到了完整实践。正如前文所述，吴泽霖 40 年代的文本书写，除呈现黔滇民族文化多样性外，在探寻多样性的成因或文化变迁的动力机制时，把文化接触看作重要因素，并通过文化涵化的历史来推断族群接触历史，把文化始终放在一个动态和历史的背景中去考察。

在婚姻研究中，吴泽霖强调："婚姻的研究间接上可以使我们明了各民族间的接触关系和文化传播的影响。"② 神话研究中历史学派的特点更为突出。博厄斯对北美土人的神话传说做过系统研究，他主张"用作比较的传说和故事，应含有相同的任意的成分，同时应该分布于连接的地区的"，"美洲西太平洋沿岸的传说和故事，是一连串的传说或故事的单位经过传播或再传播的错综关系而形成的"。吴泽霖在他的神话研究中也遵循上述思路，他说："比较民族间的神话传说及故事，美国人类学派极为重视……这种方法仅是把神话的各种事节作一种客观的比较，借可明白民族的隶属及部落流动的途径。"③ 食俗研究中，贵州民族"蟹及螺蛳根本不吃"，吴泽霖推断"足以证明他们的祖先绝不是海边河边的居民"。④ 可以看出，40 年代吴泽霖的西南民族研究总脱离不开文化接触和族群历史的主题，而这恰是早期博厄斯学派的重要

---

① 威廉·亚当斯：《人类学的哲学之根》，黄剑波、李文建译，广西师范大学出版社，2006，第 296 页。

② 吴泽霖：《贵州苗夷族婚姻的概述》，吴泽霖、陈国钧等：《贵州苗夷社会研究》，第 222 页。

③ 吴泽霖：《苗族中祖先来源的传说》，吴泽霖、陈国钧等：《贵州苗夷社会研究》，第 94—95 页。

④ 吴泽霖：《贵州仲家的生活一角——食俗》，吴泽霖、陈国钧等：《贵州苗夷社会研究》，第 123 页。

特点。

第二,文化特殊论或文化相对论。文化特殊论或文化相对论是博厄斯学派的独创,也是人类学在价值观和认识论方面的世界性贡献。就1949年前吴泽霖的民族志分析,其文化相对的立场十分坚定。他曾表示:"许多文化的特质,无论在任何社会中都有它本身之价值。"① 他坚决反对以物质生活为标准来评价民族的高低,"倘若我们拿了目前他们中局部情形来衡量他们的品质,来估计他们的秉赋,那是一种错误的态度,我们必须加以改正"。② 正是此种文化相对的立场,促使他在边疆开发论中,反复呼吁要尊重少数民族文化,从本地人视角出发进行边政建设,"这些非物质的文化特质是人民精神寄托的象征,压制它们的发展,徒然激起边民情绪上的反抗和疑虑,于精神团结反而有损无益"。③

第三,年代区域说。博厄斯提出的年代区域假说,经威斯勒深入阐发,成为美国学派标志性概念之一。它探索年代与区域的关系,实际上与我国古代"礼失求诸野"的原理一致。吴泽霖在探寻族群多样性时,常用此概念分析文化特质的分布。如他在考察么些人的习俗时说:"在丽江城郊地带,一切的一切已与该地汉族无甚差异,越到偏僻的山区中,则大部分的古老习俗,尚还顽固的都留着。所以么些的文化区,并不是一片水准划一的平面,乃是一副崎岖不平的地形图,各区间文化程度的差异至为显著。"④

第四,文化区域论。博厄斯学派曾根据文化特质划分地理区域,有文化特质、文化丛、文化带、文化区、文化类型等层级区别,试图将文

① 吴泽霖:《战后边疆问题》,《清真铎报》第19期,1945年。
② 吴泽霖:《麽些族的生活》,第203页。
③ 吴泽霖:《边疆问题的一种看法》,赵培中主编《吴泽霖执教60周年暨90寿辰纪念文集》,第200页。
④ 吴泽霖:《从么些人的研究谈到推进边政的几条原则》,赵培中主编《吴泽霖执教60周年暨90寿辰纪念文集》,第190页。

化特质分布绘成地图，证明各种文化关系。① 吴泽霖在西南民族志的书写中也有类似做法。他判断仲家祖先或系"食麦文化区"民族，后来辗转迁移到食米文化区，因此还保留着旧俗。抗战胜利后，吴泽霖创建清华大学人类学系，他设想"拟将文化中之重要特质，研究其分布情形，以视中国有二十七不同之文化区域，与地理及语言有呈连带之关系"。② 可惜的是，此学术宏愿终因战争的影响而未能有实践的机会。

通过上述分析可知，吴泽霖在方法、概念、立场等诸方面都带有博厄斯学派的风格，虽非全方位、系统性的借用，但在核心问题上一直与博厄斯学派保持一致。其学术研究范式是在博厄斯学派的总体观照下开展的经验研究。

1949 年后，经过一系列思想改造运动，其马克思主义立场比较坚定。不论在清水江流域苗族婚姻、台江县苗族的节日，还是大小凉山彝族、纳西族、布依族的婚姻等研究中，吴泽霖始终在找寻各种习俗中的"封建性"，并把各类难以解释的习惯统归到"遗俗"中，以此来推测民族社会的阶序演进形态。其研究范式正如王铭铭所说："所有的民族学式的研究朝向的目标是社会改造，即将文化和历史发展线路十分多元的不同族群看成是应该得到社会主义改造的过去，而这些文化的历史线路的知识，首先必须符合这样的改造目的。"③ 而在吴泽霖研究的内容上，如何体现摩尔根—马克思研究范式，前文已有所述，这里不再赘述。

从另一个角度考察 1949 年后吴泽霖的马克思主义范式的研究或许更为直观。1987 年，民族出版社收集老一辈民族学家的文章出版《民族研究文集》。吴泽霖选取了若干 1949 年前撰写的文章，并进行了删

---

① 吴泽霖、张雪慧：《简论博厄斯与美国历史学派》，《民族学研究》第 1 辑，第 327 页。

② 《清华大学史料选编·解放战争时期的清华大学（1946—1948）》，第 270—271 页。

③ 王铭铭：《西学"中国化"的历史困境》，第 63 页。

改。笔者仔细对照《吴泽霖民族研究文集》与原稿文章时发现,吴泽霖在删改抗战时期的文章时增添了一些关于马克思主义的内容。《吴泽霖民族研究文集》第 19 页"婚姻"小节第二句,系吴泽霖的增加内容,他判断水家"经济已发展到了封建阶段"。[①]《吴泽霖民族研究文集》第 54 页最后一段除第一句外,全系吴泽霖改写,原稿中并无任何与马克思主义相关的内容,新增加内容中有"纵的方面,可以使我们看出文化各方面发展的不平衡以及所保留的种种残余痕迹,从而可使我们借以追溯一些史迹"。[②] 当然,还有一些增加内容,多数与"封建""遗俗"等有关。80 年代吴泽霖对自己文章的删改,表明经过 50 年代的思想改造与对摩尔根—马克思研究范式的实际应用,辩证唯物论在其思想中或已经占据了主导地位。

通过上述对比,可以明显看到吴泽霖两个时期的研究差异,即所谓由"博厄斯"范式到"马克思"范式的转变。他对民族观的表述,也从以儒家和科学为主的民族观走向以阶级为基础的民族观。其学术研究的范式转移,同样也是民族学学科的发展态势。1949 年前,中国民族学研究范式多元,进化派人类学、德奥民族学派、美国批评学派、法国民族学派、英国功能学派等都有各自的"代言人"。[③] 1949 年后,在马克思主义的统一规范下,对多元范式进行了整齐。但范式转变后的民族学研究绝非与之前研究范式"一刀两断",而是以另一种方式存在,也就是下文所言的学术延续。

二 学术思想演变的内在理路

按照一般学理,新旧范式的转换绝非瞬时完成,即使在新范式确立

---

① 《吴泽霖民族研究文集》,第 19 页。
② 《吴泽霖民族研究文集》,第 54 页。
③ 陈永龄、王晓义:《20 世纪前期的中国民族学》,杨圣敏、良警宇主编《中国人类学民族学学科建设百年文选》,第 118 页。

之后，旧范式在科学研究中依然有一席之地。托马斯·库恩在描述科学演进的动态过程时，提出常规科学按照范式规定的框架正常运转，直到范式规定的方法不能应付一系列反常现象，危机便不断爆发，直到新科学诞生，形成新一代范式。[①] 整个过程前后绵延，时常是一种胶着状态，中间有一个过渡阶段。梁启超对清代学术演变的规律也曾有类似表述，他用佛家生、住、异、灭来描述思想流转的启蒙期、全盛期、蜕分期及衰落期。后一时期的重要思潮在前一时期已有孕育，"其建设之主要精神，在此间必已孕育"，"其条理未确立，其研究方法正在间错试验中"。后一时期中亦总会见前一时期的影子，"破坏事业已告终，旧思想屏息慑伏"。[②] 上述两位思想家虽各自推演的逻辑不同，话语表述也有差异，但其原理却十分一致，即都承认在学术范式的新旧交替中，旧范式中孕育着新潮流，而新范式中也依然存有些许旧方法的"末日余晖"。回到本书主题，正如前文所述，1949 年前，吴泽霖的西南民族研究体现了博厄斯学派的特点。1949 年后，虽主导范式已经转变为摩尔根和马克思式的社会进化论，但在民族志书写中，实际还隐约透露出博厄斯学派的风格及人类学家的文化立场，前后两个阶段体现了一种学术延续性。笔者认为应该从两个方面去理解。

第一，文化接触是社会变革的重要动力。上节谈到 1949 年前吴泽霖对文化接触在社会变迁中的作用十分重视。1949 年后，吴泽霖依然在这种思想下开展诸多探索，他对文化接触功能的估判未有丝毫减损，只不过族群接触后相互采借的内容，由原来的文化特质变为带有马克思主义特点的"封建性"。

1949 年后，吴泽霖除了在少数民族中探寻"封建性"外，还特别

[①] 托马斯·库恩：《科学革命的结构》（第 4 版），金吾伦、胡新和译，北京大学出版社，2012，第 16、133 页。

[②] 梁启超著，夏晓虹、陆胤校《中国近三百年学术史（新校本）》，商务印书馆，2016，第 14 页。

关注同一民族不同区域的"封建"发展程度。在调查中,他发现虽然
从大体上看,苗族、纳西族都已经进入"封建时代",但其内部依然有
多样性的表现。清水江流域的苗族中,存在三种类型的社会经济结构。
生产发展条件较好的苗族聚居区,阶级压迫和阶级分化已赶上附近的汉
族,"封建性"的表现比较明显;生产水平较低的苗族地区,"封建主
义"正在发展,但阶级分化尚不突出;苗汉杂居的地区,苗族人民一
般沦为汉族地主的佃户。丽江纳西族中的"封建主义"分布有三个类
型,分别是丽江区域、丽江坝子和金沙江边的坝子地带的农业区域及半
农半牧的山区,"封建性"的特征依次呈递减态势,即丽江城区最强,
坝子次之,金沙江边最弱。可见,同一民族的"封建性"特征并非均
质发展,而是根据各自实际情况,互有强弱。但此种差异性的发展状况
是如何形成的呢?吴泽霖总结出,"封建主义"有两种形式的发展,即
内生型和外受型。外受型主要强调"封建性"通过外来文化的接触形
成。这种通过族群相互接触的方式传播"封建性",在吴泽霖看来,十
分普遍亦相当重要。

　　在纳西族婚姻中,城区与乡村婚姻形式的差异是由于"封建性"
发展程度的不同,"城区的纳西族大量吸收了汉族的封建文化。结果,
在城区,原有的许多民族形式已逐步被排挤。在乡间和山区,由于影响
较为间接,原有的民族形式保留的比较多些"。[1] 在布依族的社会中,
除了"在本民族中加速扩大了封建主义",布依族上层阶级"处处效法
汉族地主,以汉化为荣,通过这种交流形式,汉族的许多封建特点,也
输入了布依族社会,这更加强了布依族的封建性"。[2] 清水江流域苗族
社会中,"苗族在他们长期的发展过程中,似乎没有经过奴隶社会这一

----

[1]　吴泽霖:《拿喜(纳西)族的婚姻》,赵心愚、秦和平编《西南少数民族历史资料
　　集》,第265页。
[2]　吴泽霖:《布依族的婚姻》,赵培中主编《吴泽霖执教60年周年暨90寿辰纪念文
　　集》,第234页。

阶段。由于与他们较为先进的封建社会的汉族的接触,他们似乎从氏族社会进入了封建主义的阶段"。① 在台江县苗族节日中,苗族对邻近汉族"封建性"的借用,直接造成了苗族从原始社会跳跃发展至封建社会。"尤其在苗族的节日中,原始社会的历史遗留这样的丰富,但奴隶社会的残余则竟不突出。这就意味着在汉族的影响下,苗族在发展的过程上曾跳跃了奴隶社会的阶段。"②

少数民族对汉族"封建性"的采借,一方面导致了少数民族社会"封建性"的增强;另一方面造成了少数民族内部差异性的增多。表现在婚姻上,一方面少数民族婚姻的性质更多带有"封建性"特征,即男女关系和家庭关系方面包办婚姻、男尊女卑等"封建主义"婚姻增多;另一方面,加剧了族群内部婚姻形式的多样性,比如自由婚姻和包办婚姻双轨制的流行等。

仔细分析吴泽霖的论述,实际上有诸多处理仓促、含糊其词和逻辑矛盾之处。"封建"作为一种社会形态,是否能够通过族群接触而相互采借?封建是在特定经济形态之上的判定,它不是婚俗、食俗等文化特质,少数民族不可能学习汉族的阶级形态、生产关系等等,这些要素是随着自身生产力提高逐步发展出来的。因此,"封建"作为一种社会形态不能移动,不会因文化接触而被借用,可以借用的是先进的生产技术,通过生产技术提高生产力,最后推动封建形态的发展。但关于这一点,吴泽霖在整个 50 年代的论述中又没有点明,这反映出吴泽霖想要融合博厄斯学派的文化接触论和马克思主义的社会形态论两种范式的尝试。从吴泽霖学术思想的内在理路看,这是他努力使其 50 年代的思想与 1949 年前的思想保持一致与延续的结果。

强调文化接触对社会变迁的推动作用,在吴泽霖之后的研究中亦有

---

① 吴泽霖:《清水江流域苗族的婚姻(讨论稿)》,第 5 页。
② 吴泽霖:《贵州台江县苗族的节日(讨论稿)》,第 7 页。

体现。"文革"期间他翻译了有关尼泊尔人的材料,并进行了简单分析,认为"一个民族在特定的条件下,同另外一些民族的接触,其影响竟能在如此短促的时间内产生如此深刻的社会变化,在民族学上也是值得注意的"。①

第二,人类学家的本地人立场和文化本位主义。本章第一节曾论述,不论在田野民族志还是边疆开发论中,吴泽霖始终秉持着文化相对观,表现出来的本地人立场和文化本位主义十分浓厚。1949年后,主流研究范式基本统一,但吴泽霖对文化相对立场的坚持没有任何改变,他提出的诸多看法也多站在本地人角度,强调文化的功能性。

50年代,吴泽霖的民族学研究主题多集中于西南民族的婚姻与节日。当时西南少数民族流行的婚俗和节俗中,部分习惯与当时官方倡导的主流价值观不一致,有些甚至与当时的政策相抵牾。吴泽霖在调查后仔细甄别,提出了诸多应用性的建议,呼吁在政策制定及政策实施过程中,要尽量从本地人的文化逻辑出发,尊重少数民族的文化。

在苗族婚姻的论述中,他以少数民族的口吻来表达他的观点,说:"他们对自己的婚姻并不感到有碍生产。相反的,还觉得既有民族特点的传统又与婚姻法的基本精神出入不大,因而是值得保留的一种习俗,这是现阶段苗族人民的看法。"② 在清水江苗族的婚姻论述中,他对少数民族婚俗的维护更为直接,指出:"关于婚姻理解方面,虽然许多繁文缛节从节约立场应酌予简化。但一笔勾销也会有害于民族传统的维护。我们知道,只要把封建婚姻的基本特点改革了,其他表现民族形式的部分,只要无害于生产活动的,只要掌握了节约原则之后,在现阶段也不必考虑剧烈的改革。民族形式的保留在一定的历史阶段上对促进民

---

① 克里斯托夫·冯·菲尤勒-海门道夫:《尼泊尔舍尔巴的经济生活(〈喜马拉雅山区的贸易者〉一至四章)》,吴泽霖译,1979,译者引言,第2页,未刊稿。
② 吴泽霖:《黔西滇东苗族的婚姻》,赵培中主编《吴泽霖执教60周年暨90寿辰纪念文集》,第231页。

族内部的团结和民族自尊心的培养，都能起到一定的积极作用。"①

除一般原则上尽量从本地人的文化逻辑出发外，在具体婚俗的废留问题上，他也有一些看法。他认为苗族的"摇马郎"习俗是一种富有悠久历史和民族形式的风俗习惯，是苗族青年人中不可缺少的一部分，对他们的成长有重要意义。"它有很大健康的一面。它表达了青年选择配偶的自由意志，但也多少照顾到父母的意见，它基本上适应农业季节性的特点，如果稍加调解，还不致妨碍生产的活动。通过背诵或出口成词的歌唱形式，它保存了原来的民族特点。同时，它在婚姻上的作用并不违背我们婚姻法的基本精神。"②

吴泽霖在民族节日论述中的本地人立场更进一步，他用赞美的话语来表达其态度，说："所以民族节日，正像荆棘中的花朵，是苗族人民所珍惜爱护的，在他们社会里是不可多得的一种文化生活。"③ 当时，部分干部和汉族群众对苗族的一些节日有误解。以"吃牯藏"为例，认为它不仅是一种迷信活动，而且是对社会财富的极大浪费。吴泽霖对此种认识提出了不同看法。他指出，苗族节日对苗族人民的精神生活、文化生活和物质生活等各方面都起着调剂的作用。"吃牯藏的习俗应该在形式上和内容上进行一番改革后，仍然作为一个民族节日而继续的流传下去。"④

综合而言，上述两方面的延续性，基本是按照文本所表达的含义进行的逻辑推理，也是顺着学者学术思想的内在理路进行的阐释，并不涉及知识生产背后的学科、国家与权力因素，也就是下文分析的学科国家化历程。思想的内在延续性是学者本身能体悟到的，但学科国家化历程更多的是站在客位角度的阐释或建构，学者本身或许并不会有所感悟。

---

① 吴泽霖：《贵州台江县苗族的节日（讨论稿）》，第7—8页。
② 吴泽霖：《贵州台江县苗族的节日（讨论稿）》，第39页。
③ 吴泽霖：《贵州台江县苗族的节日（讨论稿）》，第109页。
④ 吴泽霖：《贵州台江县苗族的节日（讨论稿）》，第167页。

三 民族国家建构的知识书写

19 世纪至 20 世纪的中国处于一个巨大转折的时代。这种转折主要指传统中国向现代中国转型过程中发生的一次"脱嵌"和"再嵌"。传统中国社会的现实世界和意义世界,是镶嵌在宇宙、自然、社会的系列框架之中的。现代社会要求个人、法律与国家逐渐从传统的宇宙世界中游离出来,获得独立自主性。中国的这场"大脱嵌"革命,始于清末民初,经历了一个世纪之久,至今仍在延续。[①] 整个过程涉及内容十分丰富,其中较为主要的是:个人如何在新的家国天下的意义框架中寻求认同,如何构建家国天下新秩序。就民族学、人类学所能为这一命题提供的知识而言,最有发言权同时最具贡献的是:如何继承历史遗产中的辽阔疆域与多元民族文化问题,如何处理国家一体性建构和内部多元文化与族群的矛盾问题。一言以蔽之,就是如何建构新的民族国家。而现代民族国家的建构要求有明确的边疆划分与主权意识、统治区域内的权力同质化、清晰准确的族群秩序安排等等,它更多强调整合性、一体性,而非多元化与松散性。

"社会科学即使不是国家的造物,至少在很大程度上也是由国家一手提携起来的,它要以国家的疆界作为最重要的社会容器。"[②] 华勒斯坦的这句话表明国家建构直接影响着学科建构。20 世纪的中国,一直在努力构建既符合中国历史传统,又适合现代性要求的新型民族国家。民族学学科的发展也紧紧围绕着国家建构的主题开展,它的重要任务是建构民族国家所需要的"一体性","在那国族主义当道的时期,中国知识分子的主要使命之一便是,建立一个知识体系,由历史、文化、体

---

① 许纪霖:《家国天下——现代中国的个人、国家与世界认同》,上海文艺出版社,2017,第 1—7 页。
② 华勒斯坦等:《开放社会科学:重建社会科学报告书》,刘锋译,生活·读书·新知三联书店,1997,第 28 页。

质、语言等方面来说明中华民族中究竟有多少民族，并说明他们的一体关系"。① 但同时也应该看到，由于民族学、人类学本身对于文化与族群的多样性有着"殉道式"般的坚贞追求，因此在建构一体性的时候，必须谨小慎微地处理与多元的关系。

20世纪40年代，"对日抗战期间的学术研究工作，自然是在巩固大后方、团结各民族、一致外辱、提升落后民族文化的民族主义旗帜下进行的"。② 吴泽霖在其知识生产中都在自觉或不自觉地建构着中华民族的一体性。从直接的表述来看，吴泽霖多次强调应该加强中华民族意识上的团结。"一方面要特别注重从政治方面着手，一方面用教育提高他们的知识程度，用大中华民国的民族意识德化他们。我们要彻底的打破民族间的不应有的界限，要使各种民族团结一心。"③ 从学术旨趣反映的深层含义看，吴泽霖特别注重文化接触在文化变迁中的作用，探寻少数民族借用周边汉族的文化特质，并通过这种方式来判定历史上少数民族与汉族的亲缘关系。"汉苗夷族间的同化作用无时不在进行中。"④ 这种思路的落脚点，实际上是在追求中华民族境内各民族在历史上的相互交融关系。通过揭示上述文化中展现的亲缘关系，团结一心，凝聚各民族力量，拯救中华民族于危难之中，也是一体性建构的一种形式。

除了对一体性的强调，在族群多样性方面，他坚定地认为："一个国家内尽管有不同的语言文化，并不损害一国的统一精神，只要协调得法反而增加生活的丰满。"⑤ 也就是说，40年代，吴泽霖把"一体"和

---

① 王明珂：《寻访凌纯声、芮逸夫两先生的足迹——史语所早期中国西南民族调查的回顾》，《古今论衡》2008年第18期。

② 黄树民：《人类学与民族学百年学术发展》，《中华民国发展史：学术发展》（上），台湾政治大学，2011，第182页。

③ 吴泽霖：《贵州的民族》，《文讯》第5卷第1期，1944年。

④ 吴泽霖、陈国钧等：《贵州苗夷社会研究》，著者序，第1页。

⑤ 吴泽霖：《对边疆问题的另一种看法》，赵培中主编《吴泽霖执教60周年暨90寿辰纪念文集》，第200页。

"多元"放置在不同的层次去考虑,一体主要指国家和情感认同方面,多元存在于文化层面,二者不但不矛盾,反而是互补关系。在族群身份与认同层面,一体和多元也并不冲突。抗战胜利后,针对当时否认多元族群的论调,吴泽霖专门做了批判。"我们反对中枢根本否认有少数民族的存在,更反对对少数民族实行强制汉化政策,因为同化的过程必须是双方的。一面施压,徒增反感。在今日复杂的国际情形下,惟有培养并存的少数民族。"① 在他的设想中,民族国家构建在认同层次上必须团结一心,但不能否认多元性的存在,而且单一方向的同化政策也不可取,同化是在双方接触过程中互取所长,在多元中达到互补和共生。关于这一点,学者近来有类似表达:"民族学/人类学学者深信国族的建构同边疆民族的权力诉求是可以共同推进的,是可以在民族多元而政治一体的前提下达成的。在承认民族差异的前提下同样可以建立统一的中华民族国族信念。"②

1949 年后,民族国家建构的历程进入一个新阶段。对于一体性的建构,由国家主导,自上而下地实行。该时期一体性建构并不像民国时期国民党以汉族文化为准线,而是通过解放与进步的话语,把社会主义作为一体性建构的主要目标,不论是汉族还是少数民族,都要进行社会主义改造,都要按照马克思主义社会形态论来进行秩序安排。吴泽霖也积极投身到这一学术实践中。西南少数民族的婚俗和节俗多种多样,但它们都可以被放在由原始社会向社会主义社会过渡的时间序列中进行考察,多元文化在历史长河中的"你前我后,相互替代"关系,最终都要过渡到社会主义阶段。民族独立的愿望已然实现,更多的是追求国家复兴。因此,对于中华民族的一体性构建,稍稍让位于如何实现各民族的现代化。"多"和"一"的关系,由于时代目标不同,以一种新的形

---

① 吴泽霖:《少数民族问题》,《益世报》1947 年 8 月 22 日,第 6 版。
② 李沛容:《抗战以来民族学/人类学界对国族建构的新解——以西南民族研究为中心》,《西北民族研究》2017 年第 4 期。

式体现出来。

综合来看，四五十年代是两个截然不同的时期，但从民族国家建构这一目标来看，实质上并没有什么本质变化，都是"所拥有的知识服务于民族—国家的建构"，① 只不过是各自主张不同而已。在这样连续性的背景下，民族学的研究也呈现出前后承继性，即对于中华民族一体性的追求。从这个意义上看，吴泽霖的研究并不是断裂的，而是有着内在的联系性。其学术研究的靶向始终是以建构新型的民族国家为主，只不过前一时期是在抗战危机的形势下，多存在于营造中华民族一体的学术和舆论氛围中，后一时期则是由国家自上而下的推动，由学术探讨走向具体实践，切实参与到新的民族国家构建的浪潮中去。在他看来，只不过是方案不同，目的却是一致的。

今天，一体与多元的关系在政策实践层面已有新的变化，但学术研究领域却还有诸多争议。80 年代，当费孝通提出框架性解释"中华民族多元一体"概念时，吴泽霖也进入了对多元和一体关系思考的总结阶段，他在自身研究经验基础上提出了"包容性"的理念。他指出，散居全世界各地的犹太人均未被周边民族同化，唯独中国境内的开封犹太人"却罕见的在不长时期内被同化了"。究其原因，不能从他们本身去探讨，而应该从他们的处境来考察。他顺之而然地指出中华民族具有包容性，"她总是能够同别人和别的民族和睦相处，最后融为一体"。这种性格是如何形成的呢？他从一般原理出发，认为个体或群体都不是孤立存在的，而是随时随地同别人或别的群体相互影响，虽有主动的一方，但很大程度上仍然受制于另一方，关系是否良好，关键在于支配民族，压迫导致反抗，宽容带来融洽，反抗会产生对立情绪，对立双方必然互不相容，而融洽则会导致同化。中华民族的性格是"温和"与

① 王建民：《中国近代知识分子与边疆民族研究——以任乃强先生为个案的学科史讨论》，《西南民族大学学报》（人文社科版）2010 年第 10 期。

"包容",这种个性直接促成了民族关系的融洽,最终犹太人被中华民族完全同化了。[①]

可以看出,在吴泽霖此时的思想中,多元与一体并非有着不同层级的指涉,也并不存在落后与现代的历史阶序关系,它们二者可以相互转化,但前提条件是主导民族的柔性、宽容大度。这种对一体与多元矛盾的处理带有鲜明的心理学特征,与美国博厄斯学派中鲁思·本尼迪克特等人的国民精神研究有些类似。结合前文所述,吴泽霖受博厄斯学派影响很深,早期社会学思想中带有鲜明的社会心理学特征,晚年从文化与心理角度出发来探讨一体与多元的关系便不难理解了。

从思想的连续性考察,中华民族包容性概念的提出,是吴泽霖半个多世纪以来对于如何构建新型民族国家这一问题的最终思考。在早期社会学研究中,他对压迫导致反抗、宽容带来融洽的一般原理早有阐发;转向民族学研究后,他对西南族群接触与文化交融的认识有了更深刻的经验基础。加之,在抗战的特殊情势下,他对中华民族的命运共同体属性有了总体性的思考。1949年后,一体性构建的目标转向以实现现代化为准线的社会主义,但对少数民族文化多样性的功能,吴泽霖不仅没有任何否定,而且积极呼吁人们,应从正面认识它们的功能。经过长达半个世纪的考察,包容性概念最终在对犹太人中国命运的研究中破茧而出。

吴泽霖的这种提法,受到国外学界的极大赞赏。法国著名汉学家南因果曾说:"我觉得中华民族最大的特点是包容性,中国民族博物馆也应该强调包容性。"[②] 实际上,这一理念本身蕴含着巨大的学术张力。与费孝通提出的"中华民族多元一体格局"一样,吴泽霖的包容性概

---

① 吴泽霖:《犹太民族历史画卷的一幅重要画面》,赵培中主编《吴泽霖执教60周年暨90寿辰纪念文集》,第296—308页。

② 郑茜问、南因果答《对话:跨文化视野中的民族博物馆和民族学博物馆》,顾群主编《中国民族博物馆研究(2014)》,民族出版社,2014,第25页。

念既是对中国统一多民族国家形成路径的历史总结,同时也是新型民族国家构建的重要方向之一。费氏的框架更多带有刚性解读色彩,虽然强调多元交流,但突出汉族主体地位,并把它看作一个民族实体,由此引发了一些争议,部分学者对于多元与一体的来源、内涵,以及中华民族概念的政治性等提出了一些批评。[①] 反观吴泽霖的看法则相对柔和,他更多强调族群与文化的交流交往交融,把包容性看作推动中华民族历史延续与保持国内民族和谐稳定的重要力量。在他看来,在包容中实现增长,不仅是中国的特殊历史经验,也应该成为今后中国民族国家构建的重要方向之一,更可以上升到普遍层次,成为纠纷解决的重要机制之一。可惜的是,他对这一理念未有进一步系统性的阐述,也未能引起学界的充分认识。

小　结

本章主要关注吴泽霖在民族学方面的研究,共分两个时期。第一时期为 1938—1949 年,属于类型多样化阶段,表现为文化历史的人类学取向和社会问题的社会学取向,二者在贵州"苗夷"社会和云南么些人的田野研究中有着重要呈现,而其后的边政研究恰是在田野基础上淬炼出的抽象论述,是两种取向的融合。第二个时期为 1949—1958 年,该时期研究范围稍有扩大,除滇黔民族外,还涉及大小凉山的彝族,但在研究主题上更为集中,以婚姻和节日为主。该时期总体来说是在摩尔根—马克思范式主导下的民族志书写,以判定"文化遗存"的方法来寻找"封建性",并以此来判定社会形态的历史阶序,为社会改造提供智力支撑。比较两个时期的学术研究,有分异处,亦有趋同点。分异处

---

① 陈连开整理《怎样理解中华民族及其多元一体(讨论综述)》,费孝通主编《中华民族研究新探索》,中国社会科学出版社,1991,第 406—424 页。

主要在于范式转换,即由"博厄斯"式转向"马克思"式。趋同点要
从两个方面进行理解,一是吴泽霖思想的内在理路,40年代鲜明的博
厄斯学派特点,实际在50年代研究中也隐藏在各种文本书写中,主要
表现为对文化接触的强调及对文化本位主义的坚持;二是民族国家建
构,不论是40年代还是50年代,中国最为重要的问题都是民族国家的
构建,民族学学科也是在此主题下开展研究。吴泽霖知识生产中体现出
的对于"一体性"的追求,同时作为民族学家又谨慎地处理多元与一
体的关系,也都是学科国家化的体现。

上述趋同点从另外一层考虑,实际上体现了学者的学术研究在两个
不同时期是有着内在延续性的,而这种延续性正是本章所着力呈现的重
要内容,也是被学科史中"分阶段"研究所遮蔽的重要内容。吴泽霖
跨越两个时期的延续性,不仅体现了他个人的研究特点,就是从整个民
族学、人类学学科史范围来看,也有着重要的代表性意义。

吴泽霖的学术研究反映了跨越民国与新中国两个时期民族学、人类
学学者的思想理路与知识建构特点。一方面,民国时期多元并存的范式
在1949年后转变为"马克思主义范式";另一方面,学者在主流范式
研究下仍旧延续表达着自己的学术思想。以吴泽霖为代表的第一代、第
二代民族学者,1949年前,他们多留学海外,受教于世界一流的社会
学、民族学家,研究范式已多固定,思想也渐臻成熟。1949年后虽然
经历了系列的思想改造运动,但转变过程并非一蹴而就,在新中国成立
前形成的学术印记实际上依然存在于其思想的最深处,在其文本书写中
或多或少、或明或暗地会体现出来。吴泽霖如此,开篇提到的方国瑜、
江应樑、吴文藻等亦如此,有些老一辈学者在其学术反思时已有察觉。
而以李绍明为代表的在1949年前后成长起来的学者,他们接受民族学
系统教育的时代,正是学科由多元范式向单一范式转变的时期,或者说
过渡阶段。因此,其知识生产中带有少许1949年前多元范式的影子,
但更重要的是受到"中国民族学历史学科化过程"的影响,注重族源

及原始社会史的研究，在思路上借助多学科材料去理解民族形成过程，① 在马克思主义理论的实践及立场的坚定方面，他们或许比上一代学者更进一步。这样也就更好理解 80 年代学科重建时对马克思主义学说的强调，不仅有来自政治或意识形态层面的影响，也有 50 年代前后成长起来的那一批学者发自内心的坚持。

---

① 伍婷婷：《多重情境下的西南民族研究——基于李绍明的民族学史考察》，中国社会科学出版社，2018，第 162 页。

第四章　平等主线：种族研究与民族文物实践

纵观吴泽霖一生的学术研究，种族问题是其最早涉及的领域，而民族学博物馆的研究则是其晚年学术归依之所。虽然两者在研究主题上截然不同，时间顺序上前后有别，但它们都有一个贯穿始终的主线，即对平等的追求。"可以说，吴泽霖的民族博物馆思想是对其早期学术关怀——种族平等问题的延续。"① 在种族研究中，他直面当时世界上极为流行的各种"种族歧视论"，用科学事实论证"各种族之间无所谓优劣，是种族平等论者"。② 在民族文物事业的实践及民族学博物馆的研究中，他以另外一种方式践行并倡导着他的平等理念。"他这种崇尚民族平等的思想一直贯穿在他一生的事业里。民族博物馆的创建，只是他为实现他的这个理想的一项具体措施。他热爱民族文物是从他心底里认识到民族平等、共同发展的表现。"③ 本章把上述两项内容进行并置，分析在平等理念的观照下，吴泽霖由理论探索走向理论与实践并重的学术历程，由此为理解其民族学博物馆研究提供一个思想的地图。另外，

---

① 温士贤、彭文斌：《传译民族文化与平等——吴泽霖先生的民族博物馆思想》，《民族学刊》2011年第3期。

② 李毅夫：《吴泽霖教授与中国世界民族的研究》，赵培中主编《吴泽霖执教60周年暨90寿辰纪念文集》，第89页。

③ 吴泽霖：《美国人对黑人、犹太人和东方人的态度》，费孝通序，第3页。

吴泽霖作为中国民族博物馆事业的奠基人，其数十年的研究实践历程，也从一个侧面反映出我国民族学博物馆学科的发展。把其实践工作和理论探索与另一位民族博物馆学的先驱林惠祥进行比较，更能清楚地观察到早期民族学、人类学的发展与博物馆之间的密切关系。

第一节　现代性现象：种族与种族歧视

由种族主义而引发的种族歧视与种族屠杀，直到今天依然是人类面临的重大隐患之一。同时，作为一项学术议题，它具有极强的反思性和批判性。"在一个国家的人文社会科学领域，最具思想深度且富有学术传统的研究领域，依个人管见，多存在于学界对本国最复杂、最具悲剧性历史现实问题的研究之中，就如同德国的大屠杀研究、美国种族问题研究等。"[1] 对于该问题的认识，中外思想家都有诸多精辟见解，有意思的是，他们都不约而同地把种族问题同现代性联系起来。法国思想家皮埃尔-安德烈·塔吉耶夫把种族主义看作"一种源自欧洲的现代现象"，"种族主义一词的使用只是为了说明现代时期在欧洲和美洲出现的一种意识形态和社会政治现象，这就意味着种族主义在严格意义上构成了一种具有一定复杂性的西方的和现代的现象"。[2] 鲍曼更为直接地指出："种族主义严格的说是现代的产物，现代性使种族主义成为可能，现代性使种族主义成为一种需要。"[3]

可以说，种族主义与现代性相伴而生，其本质必须在现代性中才能真正得到理解。吴泽霖的种族研究在时间上较上述两位为早，但在论述思路上却如出一辙，他把种族问题的起源及本质放置在现代性兴起的背

---

① 陈映芳：《"种族"问题是种族问题吗?》，《读书》2018 年第 1 期。
② 皮埃尔-安德烈·塔吉耶夫：《种族主义源流》，高凌瀚译，生活·读书·新知三联出版社，2005，第 7 页。
③ 鲍曼：《现代性与大屠杀》，杨渝东、史建华译，译林出版社，2002，第 82—83 页。

景下，权力与知识共生的关系中去考察。在具体论述中，他从两个层面
展开，即体质人类学和社会学层面。对于这种分类，吴泽霖有过明确表
述："种族属于体质人类学研究的范畴，种族歧视是社会学要讨论的问
题。"① 本节按照吴泽霖的上述论述对其种族研究进行呈现。

一　体质人类学层面的种族

种族定义有两种类型，即普通的见解和人类学的定义。吴泽霖主要
采用后一种，它与动物学层面的意义相同，是指"具有一丛相同的特
殊遗传体质的人群，这些遗传体质在本群内各份子间，并不是完全一
致，他们也有相当限度的差异，惟与他群相比，则就可以出现显著的区
别"。② 在这个定义基础上，他认为有三点值得注意。一是种族区别不
能靠单一特征；二是这些遗传特征在同种中绝不会完全没有差别；三是
同种间各份子在各种特质上既有相当限度的差异，与其他种族自然不免
有一部分相同性或相淹性。种族中的大多数人有相同特征，这些相同特
征联合起来用数量表示，就是所谓的种族型，如黑种人、黄种人等等。
"纯粹的种族是一种理想，事实上是不存在的。"③ 种族血统的混杂主要
由于相互接触而形成。另外，吴泽霖反复强调，种族只是人群分类的一
种，并不是唯一标准，其他分类还有国家、部族、民族、语言等等，它
们是处于不同范畴的定义，并不能完全重合。

"种族"概念并非亘古有之，"这一概念在科学史上形成的较晚，
它经历了一个伴随着近代科学的发展。在生物学发展基础上，相继建立
了一些新的学科，其中就有人类学，而体质人类学给种族确定了现代意

---

① 吴泽霖主讲，王也平记录《种族与种族歧视——在第一期全国民族学讲习班上的学术报告摘要》，内部资料，1983，第1页。
② 吴泽霖：《人种的分类》，《大夏周刊》九周年纪念刊，1933年。
③ 吴泽霖：《现代种族》，新月书店，1932，第8页。

义上的科学概念"。① 中世纪，在神创论的主导下，人类都是上帝的子
民，只有信教的差异，并没有种族体态上的区别。发现新大陆后，探险
家们看到体质各异的人群，"一次神创"论遭到质疑，有人开始相信上
帝创造人类后，一部分人开始退化。19 世纪后，进化论的提出直接批
判了上帝造人的谬论，指出人类系由动物经过长期演化而来。但人类究
竟处于动物种属体系中的什么地位，成为生物学家关注的问题。通过不
断探索，最终确定了现代人类同属一个人属下的智人类。既然人类在动
物界中的位置得以确定，继之而来的问题是人类包含哪几个类型，这再
次成为生物学家和体质人类学家研究的重点，种族分类及由此引发的问
题也随之而来。种族作为一个人群分类的概念，在古代人们已有朴素的
和简单的认识，但真正赋予其科学含义，使其成为一种现代人群分类的
标准，直到欧洲近代化以后才得以完成。

　　科学能够对人类在物种中的位置精确定位，同样也能够通过各群体
的特征进行体质分类。对于任何人群分类，吴泽霖都持保留意见，他认
为："我们为了便于研究、记忆，或了解一群事物起见，才用得着分
类。"而"自然界中本没有绝对可以分类的现象"，并且"分类的方法
是主观的，无论何人都可以采取任何标准将任何事物分成若干类别"，②
任何分类都是相对的，种族分类也不例外。而事物分类中，最关键的是
标准的设定，种族分类中标准很多，不同标准下的分类结果并不一致。
吴泽霖例举了 11 种分类标准，即毛发的形式结构和颜色、颌部突度、
头形指数、鼻形指数、皮肤颜色、血液、唇的颜色、身躯高度、眼的形
色、面形指数、脑量等。

　　吴泽霖较为赞同的是英国人类学家哈登的分类法，他把人类分为三
大人种，即丛发人种、波发人种和直发人种。丛发人种中有两个支系，

① 吴泽霖主讲，王也平记录《种族与种族歧视——在第一期全国民族学讲习班上的学
　术报告摘要》，第 1、3 页。
② 吴泽霖：《现代种族》，第 45—46 页。

东亚支和非洲支,下面还包括尼格利陀人、巴比亚人、美拉尼西亚人、尼格利罗人、布许门人、霍屯督人、西苏丹人、东苏丹人、班图人;波发人种包含 17 个地区类型,原达罗毗荼人、达罗毗荼人、含米特人、印度阿富汗人、印度尼西亚人、闪米特人、地中海人、比利牛斯人、大西洋地中海人、诺迪克人、阿伊努人、阿尔卑人等;直发人种中有 11 个地区类型,有爱斯基摩人、古北冰洋种人、中国人、北美人、突厥人、通古斯或蒙古人、南蒙古人、南蒙古种、波利尼西亚人、新美洲种人、美洲西北部人等。[①] 对每一种人群的特点,吴泽霖都做了详细的介绍,"方法谨慎而缜密,叙述简明而扼要,毫无遗漏,特别见解之处颇多"。[②]

若仅从上述分类看,体质人类学方法确实使人类在认识自身的道路上前进了一大步,这种科学基础上形成的认识论并不涉及任何价值优劣问题。可以清楚地看到,任何种族差异仅是体质特点的不同,在人类本质上并无差异。科学意义上的种族分类,可以做到价值无涉,但是这种科学认识一旦导入社会关系的网络中,价值无涉就会变成空谈,在"现代性"的持续发酵下,"种族"由原来的科学命题变成影响人类生存的社会问题,沦为人群政治逐利的工具。

二 社会学层面的种族歧视

因种族而产生的种族观念、种族歧视问题等,都是现代社会的产物,这是吴泽霖反复强调的观点。他在林惠祥《世界人种志》书评中说:"种族观念,是近代的产物。古代所谓种族的差别,不过是因为文化的成就有高下而已。"[③] 在另外一篇译文介绍中,他谈道:"种族敌视

---

① 吴泽霖:《现代种族》,第 72—122 页。

② 汪杨时:《现代种族书评》,《中国新书月报》第 2 卷第 4—5 期,1932 年。

③ 吴泽霖:《林惠祥著〈世界人种志〉读书提要》,《人文》(上海)第 4 卷第 2 期,1933 年。

并不是出于天性而是由于各种社会的原因。"① 近代以后，随着殖民主义活动，人群接触越来越频繁，西方国家为了巩固殖民统治、扩大利益，创造出种族主义理论来为自己服务。种族主义者以科学为武器，提出所谓的"种族优劣论"，"他们拿科学来做他们的护身符，并且以为这种主张，并不是主观的推测，乃是科学的事实"。② 其中运用最多的是进化论思想和体质人类学上的材料，但这种运用与原作者的初衷背道而驰，是一种误用或滥用。"种族主义在滥用了达尔文的进化论和人类学上的一些论据而出现的。"③

可以说，种族问题的兴起脱离不了"现代性"的大背景。现代性标志着世界性的商品市场开始形成，流动性成为常态，民族国家构建及与之相应的现代行政组织体系、法律体系逐步形成，更为重要的是，"科学作为现代性的支配性世界观"④ 开始发挥作用。"种族主义"在科学的包装下进入人类的视野，并取得合法地位，甚至在部分人群中成为支配性的世界观。"种族主义者'顺应'时代发展，开始运用现代'科学理论'来诠释种族主义思想的合理性，'科学'种族主义旋即迅速发展。"⑤ 而如何破除这种种族不平等的谬论呢？吴泽霖做了极为精彩的论述，以子之矛攻子之盾，他同样用科学的利器来批判隐藏在"科学"面具之下的种族主义。

第一，体质层面。按照进化论的观点，人类是从猿类演化而来，人类在动物的进化序列中处于领先位置，而与人类较为接近的动物是类人猿。有人主张体质方面与类人猿越接近者则进化程度越低。黑人颌部突

---

① 窦德华勒：《现代种族敌视的起源》，吴泽霖译，《社会学刊》第 3 卷第 4 期，1933 年。

② 吴泽霖：《现代种族》，第 125 页。

③ 吴泽霖：《种族与种族歧视》，《中南民族学院学报》1984 年第 1 期。

④ 阿格尼丝·赫勒：《现代性理论》，李瑞华译，商务印书馆，2005，第 95 页。

⑤ 王业昭：《人种同源还是人种多元？——论美国种族主义思想的"科学化"进程》，《世界民族》2018 年第 6 期。

度很大，额部平低，鼻最扁而宽，与类人猿最为相似，而白人颌部突度小，额部最高显，鼻亦高而狭，黄种人介乎其中。因此，进化程度由低到高排序分别为类人猿、黑种人、黄种人和白种人，白种人最为优秀，黑种人最为低劣。另外，还有人主张天花、肺痨、花柳等传染疾病在很多初民社会中十分流行，他们并没有抵御能力，因此这种人种最为低劣。

针对上述论调，吴泽霖分别做了回应，总结起来有三个方面。首先，他指出种族仅是人类群体分类的一种，而且人类种族分类的标准很多，并没有绝对唯一的准绳，标准不同，分类结果自然不同，它本身就是主观的、相对的、可以改变的。按照颌部、肤色等标准，黑人与类人猿有相似性。但如以毛发作为标准，白种人的体毛最为密集，黄种人次之，黑种人再次之，白种人与类人猿最为相似，进化程度应该最低。其次，虽然人类体质先天有些差异，但更为重要的是，"各种族间呈现很显著的差异，都是适应特种环境的结果"。[1] 身体高度、鼻形结构、皮肤颜色等都受到气候、食料、地域、卫生状况等因素的影响。[2] 而种族主义者却主张人类体质特征是不变恒常的结果，"倘若我们发现种族的因素并不是固定的，体躯内在的分合化离也时常在发生变化，上述的结论在理论上就失掉了根据"。[3] 可见，人类体质形态多是人与环境互动的结果，并没有优劣的区别。最后，他强烈反对把抵抗疾病能力与体质优劣联系起来。通过例举世界上多个民族对于传染疾病的抵抗，他得出一个结论："疾病的抵抗力也是随种族经验而转移的，并非是遗传的特性，不足以拿来作为判定体质优劣的标准。"[4]

第二，心理层面。当时美国的一批心理学家对心理测验十分信奉，

---

[1] 吴泽霖:《现代种族》，第128页。
[2] 吴泽霖:《环境与体质特征》，《光华大学半月刊》第3卷第5期，1934年。
[3] 吴泽霖:《人类学上所了解的环境势力》，《社会学刊》第6期，1948年。
[4] 吴泽霖:《现代种族》，第130页。

并将测验结果作为判定种族优劣的证据。他们比较了美国黑人和白人中的小学儿童、中学以上的学生及士兵，发现黑人在标准的智力测验之下，成绩比白人低。如在军队测试中，智力测试由高到低依次为：英国人种、普通白人、南部白人、纽约黑人、意大利人种、普通黑人、南部黑人。上述结果被种族主义者利用，认为黑人智力比白人低下，因此种族品质也比白人更加低劣。

吴泽霖对这种智力测试的可靠性发表了意见。他认为，天赋不一定只靠智力测验来体现，且人类取得的成就也并不一定专靠智力。另外，假使智力测验可靠，并不是白人的智力都比黑人为高。[①] 一个种族在某些方面可能比另外一个种族低，但是其他特质或许为高。"各家研究的结果，在交替测验及控制的联念上，黑人分数尚不及白人之半。在自由观念，以及需要常识以适应于实际问题等测验上，则两种人的能力相等，在感觉的速度、辨别力等则黑白人不相上下，黑人或反为好些。"[②] 经过一系列数据的对比，他把智力测试与文化背景联系起来考察，认为"在比较二种文化语言不同、文化不同的种族中，要得到一种公正的、不受文化影响的测试，是极不容易的事"。[③] 最后他再次强调，各种族在智力上没有绝对的区别，在较为简单的心理状态中，更显不出多少差异，种族主义者用此来做宣传，并没有扎实的科学基础。

第三，文化层面。戈宾诺（Gobineau）的《人种不平等论》发表之后，得到了西方一大批学者的追随，如英国人张伯伦（Chamberlain）、德国人安蒙（Ammon）及美国人格兰特（Grant）、斯托达尔（Stoddard）等等。他们把种族优劣和文化成就捆绑在一起，提出文化与文明都是优秀种族创造出来的，每种文化模式都是种族性的表示，文化程度完全依靠种族的品质，只要知道文化高低就可推测种族优劣程度。

---

① 吴泽霖讲，刘阶平记《种族的优劣问题》，《新社会半月刊》第6卷第8期，1934年。
② 吴泽霖：《现代种族》，第130页。
③ 吴泽霖：《现代种族》，第144页。

　　吴泽霖措辞严厉地指出"这种论调是一个绝对的错误"，并将上述主要论点一一击破。首先，以文化历史来推测种族优劣，须有极长时间才能看得出。希腊、罗马文化发展到顶峰时，欧洲西北部文化尚极低落，中国文明几千年来都在西方文明之上，近代以后才趋于衰落。不能在某种文化超越其他民族的时期，武断主张该民族优秀。其次，种族主义者用文化成绩评判种族优劣，在逻辑上有着极大错误。一个民族的发展受到文化背景、文化接触和自然环境等因素的影响，文化高低无法比较。他用浅显易懂的例子来说明，即使一个人有做主席的能力，但其所处环境不允许他达到这种成绩，那他只能终身埋没在小学教员生活中。最后，文化高下的评判具有主观性。每种文明都有若干方面的特别优势，如希腊文明中美术、文学等非常优异，但政治、科学却落于人后；盎格鲁-撒克逊文明商业、军备固属一等，但美术，尤其是雕刻、音乐落于人后。因此，文化评判过于主观，以此来说明种族优劣自然不妥。

　　总的来看，国内学界对现代人种及种族主义批判的最早研究成果，多系吴泽霖所作，这在当时受到学界的广泛好评。"《现代种族》是值得一读的一本小书。""我们对于吴泽霖的这本简当的著作，全部都很满意。"[1] 部分内容有独到精辟之处，属吴泽霖原创，但同时也借鉴了博厄斯的种族研究。在最终诉求上，吴泽霖与博厄斯有着高度一致性，即都着力提倡种族平等。"博厄斯认为世界上各种族无优劣之分，应该是平等的。他主张科学的结论必须建立在无可辩驳的事实基础上。"[2] 同样，吴泽霖在《现代种族》的结论部分明确提出："我们以为从这些根据上不能证明种族的不平等，不能证明某种人为天赋的优种，某种人为天赋劣种。"[3] 李毅夫更为直接地指出："吴老的这本书，实际上就是

---

[1]　潘光旦：《现代种族书评》，《华年》第 1 卷第 17 期，1932 年。

[2]　吴泽霖、张雪慧：《简论博厄斯与美国历史学派》，《民族学研究》第 1 辑，第329 页。

[3]　吴泽霖：《现代种族》，第 153 页。

一本《种族平等论》，两者是针锋相对的。"①

　　进一步说，在吴泽霖的种族研究中，对于平等的追求蕴含着两层含义。一是平等作为学术理念贯穿着种族研究的始终，他用诸多证据从科学意义上证明种族先天并无差别，都是处于一个平等的地位，诸多论述都有很强的学术针对性；二是平等作为现实诉求体现在对"种族主义"的批判中，吴泽霖对各种披着"科学"外衣的"种族歧视论"进行反驳，更重要的是想澄清基本认识，他用"简短的篇幅、赅括的内容、有条理的布局、清楚的叙述"②把复杂的种族问题完整地勾勒出来，其目的主要在于唤起民众种族平等的意识。如吴泽霖曾说："如果上述事实能够被民众知道和深信不疑地接受，他们对待这些'低等'种族的态度将发生一些改变。"③

　　从学科史的角度考察，正如本节开篇所言，种族研究本身就带有极强的对现代性的反思和批判。按照西方学术脉络，种族研究的学术园地中常会出现一些对现代性的反思，最终往往会促使反思性和批判性知识的形成。但从中国的情况来看，吴泽霖作为最早用科学手段对种族问题进行研究的学者，对现代性的批判在其研究中仅有只言片语。他曾说："种族主义者所认为今天至高无上的西方文明，在物质方面，固属超人一等，但精神方面又怎么样呢？难道它超越了所有其他人种所创造的文化吗？"④但对西方现代性的反思仅此而已，并没有沿着种族批判的逻辑继续延伸，对现代性所引发的各类问题进行深刻的剖析，反而把关注焦点更多导向具有应用性和政治意味的平等诉求方面。

　　这种对现代性缺乏强烈的反思视角的批判，在其他学者中也有所体

---

① 李毅夫：《吴泽霖教授与中国世界民族的研究》，赵培中主编《吴泽霖执教60周年暨90寿辰纪念文集》，第80页。

② 潘光旦：《介绍吴泽霖著〈现代种族〉》，《人文月刊》第3卷第3期，1932年。

③ 吴泽霖：《美国人对黑人、犹太人和东方人的态度》，第282页。

④ 吴泽霖主讲，王也平记录《种族与种族歧视——在第一期全国民族学讲习班上的学术报告摘要》，第29页。

现，究其原因，至少有两点。一方面，中国近代经历的屈辱历程，使得知识分子对现代化有着近乎狂热的追求。在此种背景下，对现代性的反思或批判知识，或许会被知识分子自觉或不自觉地过滤出去，"中国的历史对叙述结构中预设了现代化乌托邦理想，把现代性作为惟一的标准，很多旧的历史、叙述结构和通俗文化便被拒之门外"。① 另一方面，以吴泽霖为代表的那一代人，多数是各个学科的引进者和奠基者，他们对西方的学术传统有着深刻的理解，同时对中国传统国学又有着很深的感情，而中国传统学术中的反思性和批判性并不如西方浓厚，此种历史文化惯性也是造成反思性知识未能在中国迅速发展的一大原因。

第二节　海外民族志：美国的种族问题

把种族问题放在现代性的框架中进行研究，属于一般理论上的讨论，是逻辑实证类型。除此之外，吴泽霖还结合具体问题，对美国社会中广泛存在的种族歧视问题展开调查，进行经验实证的研究，主要集中于他的博士学位论文《美国人对黑人、犹太人和东方人的态度》及若干篇论文中。从近年来学界对吴泽霖上述成果的评价看，"海外民族志"② 成为最重要的关键词。很多学者把吴泽霖的研究看作中国海外民族志研究中具有代表性的成果，③ 对其评价很高。有学者认为："以美

① 杜赞奇：《从民族国家拯救历史：民族主义话语与中国现代史研究》，王宪明译，社会科学文献出版社，2003，第 37 页。
② 也有部分学者并不把吴泽霖的研究归为严格意义上的"海外民族志"作品，"吴泽霖的研究不仅同样用英文发表且所用大部分资料并非来自规范的民族志调查，故同样不属于海外民族志研究"（包智明：《海外民族志与中国人类学研究的新常态》，《中央民族大学学报》2015 年第 4 期）。若按严格标准考察，《美国人对黑人、犹太人和东方人的态度》确与民族志成果有些距离，但此书力图呈现的是吴泽霖海外研究中形成的观念、思路及背后蕴含的主客体间的意识，这与一般民族志作品所要表达的有些类似。因此，本书把吴泽霖的《美国人对黑人、犹太人和东方人的态度》暂作民族志类型的作品进行分析。
③ 王建民：《中国海外民族志研究的学术史》，《西北民族研究》2013 年第 3 期。

国种族问题为研究对象，这是本文在研究区域和议题上所具有的独特开创性。"① 在研究视角上，他们多把吴泽霖的相关成果放置在人类学异域研究的经验上来考察中国人类学本身及认识世界过程中的整体性。本节在详细介绍吴泽霖《美国人对黑人、犹太人和东方人的态度》的基础上，以王铭铭提出的"三圈说"为观察视角，对吴泽霖的这一成果进行分析。

一 种族问题是"态度"问题

"种族问题终归是一个态度问题。种族问题的解决，因而是一个改变态度的问题。像我们已经看到的，态度像其他的行为模式一样，深深地受到个体发生和种系发生的两种制约，在短时期内改变极为困难。"② 这是吴泽霖研究美国白人与黑人、犹太人和东方人关系时所得出的最终结论。

当然，这里所说的"态度"并非一般意义上的态度，而是有其深刻的学术含义。他反对从纯心理学角度来把握"态度"的意义，认为它并不是心理学家所言的只有心理学和神经病学成分，而是一个社会名词，其中包含整个环境和背景。生物—物理性质的"态度"是由神经、心理和心情组成，其积极和消极的二分法不应应用于社会心理学；在社会活动中上述态度不仅是物理的和心情的，"态度"应该作为一种生物—社会的术语。同时，他还反对将"态度"看作一种"行为趋向"，也不能当作一种"大量被压抑的活动"，而是包括"一系列公开的行为、讲话、书写和其他以一个客体、一些人、一些制度或一些概念为中心所发出来的活动"。③ 这样"态度"就可以从一系列连贯的、可以观察到的行为来推测，群体"态度"也能通过法律、习俗、制度或道德

---

① 袁剑、朱晓晓：《海外人类学研究的中国先声》，《中国图书评论》2018 年第 10 期。
② 吴泽霖：《美国人对黑人、犹太人和东方人的态度》，第 291 页。
③ 吴泽霖：《美国人对黑人、犹太人和东方人的态度》，第 5 页。

形式的群体活动来分析。

对基本概念进行澄清后，吴泽霖正式进入具体问题的分析。他分别论述了美国人对黑人、犹太人和东方人的态度。在对黑人态度的分析中，他又按照区域的差异，分为北方对黑人的态度及南方对黑人的态度两章。前一章中对态度的分析主要有八个方面，分别为公民权、法律、政治、专业、雇佣劳动的职业、教育、邻里问题、教堂，每一方面下又分为若干小点，内容十分丰富，如政治方面的选举权、选入政府机关的黑人、政治任命、文职人员、兵役等。在结论部分，他认为北方白人对黑人的态度正在经历一个调整期，并不趋于一致，社会上存在很多意见，但很快将会得到统一，至于积极或消极的朝向，则要根据调整时期的社会经验。在南方人对黑人的态度章节中，吴泽霖根据实际情况分为政治、法律规定、经济、教育待遇、宗教领域、社会隔离与社会接触六个方面二十六个小点展开论述。通过分析，他认为南方对黑人的态度总体趋于一致，大部分南方人相信"白人统治论"的正确性，他们认为黑人在本质上比白人低劣，白人在想尽一切办法避免在人体上和社会上同时受到"污染"。[①]

在美国人对犹太人态度的论述中，吴泽霖的基本思路与黑人论述中基本一致，但加入了历史的维度，纵向考察了历史上美国人对犹太人态度的演变。之后分政治、商业、专业、邻里、教育五个方面十七个层面进行讨论。他认为美国人和犹太人的种族摩擦真正的是文化和社会上的冲突，而各种种族上的或宗教上的谴责只是合理化的借口形式。

对黑人和犹太人的态度属于美国的国内事务，但东方人问题很多时候牵扯到国际事务，因此"对待客人的关系更为微妙"。在分析中，吴泽霖首先回顾了历史上东方人的待遇，其后再从公民权利、法律待遇、政治、专业和职业、教育、邻里接触等方面做了研究。最后他得出两点

---

① 吴泽霖：《美国人对黑人、犹太人和东方人的态度》，第101—103页。

结论。一是对待东方人的态度各个地区都有差异，"地方不同待遇因之有异"；二是反对东方人的态度被有组织的力量煽动并被政治家利用，都是为了维护他们的根本利益。①

对黑人、犹太人和东方人的处境及白人对其态度的分析，仅是吴泽霖研究的第一步。他的第二层目的是对三类态度进行横向对比。但科学的比较方法需要共同的标准。吴泽霖采用一种叫"社会距离"的测量方法，把定性评价用可观察的数据体现出来，最终得出结论：按美国人的反对程度排序，依次为黑人（包括混血儿）、东方人、犹太人。

这是一种恒量方面或静态的考量，但在实际生活中美国人的态度却复杂得多。在恒量之外存在一种变量，各种可见的态度都是两种因素共同作用的产物。吴泽霖把"利害关系上的态度"作为一种变量来考虑，他说："每一个人在社会上或多或少都有独特的位置。他和家庭、同事及一般的外部世界有独特的联系，所以他也有一套和别人多少有些不同的利害关系。这样一来人类的利害关系变得非常复杂且变化多端。"②利益关系包括社会身份的利害关系、性别的利害关系、政治上的利害关系、经济上的利害关系、宗教上的利害关系、才智上的利害关系六种。态度在一般情况下是一种稳定的行为体系，但是在日常生活中，常发现某人的态度和他以往的连贯态度不一致。吴泽霖指出："在大多数情况下，态度的改变是由于利害关系的改变。"③

接下来，吴泽霖用一组社会心理学的概念来分析种族关系，即"压迫精神变态"和"统治精神变态"。它们都是一种心理失常，后者是一个群体在统治另外一个群体中产生的，前者反之。二者彼此制约，加强双方的紧张，反过来又被对方加强紧张，是一个互为因果、刺激—反应的模式。美国白人与黑人、犹太人和东方人的关系，在一定程度上

---

① 吴泽霖：《东方人在美国所处之地位》，《东方杂志》第 26 卷第 6 号，1929 年。
② 吴泽霖：《美国人对黑人、犹太人和东方人的态度》，第 196 页。
③ 吴泽霖：《美国人对黑人、犹太人和东方人的态度》，第 222 页。

体现了统治与被统治的关系，可以用上述概念分析。处在被压迫地位的黑人等的群体心理，常表现为神经过敏、自尊心强、寻求承认、怨恨、自卑情结、经济职业的专门化、救世主出现的希望、群体自豪感、群体忠心等；处于统治地位的白人"统治精神变态"表现为怀疑、恐惧、优越情结、暴力、强迫隔离等。

最后，吴泽霖进入其研究的第三层目的：提出解决种族问题的方案。他把种族问题定义为社会问题的一种形式。针对不同的种族，应该采取不同的方法。东方人问题一开始就被夸大了，受到政治家的煽动，并不严重。犹太人在美国并不产生任何问题，所谓的"犹太问题"实际上是宗教和种族问题的混合，很多敌视态度是从欧洲移植过来的。黑人问题最为严重，吴泽霖对当时部分学者提出的解决方案，如殖民地化、隔离、教育、为共同目的而工作等，都一一进行反驳，认为："在美国，种族问题，特别是黑人问题，是不能解决的，或者说至少是不容易解决的。"①

尽管没有"万能良药"解决种族问题，但有些方法至少可以改善或缓解种族间的紧张关系。吴泽霖提出了三种方法。一是科学调查，主要基于当时种族不平等的论调，被一些伪科学家宣传加强了。如果用科学方法澄清种族不平等的种种谬论，并且"事实能够被民众知道和深信不疑地接受，他们对待这些'低等'种族的态度将发生一些改变"。②二是实地调查，种族间的无知引起猜忌，而猜忌又是导致冲突的原因，只有通过无偏见的调查，才能得到真正的事实。三是种族合作，种族间可以通过合作，为了共同的利益，在工作中达成相互理解，最终形成和睦友好的种族关系。

吴泽霖有关美国种族问题研究内容的介绍基本到此。有学者认为：

---

① 吴泽霖：《美国人对黑人、犹太人和东方人的态度》，第277页。
② 吴泽霖：《美国人对黑人、犹太人和东方人的态度》，第282页。

"似本书这样细致入微的研究至今是绝无仅有的珍品。"① "深感此书是一本对我国种族问题研究乃至整个社会科学研究都富有价值的佳作。"② 诚如上述，吴泽霖的此项研究有诸多拓荒意义，诸多方面今天依然值得借鉴，其中社会距离的方法尤其值得一谈。

社会距离最先应用者为美国芝加哥学派的帕克，后经博格达斯改进更为精准，主要用于测量人们理解、同情的程度和等级。吴泽霖在美国种族问题研究中采用了此种方法，认为是"一个聪明的设计而又富有启发性"，在具体应用中又做了修改。这种方法主要观测在同一情境下各种人所受的待遇，并按照结果依次进行排序，最终用数据的形式来体现各种族间社会距离的远近。社会距离的量表于1925年被正式提出，吴泽霖的研究在1926—1927年，可见他当时采用的社会距离中的等级评定测验、合理化检测等都把握住了国际学术的最新潮。吴泽霖回国后，利用此种方法测量"中国人对待各国人的态度"，指出："个人间或团体社会距离的远近就是他们亲密程度的表述。"③ 这种亲密程度实际上反映的是一种族群关系的好坏程度，从中可以推测出种族意识的强弱程度，在应用上甚至可以作为一种族群关系的预警机制。可惜的是，其调查成果未及问世，便毁于接二连三的战乱。吊诡的是，就社会学、民族学学科史来看，此种方法在国外被广泛应用于种族或族群关系的测量，但在国内则大多集中于社会学领域，尤其集中在农民工、城市流动人口等研究中，④ 在民族关系的研究中极为少见，这不能不说是一种遗憾。

吴泽霖研究中自始至终都贯穿着对平等理念的追求。在选题时他就

① 孙秋云：《淡泊宁静的大师——吴泽霖其人、其学》，《民族研究动态》1994年第3期。
② 钟年：《世纪末再回首——读吴泽霖〈美国人对黑人、犹太人和东方人的态度〉一书》，《民族研究动态》1994年第3期。
③ 吴泽霖：《社会距离的一个调查》，《社会学刊》第2卷第2期，1930年。
④ 王启富、史斌：《社会距离理论之概念及其它》，《晋阳学刊》2010年第1期。

注意到，种族问题起源于各种族对平等的诉求与现实生活中各种不平等的实际。"宪法保证他们具有同样的政治、社会和经济权利，但是他们实际上并未享受到已被保证的平等。问题就出在这里。"[①] 在论证过程中，他把种族不平等的现状多置于文化与权力、经济与权力的框架中分析，探讨在什么样的权力网络中，白人对黑人、犹太人及东方人的"刻板印象"如何形成，使读者清醒地认识到种族间先天体质的差异并无优劣，也并不重要，种族不平等更多的是人类结群过程中，出于各式各样的目的而形成。另外，在种族歧视的批判方面，吴泽霖不是从道德层面的泛泛而论开始，更多集中于科学研究层面，直接切入问题本身，抽丝剥茧地进行剖析，尽量避免主观化的论调，以第三者角度客观呈现和澄清了种族问题的基本事实。当然，这种对于科学态度的坚持与追求，与五四运动中科学精神对吴泽霖的影响有关，也与他在美国受到一流的社会学训练一脉相承。

二　"三圈说"视野下的理解

王铭铭曾按照文化的等次对近代知识分子的世界观做过分类，提出所谓"三圈说"。"三圈"也是中国人类学研究在空间上的三个区域。核心圈为中国农民社会，以乡村研究和城乡关系为主，对应的是以费孝通为代表的乡土中国研究，带有中国"北派"人类学的传统；中间圈为少数民族社会，对应"南派"人类学和边政学研究、50年代的民族研究；海外圈为中国疆域以外的社会，对应人类学的海外研究。[②] 由于近代中国的特殊遭遇及学科发展中的特殊经历，学者专注于核心圈和中间圈的书写，对于中国疆域以外的国家或区域社会缺乏人类学式的关注。但实际上，中国本土意识中有着广阔的"海外视野"，"但这一视

---

① 吴泽霖：《美国人对黑人、犹太人和东方人的态度》，第 11 页。
② 王铭铭：《没有后门的教室：人类学随谈录》，中国人民大学出版社，2006，第 209 页。

野随着 20 世纪的到来，为民族国家观念所压抑"。①

直到近来，由"海外民族志"所引发的中国人类学在知识论、本体论和价值论方面的意义才渐被学者所注意。在这之前，人类学的海外研究一直未能进入学科的核心议题。然而，海外视野的缺乏并不表示学科史上没有学者进行海外民族志的研究，而他们中对上述"三圈"均有过实际田野经验的学者，更为少之，也因此，更能凸显研究者调查的地位和意义。这些人中有吴泽霖、李安宅、费孝通。

就吴泽霖来看，上海社会救济事业调查、望亭调查是"核心圈"之上的书写，滇黔民族田野工作使其拥有了丰富的"中间圈"经验，而美国种族问题的研究则属于"海外圈"。"三圈"的研究历程，一方面让他对中国的现代化及内部异质性的多元文化有了深刻的理解；另一方面也促使他在研究中始终抱有世界性的视野。其中有两个特点值得深入分析。

第一，吴泽霖对海外社会的认识，始终以社会问题为导向，这有别于李安宅和费孝通。在《美国人对黑人、犹太人和东方人的态度》一书中，吴泽霖选取了当时美国最常见、最严重、最难以解决的种族问题作为研究对象。在整个研究过程中，他紧紧围绕种族问题展开各种讨论，对问题的现状、形成机制、文化背景、恒量变量、发展趋势及解决方案都一一做了描述和分析。此种问题化导向的研究路径不仅表现在美国种族问题研究中，而且他对日本社会的认识中也有这样的特点。吴泽霖一生共到过日本三次，② 有着直观感受。另外，从吴泽霖日常所集的"剪报"来看，他对日本社会极为关注。在此直接经验与间接经验基础上，他从社会学角度对日本社会提出了自己的看法，但切

---

① 王铭铭：《中国人类学的海外视野》，《中南民族大学学报》2006 年第 3 期。

② 1922 年，吴泽霖第一次到达日本，此次系赴美留学时的顺道而行；1929 年，吴泽霖作为上海中等教育协进会的代表，考察日本教育，到过长崎、神户、东京、奈良、大阪等地；1979 年，中国社会科学院代表团赴日交流，吴泽霖亦在其中。

入点依然是社会问题。他说:"每个社会都有它自己的社会问题,日本当然也不例外。"之后,他分别分析了日本的失业问题、妇女问题、老人问题、精神危机等等。①

不仅"海外圈"研究带有强烈的问题导向色彩,而且吴泽霖对"中间圈"和"核心圈"的相关论述也明显带有这种特点。然而,不管社会问题导向的研究路径如何形成,从社会病理学视角切入来探讨社会本质的方法直接影响了学者对海外社会的认识,其中还隐含着学者一种难以名状的复杂心态。就吴泽霖来看,问题化导向的研究使他在认识海外社会时始终保持一种平视的姿态,在其视野中,西方现代性在实现物质极大进步的同时,也涌现出了诸多难以弥合的冲突与矛盾。它不似当时一味讲求西化学者的"仰视"姿态,他们把西方视为现代与自由的圣地;与晚清遗老倡导国学、排斥西学的所谓帝国"俯视"心态亦有本质区别。

与李安宅和费孝通的"海外圈"书写相比,吴泽霖的特点更为明显。1935年李安宅在美国访学时,曾在祖尼人中开展过三个月的田野调查,其后发表了《祖尼人:一些观察与质疑》。李氏的重点在于"通过这篇文章要挑战的,恰恰是美国人类学家在祖尼人文化的过程中带有的本土文化的偏见"。②他的研究体现出的特点是,以"他者"的身份,看到美国人类学家不易察觉到的文化事项,最终形成学术对话,其理论意义更强;而费孝通的"海外"书写,则又是另外一番景象。他的《旅美寄言》《美国人的性格》《英伦杂感》等短文,目前学者多把它们当作"海外民族志"来分析。其研究更多体现出跨文明比较的特点,他试图通过对美、英两国的对比分析触及文化精神的思考,"出于对现代化的想象,他对西方不乏他者为上的心态;而他对西方的批判又是以

---

① 吴泽霖:《从社会学的角度看今天的日本》,《社会》1982年第1期。
② 陈波:《李安宅与华西学派人类学》,第45页。

乡土中国作为对照，乡土中国仍然具有优于西方的地位"。① 上述三位"海外民族志"的先驱，在面对海外社会时所关注的焦点、采取的研究视角有着诸多差异，直接影响他们对世界的认识。可惜的是，不论是社会问题导向型的研究，还是充满理论对话的探索，抑或通过文明对比方式来探索文化精神的取向，在长时期都未被中国人类学所重视并继承。而今，海外研究如火如荼地开展，重温前辈遗作或许能为今天的学术研究提供借鉴。

第二，如前所述，吴泽霖的美国种族问题研究中始终贯穿着对于平等理念的追求，这种特点不仅体现在"海外圈"的书写中，在"中间圈"和"核心圈"中也是重要主线。"吴泽霖的民族观实质上是超越国界的，希冀从类型化的民族研究中探寻出一条引领人类文化以及人类社会走出困境之路。从这一点上看，不论美国的种族歧视还是中国的民族问题都可以置放在这样一种关怀的框架之下。"② 他对平等的追求是超越地域、超越族群、超越国家的，而这种带有普适主义色彩的价值关怀实际上起源于一个国际性的话题，即种族问题。在所有对种族主义的批判中，对于种族平等的诉求是本质性的，无法改变的。吴泽霖在学术生涯之初就选择这样一个具有普适情怀的命题，这使得他从学术起点上就注重以世界性眼光看人类的共同命运。回国后，种族问题在中国并不存在，这迫使吴泽霖必须进行研究转向。主题上虽然有些变动，但其追求平等的内核没有改变，主要体现在对社会边缘群体的人文关怀上。全面抗战爆发后，他对人群分类的态度有所改变，即由种族转向民族或者族群，但对平等的追求依然没有任何削弱。晚年，吴泽霖进入学术反思或回顾时期，从世界文明的宏大视角来观测中国的民族性，仿佛又回到了他学术起点中的那种世界性的关怀与视野。更

---

① 杨清媚：《最后的绅士：以费孝通为个案的人类学史研究》，第220页。
② 张帆：《吴泽霖与他的〈美国人对黑人、犹太人和东方人的态度〉》，王铭铭主编《中国人类学评论》第5辑，世界图书出版公司北京公司，2008，第18—19页。

为重要的是，吴泽霖并非仅从理论上倡导或论证他所追求的平等，而是身体力行的，通过民族学博物馆的实践来促使平等理念"物化"，由此把这种普适的价值通过实实在在的文化特质表现出来，最终实现应用的目的。

第三节 平等的"物化"：民族文物事业

"博物馆不仅是'物'的空间载体，还是社会文化浓缩，是一个人们思想建构的产物，表明人们观念发展过程。"① 简单地说，博物馆体现着一种思想，是用一种"物化"的形式表达一种理念。就吴泽霖而言，他在博物馆事业上倾注了大量心血，博物馆用物质的形式表达着他对民族平等的追求，从实际效果来看，也确实起到了沟通文化的作用。经过半个多世纪的实践，他在民族学博物馆理论方面提出了一系列独到的见解。

一 民族文物事业的实践

"吴老为我国少数民族文物事业的发展，灌注了心血和汗水，他走到哪里，就把这专业的种子撒在哪里。他是我国当之无愧的民族博物馆事业的创始人和最有权威的民族博物馆专家。"② 这是费孝通借用别人的话来评价吴泽霖的民族文物事业。诚如费孝通所言，吴泽霖一生所涉学科甚广，但对文物收集的偏爱并没有因研究的数度转向而有所废止。

考察吴泽霖一生的博物馆事业，最早应在美国留学时。他在美留学的数年中，经常与闻一多等人去参观各个类型的博物馆。"当年我在考虑如何促进民族之间的相互了解时，回忆起我在欧美时看到博物馆所起

---

① 尹凯：《空间、文本和话语：博物馆是什么?》，王建民等主编《中国人类学评论》第24辑，文津出版社，2014，第94页。

② 费孝通：《在人生的天平上——纪念吴泽霖先生》，《读书》1990年第12期。

的作用，联想到民族博物馆在我国可能发挥一定的效能。"① 另外，博厄斯曾长期在历史自然博物馆工作，他的博物馆理念亦是吴泽霖民族学博物馆事业的主要思想来源。

1927 年回国后，吴泽霖嘱大夏大学社会学系学生利用寒暑假收集家乡民俗资料，包括器物、照片等等，回校后进行了展览。望亭调查后，在大夏大学群贤堂二楼的研究室中展览各种特产及资料，有统计表、特产、日常用品、望亭风光、团务记载、调查表格、个人文墨等，"琳琅满目，蔚为大观"。② 1935 年，参加京滇公路周览团时，吴泽霖拍摄了数百张照片，并特别搜集了沿途居民的各种生活用品三十余件，如玉屏箫、手镯、戒指、雕品等，在大夏大学内举办了公开展览会。③ 抗战全面爆发后，吴泽霖随校入黔，在开展田野调查的同时，对少数民族文物的收集也是其重要工作之一。在他的筹措下，苗夷文物陈列室得以建立，三年多中，征集各类文物两千多件。仅 1941—1942 年，就举办了三次文物展览。第一次为庆祝大夏大学成立十七周年，为期三天；第二次为当年八月，应全国工程师学会第十届年会筹备处之请，做公开展览，吴泽霖的助手陈国钧还在会上做了"苗夷文物"的演讲；④ 第三次系受贵州图书馆之请，在该馆展览三天。几次展览会参观者众多，引起了极大反响。

在昆明西南联大工作期间，吴泽霖继续致力于文物征集及展览工作。他创立的墨江和丽江边胞服务站，除日常工作外，搜集当地的民族文物也是主要任务。"吴泽霖教授筹建丽江地区边胞服务站时，曾指示该站工作人员注意收集当地少数民族生产、生活用具的事物和照片"，⑤

---

① 《吴泽霖民族研究文集》，自序，第 7 页。
② 《史地社会研究室展览望亭镇文物》，《大夏周报》第 13 卷第 19 期，1937 年。
③ 《展览京滇公路周览文物》，《大夏周报》第 13 卷第 28 期，1937 年。
④ 《苗夷文物 工程师年会举办 产品展览及演讲》，《大公报》（桂林）1941 年 10 月 12 日，第 4 版。
⑤ 张正东：《吴泽霖教授二三事》，石开忠编《张正东文集》，第 311 页。

共搜集纳西族、傈僳族和藏族文物图片等200多件,并在清华大学驻昆明办事处进行公开展览。其后于1943年2月,这批文物运抵重庆,在夫子池也举办了展览会。

清华复校后,吴泽霖所收集文物被带到北京。"抗战期内,他在贵州云南各地收集许多的边胞文物。复员时,这类文物有五大箱运到北平来。"[①] 为了更好地保存这批文物,于1948年4月29日成立了清华大学民族文物陈列室,"公开展览,使校内外人士得随时观摩"。[②] 这个文物陈列室除发挥文物收集及保存作用外,还承担人类学、社会学系的教学功能。

新中国成立初期,所存文物在质量和数量上都得到极大提升和补充,尤以上海疗养院丁惠康捐赠给清华大学的数种高山族文物最为珍贵。1949年11月4日,在吴泽霖的组织筹措下,清华大学在北京国立艺术专科学校举行了"台湾、西藏、西南少数民族文物展",首都数万观众及李济深、乌兰夫、翦伯赞、徐悲鸿等名人参观了此次展览,产生了很好的效果,"大家一致说好"。[③] 1950年2月21日,清华大学召开文物馆筹建会议,决定由吴泽霖担任博物馆筹备委员会少数民族组、民俗工艺组、展览小组委员,并主持少数民族组的日常事务。[④] 同年7月,吴泽霖参加了中央民族访问团贵州分团,开启了学术生涯的新阶段。

在访问团紧张工作期间,吴泽霖搜集了大量文物,并在贵阳举行了展览活动,参观者上万人次。回京后,他又主持了"全国少数民族文物图片展览",在故宫三大殿展出三个月之久,周恩来、朱德等国家领

---

① 《院系漫谈》,《清华大学史料选编·解放战争时期的清华大学(1946—1948)》,第205页。

② 陈梦家:《清华大学文物室成立经过》,《大公报》(天津)1948年5月1日,第3版。

③ 《台湾、西藏、西南少数民族文物展览 清华大学主办四日在京开幕》,《大公报》(香港)1949年11月22日,第7版。

④ 王涵:《王逊年谱》,中国青年出版社,2015,第154页。

导人参观了此次展览。其后，他又被推举为中国民族博物馆筹备组主任，但筹建工作半路夭折。吴泽霖改赴西南，参加西南民族工作视察组，文物收集工作亦同步开展，"在康定，我和吴老开始紧张地采集文物。……那次在川西藏族地区采集的文物，花钱之多，数量之大，质量之高，是建国以来规模最大的一次"。① 工作结束后，他留在西南民族学院工作，创建了该校的民族文物馆。他在自述中说："我在西南民族学院的六年，自信还是勤恳从事工作的。不论在研究室时期或在建立民族文物馆的过程中，也都尽了一份力量。"② "文物馆工作在短短的几年中取得这样的可喜成绩，是和吴泽霖先生的辛勤劳动分不开的。"③1958 年被错划为"右派"后，除短暂参与民族文化宫筹建及十年民族工作展览外，其博物馆事业中断长达二十余年。

1982 年 8 月，吴泽霖应邀支援中南民族学院建设，他的博物馆事业进入新阶段。1984 年 3 月，吴泽霖建议中南民族学院中南少数民族文物陈列室更名为民族学博物馆，并亲赴北京与中央民族学院宋蜀华等人洽谈文物接收事宜等。④ 同年 8 月，正式更名为"中南民族学院民族学博物馆"，该馆是国内第一所民族学博物馆。⑤ 吴泽霖晚年对这所博物馆倾注了大量心血，即使在病重中，他依然想方设法为珍贵文物的征集筹集资金。⑥ 这所民族学博物馆不仅是吴泽霖辛勤工作的体现，而且是他博物馆学术理想的最终实现之地。

通过上述梳理可以看出，不论在社会学研究，还是民族学探索中，

① 赵培中：《我心目中的一代师表——为庆贺泽霖师执教 60 周年暨 90 寿辰而作》，赵培中主编《吴泽霖执教 60 周年暨 90 寿辰纪念文集》，第 127—128 页。
② 《吴泽霖自述》，年代不详。
③ 杨元芳、李家瑞：《我国民族文物工作者的楷模——记吴老在西南民族学院的工作片断》，赵培中主编《吴泽霖执教 60 周年暨 90 寿辰纪念文集》，第 137 页。
④ 《吴泽霖日记》（1984 年 6 月 27 日）。
⑤ 中南民族大学校史编纂委员会编《中南民族大学校史（1951—2011）》，湖北人民出版社，2011，第 125 页。
⑥ 《吴泽霖给潘乃谷的信》（1990 年 1 月 30 日）。

吴泽霖都把民族文物的搜集展览放在一个至关重要的地位。他为何对此项工作如此钟情呢？这与他毕生追求的学术理念有关。在种族研究中，吴泽霖坚持种族问题终究是态度问题，而态度的改变，首先要从相互了解和交流做起，博物馆恰好能起到上述作用。因此，吴泽霖的民族文物事业实际上是种族研究的延续，都是在追求平等理念下开展的探索，前者是在理论层面开展的批判，而后者更多的是在实践中，通过实物搜集与展示的形式来表达他的学术理念。

一方面，就吴泽霖的表述来看，他对民族文物工作在促进民族交流中的作用寄予了厚望。他说:"我们进行少数民族文物的收集，经过整理，举行展览，为的是通过直观教育来增加民族间的了解，加强民族团结，消除历史上遗留下来的一些隔阂。"[1] 晚年，吴泽霖对自己的民族研究之路进行系统总结时，特别提到了在民族文物事业上的心路历程。"民族文物陈列对民族文化交流起到了一点宣传作用。这点小效果却增强了我对民族博物馆在促进民族关系上能起积极作用的信念，并鼓励了我在嗣后岁月里为了促进建立各级博物馆而不断努力。"[2] 从上述引文可以看出，在吴泽霖的学术思想体系中，对民族文物的定位实际上是一种工具论的设定，即把它看作一种促进各民族相互认识、展现少数民族优秀文化的手段，观众在参观展览中强化对多元文化的认识，传达了汉族与少数民族处于平等地位的理念。

另一方面，回到三四十年代的时代背景来考察少数民族的文物展览，或许更能清晰地了解展览活动对于民族平等的重要意义。国民政府的民族政策几经变动，到40年代前后，国族主义倾向越来越严重，逐渐演变为一种"露骨的同化主义"，[3] 民族平等主张流于形式。在民族

① 吴泽霖:《关于少数民族文物的一点认识》,《文物参考资料》1957年第4期。

② 《吴泽霖民族研究文集》,自序,第7页。

③ 松本真澄:《中国民族政策之研究——以清末至1945年的"民族论"为中心》,鲁忠慧译,民族出版社,2003,第149页。

地方主要表现为不承认少数民族的身份，实行强制"同化"政策，不论差别地推行汉化教育，等等。"同化"政策在西南民族地区表现得尤为明显，仅以服饰改装为例，各省政府出台了诸多方案推进少数民族改换服装。针对苗族喜佩银饰，湖南省下令"有戴金银首饰者概行没收"，鞋面绣画者当即扯去，劝导由包头改为便帽。贵州省政府下令各级官员在道口设置关卡，对过路苗族强行剪发。① 由此可见，40 年代"民族同化"风潮之严重。

再来考察吴泽霖组织开展的民族文物展览活动。1937 年他到贵州后，在大夏大学社会经济研究室的任务规划中，少数民族文物收集展览是重要工作。他在田野工作时着力搜集各类文物，再进行整理、分类、编号，最终放置在"苗夷文物陈列室"中，供师生学习参观，还应各种团体邀请进行过多次公开展览。以 1941 年举行的全国工程师学会年会中的"苗夷文物展"为例，该展共分为三个部分。第一部分为"苗夷自己的东西"，包含服饰、器具、文字。仅就服饰论，在布展时以"苗夷"服饰来进行族群区分，如青苗女子穿青衣，黑苗女子穿黑衣……整个展览中"苗夷"服饰多彩多样，色彩斑斓。很多观众对所展服饰的制作过程极有兴趣，尤其是绣花、捺锦、蜡染备受喜爱和赞赏。"凡是看见苗人衣服的人，无一不赞叹他们绣花技术工巧的，尤应该称赞的是她们自给自足的精神。"② 可见，在参展过程中，观众对于贵州多彩民族的认识有所增进，同时通过观看美学特征上有突出表现的文化特质的现场展演，观众会把少数民族文化放置在与汉族文化同等重要的地位进行考察，对于"汉族中心主义"观的动摇也有一定的帮助，这也是吴泽霖费尽心思、千辛万苦搜集文物的第一层目的。更重要的

① 转引自张胜兰《苗族服饰与苗族自我认同意识——以清朝至民国时期的贵州苗族改装运动为中心》，《民族学刊》2014 年第 5 期。
② 柴聘陆：《参观大夏大学社会研究部苗夷文物展览记》，吴泽霖、陈国钧等：《贵州苗夷社会研究》，第 278 页。

是，在 40 年代国族宗族论盛行、"同化主义"强力推行的时刻，吴泽霖通过这样的方式来表达他的民族平等理念，并以实际行动来推动这种理念由"口号"走向"事实"。

综上，可把吴泽霖的民族文物实践视为他早期种族研究的延续，着重讨论在平等理念的观照下二者之间的内在一致性，但这种研究逻辑实际上忽视了另外一种因素对吴泽霖民族学博物馆思想与实践的影响，即早期的艺术熏陶与他后期的工作有着密不可分的关系。关于这点，费孝通曾有论述。"吴先生的艺术鉴赏能力帮助了他坚定地坚守民族平等的观念。即使在最简单的一块石头、一块木板，同样可以体现出最高的艺术创造力。认识到这一层，才能真实的相信各民族根本上是平等的。"①诚如费氏所言，所有的艺术作品都表达了一种对美的追求，"这是一种艺术的胜利，它在不可抗拒的美的力量下，把习俗和传统一扫而光"。②艺术作品并没有高低优劣的区别，阶级、种族、职业等人类后天划分的各种区格，在艺术面前都是平等的，都是人类天性的一种表达。

进一步说，吴泽霖平等理念的来源主要有两个。其一，是在科学的种族研究及对种族歧视的批判中逐渐升华而成；其二，早期深厚的艺术熏陶使他一视同仁地看待人类以各种标准划分的群体，由此衍生出对平等理念的追求。前者带有一种工具理性色彩，更多从严密的逻辑、精密的计算出发，通过技术手段最终达到他所追求的平等；后者可视为一种价值理性，讲求主观感觉、个人感受，强调从对美的理解中逐步延伸出平等理念。二者看似大相径庭，实则殊途同归，只不过是从不同方向共同推动了平等理念在吴泽霖思想中的内化。也正是在这两条路径的共同促动与巩固下，对于平等的追求在他心中根深蒂固，不论研究与实践转向何方，始终没有脱离这一理念的观照。

---

① 费孝通：《在人生的天平上——纪念吴泽霖先生》，《读书》1990 年第 12 期。
② 吴泽霖：《美国人对黑人、犹太人和东方人的态度》，第 103 页。

二 民族学博物馆的理论

在吴泽霖的民族文物事业中，包括收集、整理、展览等各环节的实践工作仅是其中的一部分，民族学博物馆理论方面的探索也占据了重要地位，被学界引以为道的莫过于民族博物馆与民族学博物馆的区分。1985 年，吴泽霖就上述命题发表了著名的《论博物馆、民族博物馆与民族学博物馆》和《民族博物馆与民族学博物馆的区分》两篇文章。他认为，博物馆有三种功能，即文物保管、宣传教育和科学研究。民族博物馆主要是为政治服务，其功能有六点，如介绍兄弟民族历史、介绍少数民族对中华民族的贡献、介绍中国共产党的民族政策、介绍少数民族在解放前后的历史变化、介绍少数民族文化的特点、展望近景与远景等。而民族学博物馆主要是为科学服务，也即为民族学学科服务，它建立在民族学基础上，同样也需要开展田野调查，它们的关系与化学或物理和其实验室的关系一样，相互依赖、相互促进，处于一种共生状态。实际上，民族学博物馆就是民族学的一种间接的田野调查基地。[1]

吴泽霖的上述区分是其思想成熟时的看法，但是什么样的机缘或经历促使他在晚年学术回顾之时抛出如此富有争议的学术议题呢？若想回答这个问题，必须再次回到吴泽霖的民族学博物馆实践中。笔者认为，他的上述区分实际是他长期从事博物馆实践心态的真实写照。1949 年前，吴泽霖在各高校建立的民族文物陈列室，属于他所说的"民族学博物馆"类型的早期形态。1949 年后，虽然他多次参与或主持带有意识形态色彩的"民族博物馆"性质的展览，但把博物馆拉向民族学学科的努力始终没有放弃。1982 年，吴泽霖到中南民族学院后建立的民族学博物馆，最终实现了他梦寐以求的理想。因此，在某种意义上说，

---

[1] 吴泽霖：《论博物馆、民族博物馆与民族学博物馆》，《中南民族学院学报》1985 年第 3 期。

讲求学科属性的民族学博物馆才是他毕生所愿,而非在各类"物"的装饰下被"意识形态"填充的民族博物馆。以下具体论证。

吴泽霖把自己在 1949 年前所从事的民族文物收集工作视为他所定义的"民族学博物馆"类型。"民族学博物馆性质的机构也只是在 30 年代后在诸如华西大学、厦门大学,抗日战争时期由上海内迁的贵阳的大夏大学、清华大学、辅仁大学、浙江大学等少数学校内播下了种,发出了幼苗。"① 其中大夏大学和清华大学的文物陈列室都系吴泽霖亲自创建,在他的论述中均属于民族学博物馆,即都与学科有着不可分离的关系。当然,上述各校的民族文物陈列室与吴泽霖后来提到的民族学博物馆绝不能严格对应,只能说是它的早期形态。

结合具体实践来看,无论是上海时期大夏大学社会学的文物陈列与展览,还是贵阳时期的"苗夷文物陈列室",都带有很强烈的为学科服务的色彩。文物征集多系在田野调查中完成,主要面向的观众也多为社会学系的师生。清华大学民族文物室为学科服务的特点更加明显,当时在社会学系学习的张正明对此印象很深,他回忆:"清华大学有一个民族文物室,是吴先生操办起来的,虽不算大,但收藏着许多珍贵的文物。有时吴先生带我们进民族文物室去,让我们参观,给我们讲解。诸如此类,都使我们兴高采烈。这样上课,确实有锦上添花之妙。"② 从功能上看,它充当了一个日常教学科研"实验室"的角色。从对文物的征集、展品陈列角度考虑,二者之间的勾连更为明显。

吴泽霖的民族文物实践带有诸多的学科观照,民族文物室成为他所受理论的"试验场",其中体现最多的是美国历史学派的思想。博厄斯认为,民族器物的展览应该根据部落和人群来划分,因为只有完整地展现一个部落的全部器物,该部落的文化体系才能呈现;一旦民族文物标

---

① 吴泽霖:《民族博物馆与民族学博物馆的区分》,《中国博物馆》1986 年第 1 期。
② 张正明:《我所知道的吴泽霖先生》,赵培中主编《吴泽霖执教 60 周年暨 90 寿辰纪念文集》,第 120 页。

本被抽离出产生的环境，与它周围的相关物品以及影响其生产的诸多现象彼此隔绝的话，它的意义就不能被完全理解。① 在展区的划分中，吴泽霖常以人群或区域为标准进行区分，并多次表示文物应该放置在其本身的文化网络中展现其意义所在。"每件文物都有它的历史，它和人结合在一起。虽然一般个别的或孤立的都是死的东西、静的东西，但从全面的或发展的来看，都有它活的一面。"② 展览活动中，对文物秩序的安排并非杂乱无章，而是与人类学知识谱系有着某种对应关系，不同范式理论会产生不同的展览形态，人类学赋予了民族学博物馆更多的活力，这也正是吴泽霖所说的"共生关系"。关于此点，有学者早已敏锐地发现吴泽霖1949年前的民族文物事业带有很强的"民族学博物馆"性。"吴先生与林惠祥，一南一北，前者孜孜不倦、辛苦积累'民族文物陈列室'，实际上掩盖着一张关于民族学博物馆的规划蓝图。"③

　　1949年后，由于局势的变动及思想的改造，吴泽霖的民族文物事业也与其学术研究一样，进行了转变，由原来强调学科属性的"民族学博物馆"性质逐渐转向强调政策宣传的"民族博物馆"。其中由吴泽霖主持的各类民族文物展览及参与筹建的民族文化宫属于他所说的"民族博物馆"性质。1951年，在故宫举办"全国少数民族文物图片展"，吴泽霖主其事，该展览"对宣传国家民族政策和教育群众起着一定作用"。④ 展览之后，吴泽霖设想用生活模型的形式来展现新中国成立后少数民族在生产生活上翻天覆地的变化，以此来宣传中国共产党民族政策的优越性和科学性。⑤ 1958年回到北京后，吴泽霖参与了民族文

---

① 转引自安琪《表述异文化：人类学博物馆的民族志类型研究》，《思想战线》2011年第2期。

② 吴泽霖：《关于少数民族文物的一点认识》，《文物参考资料》1957年第4期。

③ 郑茜：《民族博物馆？民族学博物馆？——对一种独特的中国博物馆现象的理解与阐释》，顾群主编《中国民族博物馆研究（2014）》，第7页。

④ 赵培中：《我心目中的一代师表——为庆贺泽霖师执教60周年暨90寿辰而作》，赵培中主编《吴泽霖执教60周年暨90寿辰纪念文集》，第127页。

⑤ 吴泽霖：《介绍几个少数民族的生活模型》，《光明日报》1951年9月26日，第5版。

化宫筹建并主持了"十年来民族工作展览"。"十年来民族工作展览",
顾名思义,主要反映的是自 1949 年十年来民族工作的巨大成就,而在
吴泽霖的眼里,民族文化宫下属的博物馆与民族博物馆性质无异,都承
担着宣传党的民族政策的政治任务。

　　与此同时,他并没有放弃创建一所真正意义上的民族学博物馆的理
想。1953 年,吴泽霖在西南民族学院主持的民族文物陈列室,就是其
创建民族学博物馆的一次探索。据他的助手回忆,展品分类依然按照
1949 年前他所采取的模式,以区域或人群为标准,分为总管、四川馆、
云南馆、贵州馆和藏族经堂、伊斯兰教经堂等。它很快"成为成都众
所注目的博物馆之一,并接待了众多的国内外来宾。同时,它在配合民
族学院教学方面也起了重要作用"。① 实际上,该文物陈列室的主要任
务在于辅助民族学的日常教学。改革开放后,吴泽霖还多次呼吁建立民
族学博物馆。据宋兆麟回忆,在一次民族博物馆筹备工作会议中,多数
人主张应该定名为中国民族博物馆,"唯独吴老提出异议,认为应该定
名为中国民族学博物馆,后来他也多次坚持自己的看法"。② 这个理想
终于在他来中南民族学院后实现。经过多方筹措,中国建立了第一所真
正意义上的民族学博物馆。

　　顺着本节得出的结论继续思索,为什么吴泽霖孜孜以求地钟情于他
所谓的"民族学博物馆"呢? 它的理论意义到底何在呢? 这必须从人
类学与博物馆的历史中来找寻答案。欧洲早期的博物馆都是奇珍异宝的
"储藏室",地理大发现后,收集海外奇珍异宝,尤其是初民社会的生
活用具,成为当时时尚。人类学博物馆作为一种类型从此产生,但如何
处理、解释从世界各地征集来的各式各样的器物,便成为博物馆专业人

---

① 杨元芳、李家瑞:《我国民族文物工作者的楷模——记吴老在西南民族学院的工作片
　断》,赵培中主编《吴泽霖执教 60 周年暨 90 寿辰纪念文集》,第 137 页。
② 宋兆麟:《我国民族博物馆事业的开拓者》,赵培中主编《吴泽霖执教 60 周年暨 90
　寿辰纪念文集》,第 145 页。

员最为核心的命题之一。这时候，人类学历史上的各种理论为他们如何
"展示秩序"指明了方向。人类学中各种理论依次出现，在博物馆中体
现为物品展示秩序的变更。当进化论盛行时，人类学博物馆中物品秩序
的展示以社会进化的阶序顺次排列；当传播论主导理论界时，器物展示
以地理区域为划分标准，并对同类型、同功能的器物进行类比，得出人
类文化的宏观历史。这种相互依存关系伴随人类学的发展，走过了很长
的一段时期。正如学者所说的："人类学博物馆赖以生存的基础——展
品和藏品的知识建构与信息传播，依赖人类学的民族志研究和诠释，人
类学博物馆的发展需要人类学学科理念与研究成果的支撑。"[1] 可以说，
人类学是人类学或民族学博物馆不断保持生机盎然，活力四现的重要依
托，同时民族学博物馆也以一种物化的形态来表达、阐发着早期的人类
学理论。此类表述与吴泽霖对民族博物馆与民族学博物馆的区分如出一
辙。这反映出，实际上吴泽霖对博物馆的本质属性早已有清醒的认识，
他认识到人类学的"缺席"将会使民族学博物馆变成无源之水，无本
之木。从这点出发，或许可以回答为什么 1949 年后，他在用民族文物
展览的形式来宣传党的民族政策的同时，心中依然怀有民族学博物馆的
梦想，并在众人的异议声中依然不断倡议筹建民族学博物馆。

吴泽霖对民族博物馆与民族学博物馆的区分，结合今天博物馆人类
学的潮流来看，依然具有很重要的意义。80 年代以后，人类学进入一
个批判和反思的时代，其中诗学与政治学成为这次解构性风潮最重要的
武器，民族学博物馆也深深陷入后现代的泥潭，"突然间人们开始讨论
博物馆，并将关于它的争论置于中心"，[2] 甚至成为各种思想角逐的前
线，人们对民族学博物馆的殖民地属性、展品的本真性、表述主体、权
力本质等都提出了质疑并展开讨论。而今学界处于解构风潮之后理性平

---

① 桂榕：《博物馆人类学刍议》，《青海民族研究》2012 年第 1 期。
② 麦夏兰、王建民、潘守永：《人类学视野中的民族博物馆》，《中国博物馆》2012 年
　第 3 期。

静的重建时代，更多思考博物馆的未来走向，其中一些学者对民族志博物馆①寄予了厚望，认为它在当今人类学学科与当代博物馆遭遇本体论与知识论的危机时，或能扮演"救世主"的角色，"民族志博物馆根深蒂固的跨科学本质和人文主义精神不仅值得博物馆学界予以重视，而且还为整个博物馆世界的发展提供了可供选择的路径"。②

再回过头来看，在吴泽霖的学术生涯中，不论个人或学科处境多么艰难，他始终坚守着民族学博物馆梦想。而他所处的那个时代，后现代潮流尚没有把博物馆的各种权力本质识别与暴露出来。我们不能说他对学术潮流有着超乎常人的先知先觉，但至少从中可以看出，甫一开始，他对博物馆在表达文化的真实性或价值无涉方面，始终保持着一种审慎的态度，对民族学博物馆未来如何更好地发展也有自己的看法。正是如此，在长时期的博物馆实践后，他才会在晚年抛出区别政治属性的民族博物馆与学科属性的民族学博物馆这样一个重要命题。

三　与林惠祥的比较分析

与吴泽霖一样，中国第一代人类学家林惠祥对民族文物事业也倾注了大量的热情，并做出了突出贡献，是中国民族博物馆学的奠基人之一。著名的厦门大学人类博物馆就是林惠祥的学术遗产之一。比较两位学术先辈在民族标本采集、展览的实践及民族文物方面相关的理论，对于我们理解早期民族学、人类学发展中除理论构建与民族志书写之外，还存在一种可称之为"田野采集志"③的学科表现形式有重大意义，对

① 民族志博物馆又叫作民族学博物馆、人类学博物馆等，系近来兴起的一种提法，它把民族志博物馆与民族志文本、民族志电影置于同等地位，都是对异文化进行表达、呈现与阐释的"文体"，吴泽霖所谈的民族学博物馆与民族志博物馆实质上是同一类型。
② 尹凯:《重思民族志博物馆:历史、秩序与方法》,《青海民族研究》2018年第1期。
③ 关于"田野采集志"概念，本书主要吸收张先清的看法，在文中他还提出了"采集民族志"的概念，二者表达的含义基本一致，本书主要采用"田野采集志"的用法。详见张先清《物件的文化:中国学者的早期田野采集志反思》,《民族学刊》2016年第1期。

于今天民族学学科的建设也将有所裨益。

第一,吴、林二人从对民族文物事业的执着坚守堪称典范。费孝通用"他到哪儿,博物馆事业到哪儿"恰如其分地形容了吴泽霖文物事业与学术人生相伴相随的情况。他对文物事业的热情还体现在诸多感人小事中,上文已有所述,在此不再赘言。从林惠祥一生的学术实践看,民族文物事业也贯穿始终。

比吴泽霖稍晚,林惠祥出生于 1901 年,福建晋江人,1926 年毕业于私立厦门大学,留校任教一年后,赴菲律宾从美国导师拜耶(H. Otly Beyer)学习人类学。拜耶在菲律宾主要讲授美国人类学理论与方法,"林学到的课程也是美国学派的,带有美国特色"。① 林氏回国后担任中研院民族学组助理研究员。1929 年,林父逝于台湾,林氏赴台处理丧事,其后深入高山族地区开展调查,搜集文物标本,所集文物涉及台湾"番族"生活的方方面面。1934 年,林惠祥在家中设立文物标本室,称之为"厦门市人类学博物馆筹备处",藏品达三四百件。为进一步充实内容,林氏于 1935 年再入台湾采买标本。全面抗战爆发后,他避难新加坡,带走大部分文物,在新期间亦着力搜集各类文物。1947 年,林惠祥自南洋归来任教于厦门大学,在学校举办了人类学标本展览会。1951 年,他专门写信给厦门大学校长,建议成立人类博物馆,并把自己数年来收集的一千多件文物全数捐献给学校,以作博物馆建设之用。1953 年,厦门大学人类博物馆正式对外开放,实现了他数年来的愿望。1958 年,林惠祥突发脑出血逝世。

林惠祥为民族文物事业疲心竭虑、呕心沥血的精神,在一些小事中体现得淋漓尽致。抗战胜利后,林惠祥携家眷及文物回国。据林夫人回忆,其他华侨回国时,大箱大笼皆是细软之物,而林惠祥的行李装的却

---

① 顾定国:《中国人类学逸史——从马林诺斯基到莫斯科到毛泽东》,第47页。

是他认为比他生命更重要的文物和图书。① 又据其子林华明回忆，林惠祥在筹办博物馆时以馆为家，没有节假日，"我记得父亲塑造从猿到人的模型，自己脱光上衣，双手举着木棒，张着大嘴，模仿山顶洞人的样子，给工作人员当模特"。② 类似事例，在《纪念林惠祥文集》中比较常见。从以上论述中可以看到吴、林二人在民族文物事业中所体现的呕心沥血、疲心竭虑、无私奉献的精神；他们对文物事业的坚守和热情仅从个人经历去理解并不妥帖，需要放置在国家困境和学科发展的双重背景中去考察，或许会得出更深层次的含义。关于此点，留待后文详述。

第二，他们对博物馆功能的看法及对民族类博物馆的设想基本一致。吴泽霖强调博物馆的功能有二重性：一是为社会服务，即宣传功能；二是辅助科研，即教育功能。在社会服务功能中，他结合中国社会的现实情况，强调博物馆在建构民族国家方面的作用，"我们在大力发展生产力的同时，还应大力培养一种民族凝聚力，团结各民族人民为形成一个真正的、团结的民族大家庭而努力。在宣传这一具有战略重要性上，博物馆大有其用武之地"。③ 他对博物馆教育功能的强调，在对民族博物馆和民族学博物馆的区分中有着最为直接的体现。在另一篇文章中，他在开篇题语中指出："寓教育于直接欣赏，把博物馆作为辅助学校教育的一条途径是当前的新方向。"④

再来看林惠祥关于博物馆的论述。他对博物馆与科研和教育的关系有过直接的论述，"研究人类学除阅读书籍外，必需参观这种实物，即所谓标本，方能有明确的认识和深刻的印象"。⑤ 同时，他也认为博物

① 蒋炳钊：《怀念林师》，汪毅夫、郭志超主编《纪念林惠祥文集》，厦门大学出版社，2001，第13页。
② 林华明：《永远的怀念》，汪毅夫、郭志超主编《纪念林惠祥文集》，第21页。
③ 吴泽霖：《论博物馆、民族博物馆与民族学博物馆》，《中南民族学院学报》1985年第3期。
④ 吴泽霖：《有关博物馆方面的资料（二）》，年代不详，未刊稿。
⑤ 林惠祥：《读书指导：怎样研究人类学》，《商务印书馆出版周刊》第231期，1937年。

馆应该积极承担向社会公众宣传知识的功能，尤其是在国家危难之时，更应该为整个民族的社会文化发展服务。"博物馆非藏古董之特殊机构，而实系执行社会教育之最良场所。""便是不识字的人也可由之而获得一点知识，博物馆是社会教育的机关。"① 通过展示可以消除民族隔阂，观众在参观中也会摒弃狭隘的民族观念。结合二者论述来看，博物馆尤其是民族类博物馆的社会属性和专业属性是他们共同承认的，且都在努力地把博物馆功能放置在加强民族凝聚力、实现民族团结的大局之下。

在博物馆建设的设想上，他们二人的观点也很相似。按照吴泽霖的想法，民族学系、民族研究所与民族学博物馆是一体的，缺一不可，共同推动民族学学科的发展。民族学博物馆的建立依托系、所的人才培养和科学研究，而系、所发展也需要民族学博物馆的支持。② 1949 年后，林惠祥积极投入新中国的建设事业中，他倡议厦门大学应该设立人类学系、人类学研究所和人类博物馆。"以上所提的人类学系、人类学研究所和人类博物馆一起并设，是为三者有密切联系。教人类学不能无标本，而教员不能不作研究，研究的结果所得到的标本也一定陈列于博物馆内，所以三者不可分离，设一种便可设三种。"③ 可见，在二人的民族学、人类学学科建设的规划中，都试图把博物馆纳入整个学科体系，三者相互配合，共同发展。

第三，从文物标本采集及展示的内容看，二人学术研究的旨趣不同，在博物馆方面所关注的重心也各有差异。从思想来源看，吴、林二人受美国人类学的影响都很深，对考古、语言、体质与文化的四分法都比较赞同。但实际上，吴泽霖对考古和语言两学科较少涉猎，他一生的学术旨趣多集中在体质和文化两个方面。而在文物标本的搜集、展览方

① 蒋炳钊、吴春明主编《林惠祥文集》（下），厦门大学出版社，2012，第 544 页。
② 吴泽霖：《有关博物馆方面的资料（一）》，年代不详，未刊稿。
③ 蒋炳钊、吴春明主编《林惠祥文集》（下），第 617 页。

面,他比较注重物质文化材料的搜集,尤其是服饰、民族工艺品等。在吴泽霖的遗稿中,有一篇名为《博物馆陈列》的文章,他对中南民族学院民族学博物馆的陈列做出了设想,其主要陈列有六方面内容,分别为中南地区概况、语言文字、工艺、乐器、住宅、服饰。[①] 从间接材料来分析,1982年吴泽霖支援中南民族学院建设,对学院原有的民族文物陈列做出调整,调整后设有民族服饰、民俗、民族工艺品、民族文化等展厅。[②] 另外,运用影像手段表现少数民族的文化特征也是吴泽霖进行民族文物展览的突出特点。在贵州调查时,他携带当时大夏大学唯一的照相机,拍摄了大量图片,后来出版了《苗胞影荟》一书,[③] 书中配有文字阐释,可以说吴泽霖是我国视觉人类学的先驱之一。

与吴泽霖不同,林惠祥不仅以文化人类学家著称,更多的是以考古学家和民族史学家而闻名于世。在此研究旨趣之上,他在文物标本的征集展览方面多偏重历史、考古与体质资料。"从一定意义上说,林惠祥是一个以民族史为目的的考古学者、博物馆学者。"[④] 从林惠祥筹建的人类博物馆的陈列中可以明显地看出这种倾向。该博物馆的陈列主题有三个部分:第一部分为史前遗物及模型,包括新旧石器时代的考古遗物、古人类的遗骨及复原模型、从猿到人的进化线路等;第二部分为有史时代的古物及模型,比较特别的是铜器、玉器、陶器;第三类为民族标本和人种模型,内含国内民族标本(主要是台湾少数民族)、南洋民族标本、印度民族标本、日本民族标本和世界民族标本等。[⑤]

通过比较,吴、林二人在采集展览的主题与内容上的差异十分明显,这种差异更多的是由个人学术经历的不同所造成。吴泽霖的田野足

① 吴泽霖:《博物馆陈列》,年代不详,未刊稿。
② 石建中编著《民族博物馆学教程》,中央民族大学出版社,2006,第130页。
③ 吴泽霖:《苗胞影荟》,大夏大学社会研究部,1940。
④ 尹凯:《林惠祥的博物馆理论与实践》,《自然博物》2015年第2期。
⑤ 宋伯胤:《林惠祥与人类博物馆》,汪毅夫、郭志超主编《纪念林惠祥文集》,第367—369页。

迹多在西南少数民族地区，他对西南民族本质的把握多从婚姻、家庭等文化要素入手，在文物标本搜集方面自然而然地会有所偏好。在学术研究中，他侧重文化多样性的呈现，而贵州民族多样性最直观的体现则是在民族服饰的差异性上，由此，吴泽霖的文物标本采集中注重服饰便不难理解了。从林惠祥的学术研究历程看，他多次在台湾开展田野调查，并参与了数次考古发掘，还对世界人种有过系统研究，撰写了《世界人种志》一书。在此研究基础上，他的民族文物标本的收集展览自然偏重考古材料及人种材料。主题上的差异只是浅层次的表现，从更深层次看，他们在文物展示背后所体现的最终目的也是不同的。

第四，从文物展示秩序背后透露出的知识构建看，吴、林二人也有着根本性的差异。苏珊·皮尔斯（SuSan Pearce）在论述欧洲传统的收藏品时，除其本身的实体意义外，更重要的是把它看作想象和建构的产物，认为收藏品经过组合以隐喻的方式制造着意义。[1] 也就是说，收藏品的意义与实践者的认识有着密切关联。同理，吴、林二人在他们的学术道路上，各自逐步形成了对中国的民族构成等的系统认识，这种认识上的差异性在收藏品的意义赋予与秩序的重构方面也有体现。

学者对于林惠祥文物展示背后的深层意义，有着不同的看法。张先清认为林惠祥1929年和1935年的两次台湾文物标本采集工作带有很明显的进化论思想，但摒弃了"心理一致"说，且受到美国历史学派的影响，带有抢救民族志的性质。[2] 尹凯则主要关注林惠祥五六十年代人类博物馆的标本陈列，指出其藏品展示是在进化论、历史特殊论和传播论三种知识体系指导下的实践活动。[3] 从林惠祥整个民族文物事业来

---

① 转引自张先清《物件的文化：中国学者的早期田野采集志反思》，《民族学刊》2016年第1期。

② 张先清：《物件的文化：中国学者的早期田野采集志反思》，《民族学刊》2016年第1期。

③ 尹凯：《博物馆的民族志书写——以林惠祥的厦门大学人类博物馆（1953年—1966年）为例》，《北京民俗论丛》2014年。

看，其标本陈列中蕴含着进化论、美国历史学派理论等因素是不可否认的，并且体现出他的诸多学术意图。"他试图从人类学、考古学、历史学、民族学等多个维度还原这一区域的文化特征，探寻文化起源、变迁和传播的规律"，① 最终在人类博物馆这一知识话语空间内建构东南海洋系文化的学术理想。总之，林惠祥的博物馆实践背后所蕴含的意义比较复杂，"在有机统一中建立一座新型的融历史与哲学、艺术与人种学、人与群体、古与今为一体的人类学博物馆"。②

吴泽霖通过文物标本展示所透露出的意义则比较纯粹，他的核心诉求在于通过物化的文化特质向观众传递一种民族平等的理念；林惠祥试图通过文化特质的接触展示"汉"与"非汉"亲缘关系的目的，在吴泽霖这里并不突出。在展示秩序方面，他更多继承了博厄斯在博物馆展示方面的经验。博厄斯十分反对按照进化论排列的器物展示方式，同时指出相关陈列必须兼顾自然与人文，这是唯一能展现某一现象的特征与周边环境的方法。③ 在吴泽霖的文物展示中，很少看到按照进化论的排列，他不太注重从历时角度还原民族的发展序列，更多的是以器物为中心同心圆式地铺陈展开。同时，他还主张"文物标本的展示应该放置在活的背景中"。④ 可以说，博厄斯关于博物馆的秩序展示思想对吴泽霖的影响很大。

此外，吴泽霖采集与展示文物标本的重点在于美学特征突出的文化特质，如工艺品、服饰等，希望通过美学特征突出的文物展览来更新观众对少数民族的认识。这些艺术品所体现出的含义，实际上都可归置到李亦园所说的"不可观察的文化"的类型，"它就已不再是一种工具，

① 杜辉、熊佩:《从民族志物品收集到东南海洋系文化构建——林惠祥先生收藏与展示实践（1929—1958）》，《民族学刊》2016 年第 6 期。
② 宋伯胤:《从昙石山到顶澳仔》，汪毅夫、郭志超主编《纪念林惠祥文集》，第 356 页。
③ 弗朗兹·博厄斯:《民族学博物馆与其分类方式》，吴洁译，《中国民族博物馆研究（2015）》，民族出版社，2016，第 4 页。
④ 吴泽霖:《民族文物工作的三部曲》，未刊稿，年代不详。

而成为一套分类的符号，一套任何文明不相轩轾的精巧设计"。① 在艺术品面前，民族没有高低优劣之分，没有先进后进之别，都处于一个平等地位。这是吴泽霖在文物展示中试图表达，并期望达成的理念。一言以蔽之，吴泽霖的博物馆实践背后有着艺术学与美国博厄斯式的文化人类学的双重依托，其最重要的意指是对平等的表达与追求。这与前文所述他的平等思想的两大来源实际上有着对应关系。

综合而言，吴、林二人在博物馆实践与理论方面表现出的差异性，主要是由于二人的治学路径与研究旨趣不同，但他们的趋同处在其他早期民族学家、人类学家中也有体现，可以说这也是民族学学科早期发展的重要特征之一。

不论是吴泽霖以追求民族平等为宗旨的文物陈列实践，还是林惠祥融合多种学科以构建东南海洋文化区的学术愿景，他们二人强调博物馆为国家和民族服务的性质是一致的。从另一个角度说，与他们的学术研究一样，他们的博物馆实践也体现出浓厚的民族国家性。吴泽霖的民族平等观折射出的是，他试图利用源自西方的科学手段改变以往人们对中国境内民族关系与秩序的认识。在他的心目中，中国现代性的实现，在民族关系上首先要改变旧式的成见，从民族间的相互认识开始。而林惠祥以文物标本采集展示的方式来证明中国大陆与台湾的亲缘关系，其目的与他在《中国民族史》中表达的主题是一致的，即试图构建中华民族的一体性。李亦园曾从民族国家的角度理解芮逸夫的学术研究，笔者认为放在理解吴、林二人的博物馆实践中也是合适的。"孙中山发表三民主义，其中民族主义一讲道尽了列强帝国主义者对中国民族的不平等待遇及种族压迫，因而鼓励国人团结自强，认清民族形成的因素与过程，以及民族文化的特质与环境，以求民族的独立与富强。这一民族主义思潮鼓舞不少有志青年从事理论与实际行动的努力。蔡元培《说民

---

① 李亦园：《田野图像——我的人类学研究生涯》，山东画报出版社，1995，第373页。

族学》一文，启示了民族学研究与民族主义相衔接的道路。"①

但也应该看到，除强调博物馆在民族国家构建中的作用外，他们二人始终把博物馆建设置于专业关怀之下，且这种关怀随着实践工作的逐步推进及学术思想的逐步成熟越来越强烈。这种把博物馆建设、人才培养与科学研究三者视为相互补充的关系，应是受到美国人类学的影响。"人类学博物馆在美国人类学研究、理论和教学的发展中，扮演着一个支配性的角色。博物馆人类学家组织和影响所有形式的主要人类学田野工作方向。他们的理论观点发表在各种专论和专业报告上，并且呈现在博物馆的展示媒介中。"②

就民国时期民族学、人类学学科发展而言，重视文物标本的采集，并把民族学或人类博物馆的建设与人才培养、学术研究联系起来的思路，并不是吴、林二人独有的特点。"与民族学专业建设有关的民族文物或民族学、人类学器物和标本的搜集、整理，在中国民族学的发展史中始终占据重要的位置。"③ 中央研究院的民族文物标本采集较早，且待时机成熟时准备成立民族学博物馆，至 1948 年，共计文物 1500 件；地处西南地区的华西协合大学也比较注重文物标本的搜集，成立了博物馆，华西协合大学的边疆研究所依托博物馆进行西南民族研究，取得了丰硕的成果；此外，岭南大学、南开大学、中山大学、浙江大学、金陵大学等高校都特别重视民族文物的搜集工作。除了吴、林二人，其他积极从事民族文物搜集展览的学者有凌纯声、芮逸夫、杨成志、葛维汉、郑德坤、陶云逵、吴定良、庄学本、冯汉骥等人。

因此，从广泛意义上说，民国时期民族学、人类学学科的发展，除

---

① 李亦园：《中国的民族、社会与文化——芮逸夫教授的学术成就与贡献》，李亦园、乔健编《中国的民族社会与文化——芮逸夫教授八秩寿庆论文集》，食货出版社，1981，第 2 页。

② Donald Collier, Harry Tschopik, Jr., 《美国人类学中的博物馆的角色》，王嵩山译，《博物馆学季刊》1989 年第 3 期。

③ 王建民：《中国民族学史》（上），第 203 页。

了介绍西方理论、构建中国民族学的体系、开展田野调查之外，还存在一种可以称之为"田野采集志"的学科表现形式，它是以器物展示的方式来表达学者诸如文化多样性、中华民族一体性、文化亲缘关系等主张，用物象化的文物展览来切实贯彻他们在学术研究中得出的结论，在最终指向上与所谓的"田野民族志"并无太大差别，只不过是各自的方式有所不同。同时，也应该看到，在早期大部分学者思想中，"田野采集志"与"田野民族志"、人才培养是一体的，共同构成民族学、人类学发展的基本要素。反观我们今天的学科发展，民族学博物馆或者更多地称之为民族博物馆，在规模、建制方面与1949年前相比，有了长足进步，甚至有学者不断提出"民族博物馆学"的构建；但从在整个民族学、人类学学科体系中的地位来看，田野采集志在促进人类学知识的增长与理论的更新方面，或在专业人才培养方面所发挥的功能，都尚有较大拓展的空间。这一点是今天"中国学派"构建中所需重视的内容之一，同时也是我们重新回顾老一辈学者"田野采集志"实践的意义之所在。

小　结

本章主要讨论的两项内容——种族和民族文物事业，看似并无关联，但在吴泽霖的学术思想中，它们一脉相承，有着同样的终极诉求，即对平等理念的追求。对这一主题的论证，笔者遵循吴泽霖研究的内在逻辑展开。首先在一般理论方面，吴泽霖区分了种族与种族问题，前者属于体质人类学层面，后者属于社会学层面。在吴泽霖看来，在种族基础上产生的种族歧视与种族不平等诸多问题，均是现代性引发的诸多后果，这与后来的思想家对种族问题的研究相差无几，但可惜的是，吴泽霖未能在此议题中形成与西方类似的批判性和反思性知识。

接下来，进入吴泽霖具象问题研究中。在《美国人对黑人、犹太人和东方人的态度》一书中，他得出了种族问题终究是个态度问题的最终结论。若把他对美国种族问题的研究放置在中国学界"海外民族志"的学术序列中考察，会发现他的"海外圈"书写始终以解决实际社会问题为导向，这种特点在其"核心圈"和"中间圈"的书写中一直延续着。同时，这也是他区别于李安宅和费孝通的特别之处。另外，吴泽霖把科学作为利器，通过缜密的研究来解释种族不平等的本质，希望以此来澄清基本认识，呼吁普通民众以一种客观的态度来看待种族及其引发的各种社会问题。

最后，吴泽霖对平等的追求，由理论层面转入实践层面。在民族文物的征集展览活动中，他以物化的形式表达民族平等的理念，并以实际行动来推动这种理念由"口号"走向"事实"。晚年，他还区别了民族博物馆与民族学博物馆，从他的实践活动来看，不管个人或学科处境多么艰难，他自始至终倾心于强调学科属性的民族学博物馆，这种偏向在人类学与博物馆遭遇表述危机的当下，更有其特殊的理论意涵。

与林惠祥的民族文物事业比较而言，他们二人自始至终都保持着满腔的热情与执着的坚守，对博物馆功能的二重性及应把博物馆置于学科关怀之下，都有一致的意见。但从文物采集的内容及秩序展示背后所投射出的复杂意义看，二人的差异性很大。放置在学科视野中进行考察，吴、林二人的相同点在其他学者身上也有类似体现，他们都不约而同地注重民族文物的标本采集工作，并把它与学科整体的发展、民族学学科的建设联系起来。可以用"田野采集志"来表达早期学者所共有的这种特征，它与"田野民族志"相互促进，共通推动学科发展，这一点是我们今天学科建设中需要重新审视的内容之一。

结　语

前述数章都是在着力探寻吴泽霖学术思想本身的内在逻辑或其知识生产背后的各种决定因素，结语部分将再次返回到吴泽霖所撰的文本本身来分析其特点，用"应用倾向"和"科学主义"两个关键词贯穿。当然，应用性绝非吴泽霖学术研究中表现出的唯一特征，但通过这一特征可以讨论与学科本土化相关的若干议题，并回归到当今热烈讨论的"中国学派"的构建层面。本部分主要讨论两个问题：第一个问题是知识分子的爱国救国情怀，并由此引发知识的应用性特征；第二个问题是知识分子明确知识功能主义立场后，引发的对学科科学主义立场的维护和坚持。

首先来看第一个问题。"应用性"并不是指社会学家或人类学家担任具体行政职务，从而开展具体的应用改造活动，而是指学者在学术议题的选择、讨论时，以现实问题为导向开展学术研究。它所追问的更多是"是什么和何人"的问题，而基础研究则更多强调"为什么"的问题。① 它强调的是学科紧密围绕近代中国的转型、社会文化的变迁、边疆问题的解决等关乎国家复兴、民族独立的紧迫问题，而开展的学术探索并着力寻求解答之道，是学者开展学术研究时，自觉或不自觉透露出来的一种倾向。确切地来说，应用取向是"研究者在从事研究时主要

---

① 谢剑：《应用人类学》，桂冠图书股份有限公司，1989，第174页。

或直接的动机和行为倾向，是服务于解决社会问题或为有关机构、部门提供决策依据。与实用取向相对的是学术取向，它主要是为了验证、修改或建构社会学的学科理论与方法。两种取向是同一向度上的两个端点，两个端点并不是断裂的，而是连续的，现实中许多研究者或者研究项目往往两种取向兼有，只不过较为偏重某一取向罢了"。①

当然，这个特点在与吴泽霖同时期的其他社会学家、民族学家身上也有表现，可以说也是中国社会学、民族学学科本土化过程中形成的特色之一。

从吴泽霖的论述来看，他始终坚持社会科学研究应该以实际问题为导向，要与社会需要紧密结合，学者虽不能替代政府，但通过实地调查，呈现基本事实，充当"社会工程师"的角色，可以使社会运转、人类进步走上一个更加有序和理性的道路。在他看来，社会学是"旨在理论联系实际，对社会现象进行调查研究，从中得出一些规律性的东西，为了解、解释和解决社会问题提供依据为职责的学科"。②在对中国社会学使命的定位中，他指出："中国社会学的工作，不仅是整理社会史料和调查社会现状而已，它更应该进一步的应用社会学上的学理以研究中国的种种实际问题，籍供执政者参考。"③全面抗战爆发后，吴泽霖初涉民族学研究，他不仅要求自己的研究要有问题导向，而且在其主导下，大夏大学社会学的发展也以研究西南民族为中心。"本院积极利用时机，举行调查工作，以期对西南建设有所贡献。"④

从吴泽霖具体的学术研究来看，以实际问题为导向的应用性格贯穿他学术生命的始终。纵向来说，在美留学时他所做的两项研究：孔子社

①　丘海雄、严祥军：《重建后的中国社会学的实用性格——兼谈社会学的学科建设问题》，《社会学研究》1991年第6期。

②　李星万、叶丽瑛编著《社会学基础》，湖南人民出版社，1987，吴泽霖序，第1页。

③　吴泽霖：《中国社会学之使命》，《中央日报》1937年1月23日，第11版。

④　吴泽霖：《今后之文法学院》，《大夏周报》第14卷第7期，1938年。

会思想和美国种族问题。前者力图通过西方的科学分析体系来重新发现东方文化的独有价值，虽属理论议题，但其指向的却是中国传统文化在转型过程中的评估问题；后者则纯粹以揭示种族问题真相、缓和种族冲突为主要目的，面向的也是当时美国最为复杂紧迫的种族歧视问题。回国后的第一个十年，无论是中国社会问题的宏观分析，抑或上海社会救济事业的微观调查，吴泽霖学术研究秉承的主要思想依然没有改变，即为社会事业的改造提供客观事实和学理依据。从1937年开始的第二个十年，吴泽霖研究中的应用特点，在时局的推动下更为明显。他以田野民族志的形式呈现黔滇民族的文化多样性及实际社会生活，主要是为了能进一步提高国人对少数族群的认识，同时也希望通过具体工作，在少数民族中间宣传国家观念，为抗战救国大局团结更多力量。从1949年开始的第三个十年，不管是主导范式的转移，还是思想内在理路的学术延续，应用性特征在学科国家化的潮流中达到了最高潮。整体而言，吴泽霖参与了新中国成立初期的社会历史大调查，通过社会历史形态的分析，为国家提供了少数民族社会改造的认识论依据。除国家使命外，吴泽霖在婚姻研究中，还时时不忘思考如何解决新颁布的《婚姻法》与少数民族传统婚姻形式之间的矛盾问题。

横向来说，吴泽霖学术研究的应用性特征表现为两个层面的内容。一是以社会问题为导向，吴泽霖所选择的研究命题，大多业已存在，而且已经引起一部分人注意，在他眼里，这些社会问题是客观而真实的，绝非建构与想象的结果。这样他可以通过一系列科学手段，首先对事实进行呈现与描述，接着在此基础上提出改造建议。二是强烈的社会政策学倾向，通过研究，吴泽霖对诸多问题的解决提出了具体对策，有些属于宏观层面的原则，如如何改造中国的国民性；有些属于具体的改造步骤，如边疆社会建设的类型化和层次化推进方案。

从学界对吴泽霖学术研究的述评来看，"应用性"已是学者的共识。王建民曾表示吴泽霖对中国当代现实民族问题的探讨，是其民族学应用研究的重要一方面。① 孙秋云、钟年认为，在吴泽霖学术研究中，注重田野调查，为社会进步服务是不可忽视的一点。② 为社会进步服务，即学科中的应用性特征。李然亦曾指出，吴泽霖在人类学知识的应用与普及方面做出了不可磨灭的贡献。③

　　吴泽霖研究中表现出的这种"应用倾向"，也是中国社会学、民族学的一个重要特征。关于此点，学界认识比较统一，诸多主流学者发表过意见。王建民在《中国民族学史》中认为，民族学与现实问题研究是1949年前中国民族学发展的一个重要特点。④ 杨圣敏在分析中国民族学本土化的特点时也指出，与西方学者相比，中国学者更重视民族学对解决社会实际问题的应用。⑤ 周大鸣更为直接地谈到中国人类学具有的应用性格，其内涵有二：一是"位卑未敢忘忧国"的学科使命；二是富于自我牺牲的学科精神。⑥ 周星和胡鸿保早年在考察学科发展时也曾谈道："中国学者确认民族学的应用特性，乃是为其研究对象——中国各族人民的利益服务的。"⑦ 社会学史的研究中，学者对学科的应用取向认识得更为清晰。田毅鹏曾说："晚清时期社会学以群学形式传入中国以及学科中断后再度重建的20世纪80年代，社会学家理解和把握社会学的学科根性的过程中都着力强调学科的应用性。"⑧ 杨雅彬在80年代书写社会学史时，曾拜访诸多老一辈社会学家、民族学家，包括吴泽霖、费孝通、雷洁琼、杨堃等。他对前辈学者身上体现出的强调知识服务于国家建设的特点，印象十分深刻，"尽管前辈社会学者的观点各

① 王建民：《吴泽霖民族学思想和学术生涯》，《民族教育研究》1994年第2期。
② 孙秋云、钟年：《注重田野调查　为社会进步服务——吴泽霖教授学术思想概说》，《中南民族学院学报》2001年第6期。
③ 李然：《吴泽霖与中国人类学的发展》，《贵州民族研究》2009年第1期。
④ 王建民：《中国民族学史》（上），第263页。
⑤ 杨圣敏：《中国民族学的百年回顾与新时代的总结》，《西北民族研究》2009年第2期。
⑥ 周大鸣：《中国人类学的应用性格》，《光明日报》2002年4月16日。
⑦ 周星、胡鸿保：《中国民族学的构成与特征》，《宁夏社会科学》1994年第2期。
⑧ 田毅鹏：《社会学学科应用性困境及其消解路径》，《社会科学辑刊》2018年第4期。

不同，他们都有以天下为怀、以苍生为念的境界，为救国富民，振兴中华民族，就中国社会发展的路向指明了建设性的看法和建议"，"他们对社会的责任感是我们要学习的"。①

进一步分析，这种应用性的倾向是如何在学科发展中逐步形成的呢？

吉尔赫穆（Gerholm）和汉纳兹（Hannerz）对影响以国别为界线的人类学传统形成的各种因素做过深刻探讨。他们除了把以国家为单位的人类学置于世界人类学理论中心与边缘的体系中考虑外，还特别强调国家处境与本土人类学形成的特殊性格和价值之间的关联性，本土文化对以国家为单位的人类学的深远影响，以及学者本身的社会阶层、人生际遇等在学科特色形成中的作用。本书受上述论点启发，在前辈学人的基础上，探讨吴泽霖学术思想在中国民族学、社会学学科本土化过程中应用性格形成的原因。

第一，个人经历。学者是学术研究的主体，是学术史考察首先应关注的对象，而学者的研究旨趣与其人生经历有某种因果关系已是无可争议的事实。由此，中国民族学应用性格的"养成"，要从学者的人生经历入手。

为中国社会学、民族学奠基的那两代学者，多出生于1900年或1910年前后，他们成长的年代正是国家积贫积弱、列强纵横的时代，"国难与危亡"成为他们"集体记忆"的核心概念，而"拯救国家于水火之中"亦成为他们从事各项工作的最终使命。就吴泽霖而言，此种由时代赋予的特殊心态或许更为强烈。在晚年自述中，他曾道："我亲眼看到一些殖民分子在我们国土上肆无忌惮地蔑视和侮辱我们的同胞。

---

① 杨雅彬：《拜访老社会学家——对社会学恢复初期的一些回忆》，刘楠来主编《中国哲学社会科学发展历程回忆·政法社会卷》，中国社会科学出版社，2014，第345、348页。

我在内心充满愤慨的同时，又深怕国家真会被瓜分而灭亡。"① 比吴泽霖晚一代的民族学家林耀华回顾幼年经历时亦曾谈道："当时的青年与现在的处境不同，一脑袋的救国思想。在当时的国际国内氛围下，研究中国的社会问题，找出中国贫弱的'病根'是很多青年人追求的目标。我就是在这种由时代和社会设定的目标引导下，选择了社会学。"② 这种在成长时期的共同经历，使得两代学者普遍具有强烈的家国情怀。

再从两代学者的求学经历看，以吴泽霖为代表的中国民族学、社会学第一代学者，多系海外留学归来，有些还属于著名的"庚款生"，③如李济、陈达、李景汉、吴泽霖、潘光旦、吴文藻、许烺光等等，其他学者如卫惠林、芮逸夫、凌纯声、陶云逵等人也都是各省官派或其他形式的公费留学生。这一批留学生身上所附着的国家使命感，在他们亲身感受到中国积弱与西方国家先进的文明之间的差距后，更加强烈，求知即为救国，成为共同之心声。在其学术研究中也表现出对中国现实问题的极度关注。这一问题早已有学者关注，元青在研究留美生社会学、人类学博士论文时发现，这批学者的研究"彰显了求实致用的现实观照、以解决中国各种社会问题为旨归的本土化研究旨趣"。④

不管第一代、第二代学者间个人经历的差异性有多大，在成长与求学期间形成的强烈的"家国心态"并没有太大差异。也正是这种趋于一致的学术报国理想，促使"许多中国知识分子在救国图存意识的指引下，开始引入被认为有实用价值的方面的科学知识。拯救社会危难的

① 《吴泽霖民族研究文集》，自序，第 4 页。
② 《林耀华学述》，第 3 页。
③ 1900 年，八国联军侵华，次年签订屈辱性的《辛丑条约》，条约规定清政府向美、英等国共支付四亿五千万两白银。1908 年，美国开始向中国政府返还部分庚子赔款，用以支持中国的教育，资助中国学生出国留学，这批受到庚子赔款资助的留学生被称为"庚款生"。
④ 元青：《民国时期留美生中国社会问题研究旨归与影响——来自留美生社会学、人类学博士论文的考察》，《天津师范大学学报》（社会科学版）2015 年第 6 期。

工具性动机，成为中国社会学实用性格形成的内驱力"。①

第二，学科特色。吴泽霖学术研究中体现出的应用性特征，以及中国民族学、社会学中的"应用性格"，与两个学科本身具有的应用属性也有莫大关联。从西方社会学的起源看，一方面是启蒙运动的产物，在思想上接续着启蒙以后的各种思潮；另一方面也是工业革命的产物，工业革命带来了物质文明的极大丰裕，但同时也产生了各种社会问题。在这种迫切需求下，社会学从一开始便带有"诊断"社会问题，医治社会"疾病"的应用性特征。再从社会学引进中国时的情况看，20世纪初，沃德提出应用社会学，其后经芝加哥学派的推动，到20年代应用社会学已经成为社会学中的一股重要潮流。而差不多在此时，经留美生社会学者努力，美国社会学在中国成为影响最为强劲的流派，而偏重应用的芝加哥学派在中国社会学界更是极为流行。社会学本身的应用属性，加之学者引进时就对此种应用潮流的偏重，使得中国社会学在发展起点上就带有"天然"的应用倾向。

再来看民族学或人类学的情况，人类学从产生之日起就带有强烈的应用色彩。19世纪，欧洲各国纷纷向海外开拓殖民地，但如何维护其殖民统治，成为各国不得不考虑的问题。于是，应用人类学顺之而然地产生了，"它是利用人类学的原则、观点、方法以及知识于帝国行政上的一项技术科学"。② 人类学家通过调查殖民地国家的风俗习惯等地方知识，为殖民统治政策的制定提供知识支撑。同时，英国等殖民帝国还指令各大学研究殖民问题，举办各种由人类学家主持的殖民讲座，人类学家还参与殖民地官吏士兵的训练班，各殖民政府都设有殖民专员职位。一些人类学家还在殖民政府中担任重要职位，参与殖民统治。

另外，中国民族学研究群体的特殊构成，也有力地推动了民族学本

---

① 丘海雄、严祥军：《重建后的中国社会学的实用性格——兼谈社会学的学科建设问题》，《社会学研究》1991年第6期。

② 马长寿：《人类学在我国边政上的应用》，《边政公论》第3期，1947年。

土化中应用倾向的形成。民国时期的民族学研究有两大传统。一是以中研院为代表的精英化范式，强调学术源流史的考察和文献挖掘与考证，强调与传统的衔接，主要人物有凌纯声、芮逸夫等；二是以研究现在和历史的差异为主，强调田野调查及社会服务，主要人物有吴文藻、费孝通、林耀华、李安宅，主要指涉的是燕京学派。后者多系抗战时期由社会学领域转向民族学研究，而在开展民族研究时，原先社会学中强调社会问题、应用倾向的风格自然延续到民族问题研究中，主要从微观的社会参与上直接研究并改善这一处境。[①] 有此类经历的学者不在少数，除上述学者外，本书主述的吴泽霖也系由社会学转入民族学领域，强调社会问题的实用倾向在其中后期的民族研究中有很多体现。

社会学、民族学的产生在思想上固然有其"哲学之根"，但现实的需要也是学科产生的"催化剂"，这种需要表现在学科上即是应用倾向。它属于学科的本质属性，不论被引进到哪个地区，何种文化传统中，本身附着的应用倾向不但不会被涤净，反而在本土化过程中会得到进一步强化，这种情况在处于边缘区的第三世界国家中尤为明显。

第三，国家需要。从 19 世纪中期开始直到现在，中国面临着最为重要的主题：现代化。这一源自西方的发展道路以一种被动形式传入中国后，在长达一个世纪的时间里，中国的方方面面都被卷入这一进程中，作为"西学"重要内容的民族学、社会学自也不能例外。一方面，它们是现代化进程的产物，是知识分子向西方学习的结果；另一方面，它们也通过各自的知识生产体系服务于中国现代化这一主题。

许纪霖、陈达凯在分析中国现代化进程中面临的问题时，指出有三个不容回避的问题，即庞大的人口压力与自然资源的相对短缺、亡国灭种的生存危机与政治衰败、国家四分五裂的乱世局面。"总而言之，国

---

① 王利平：《知识人、国族想象与学科构建：以近代社会学和民族学为例》，《北京大学教育评论》2016 年第 3 期。

民的基本温饱、民族的独立生存、社会的统一安定诸问题重叠并存。"①
而这三个问题，尤其是前两者，恰是社会学、民族学关注并擅长的领
域，也形成了系统性的知识。就民国知识界的看法来说，社会学研究现
代社会，而民族学研究前现代的初民社会。社会学剖析社会运行原理，
调查各种社会问题，为社会改良提供方案；而民族学也以体验式的调查
方式，为中国由传统帝国向现代民族国家转型提供了认识境内多元族群
的客观知识，同时也为现代民族国家建构、社会整合、文化变迁、边疆
开发等提供了诸多切实的改造方案。因此，从理论上说，近代中国的现
代化进程对民族学、社会学的需要十分迫切，表现在学科上即强烈的应
用倾向。正如周大鸣指出的："人类学在中国的肇始与当时中国新兴知
识分子对国家强盛的殷切愿望是密切联系在一起的。"②

　　事实亦是如此，国民政府对边疆问题十分重视，"以研究为施政的
根本大计"，分别设立了边疆政教制度研究会、新疆建设会、蒙藏政治
训练班等等。全面抗战爆发后，政府对民族学、社会学知识的需求因国
内形势的紧迫更为强烈，不仅组织了各类由人类学家带队的边疆视察
团，如西康科学调查团等，而且教育部1939年在厘定大学课程时，把
社会学分为三组，城市、乡村与边疆，且把民族学的课程作为社会学系
公共必修科目。不仅社会学系如此，人类学、民族学等相关课程更是成
为文、理、法、师范四学院学生的必修或选修科目。③ 1941年，由蒙藏
委员会主持设立，各知名社会学家、民族学家参加的中国边政学会成
立，更是表现民族学、社会学应用性格的标志性事件。《边政公论·发
刊词》中对该学会的缘起及宗旨有过简要陈述，可以直接说明该时期

---

① 许纪霖、陈达凯主编《中国现代化史　第一卷　1800—1949》，上海三联书店，
1995，第8页。
② 周大鸣：《中国人类学的学术关怀》，《西北民族研究》2009年第3期。
③ 芮逸夫：《民族学在中国》，《中国民族及其文化论稿》，台湾大学人类学系，1972，
第1418页。

国家对边政知识的需求。"边疆工作这一部门，现在还如入座新宾，真正面目，犹未为大家所认识。……一切的研究和学说，都应以切合时用为最终的目标，方可产生伟大的效果。故我们对于边疆问题的研究也必须根据着学理和事实，同时根据着国策，以求能与当前的边疆政治相配合。"①

国家建设需要所引发的吴泽霖学术研究中的应用性偏向，也极易观察。抗战时期，吴泽霖在贵州开展的六次大规模调查多系应各政府单位委托而做，如贵州少数民族概况调查、民族情况调查、社会状况调查分别受中央内政部、贵州省教育厅民族研究会、贵州省民政厅委托，②调查完成后递交了数十万字的调查报告，供政府施政参考。国民党政府基于抗战形势，为团结各种力量起见，起用或委托社会学家、民族学家开展调查，有着比较紧迫的实用性要求，学者在调查中也常以实际应用为导向，搜集材料，呈现事实，为各项政策的制定、推行出谋划策。

第四，文化逻辑。民族学家或人类学家常把人类的行为、组织、思想置于文化的背景中去考察，强调文化赋予行为意义，有些流派甚至把人类活动都化约为文化的决定。吊诡的是，在学科史研究中，更多强调的是个人、社会的约制和思想的内在延续，对于学者所处文化脉络与知识生产之间的关系较少涉及。格尔兹曾借用韦伯的话说："人是悬在由他自己编织的意义之网中的动物。"③学者的知识生产本质上也是一种文化活动。一方面，他们在各自的文化框架下开展各项学术实践活动，其行为受文化网的规制；另一方面，个体行为意义的获得和价值的实现也必然落脚于其所属的文化网络。从这层意义上理解吴泽霖"天平人生观"中把个人行为的意义和价值与社会、国家连接起来的思维，实

① 《发刊词》，《边政公论》第 1 卷第 1 期，1941 年。
② 何长凤：《贵州近代少数民族调查研究的拓荒者——抗战时期大夏大学社会研究部的成就》，《贵州民族研究》2002 年第 1 期。
③ 克利福德·格尔兹：《文化的解释》，纳日碧力戈等译，上海人民出版社，1999，第 5 页。

质上背后潜藏着深刻的文化逻辑。范围扩大到学科史的讨论中,其最为重要的启示则是:"中国民族学学科史是一个必须探讨的主题。除了国家社会脉络、学术思潮背景之外,还有文化的层面值得深入探讨。"①

中国民族学、社会学应用性特征的形成与几千年来绵延不绝的中国文化也有着密切关联。被传统知识分子视为无上圭臬的儒家思想,对于"学""用"的关系讲得比较透彻。《论语·子张》中曾言:"仕而优则学,学而优则仕。"不管如何解读,通过所学实现人生价值,并没有太多争议。《礼记·大学》中也强调"物格而后知至,知至而后意诚,意诚而后心正,心正而后身修,身修而后家齐,家齐而后国治,国治而后天下平",即所谓的修、齐、治、平,表达的是知识要面向社会,通过学习来实现人生价值、社会价值,并承担起相应的国家责任。后来,北宋张载"横渠四句"中的"为生民立命""为万世开太平",实质上也是强调学用结合,把社会和国家前途与个人价值的实现联系在一起,类似的古句在典籍中十分常见。近代以后,中国传统文化虽然遭到强烈批判和冲击,但根植于文化深处的思维结构并没有太大转变,通过知识来实现个人价值与社会价值的传统观念,直到今天依然没有被彻底颠覆。费孝通曾从中国传统文化的逻辑出发,考察他上一代知识分子的价值理念与思想境界,指涉的也多系传统文化中的家国情怀。他说:"中国文化的底子是有社会主义的本质内容的。它不倡导从个人出发,而总是以集体为权衡的导向,至少也是从一个家庭为出发点,而要求推之于国家和天下。这种从群体出发的文化生生不息地传下来,它是超越于个人生死的。"②

与中国第一代、第二代民族学家、社会学家一样,吴泽霖幼年在传

① 何翠萍:《从中国少数民族研究的几个个案谈"己"与"异己"的关系》,徐正光、黄应贵主编《人类学在台湾的发展·回顾与展望篇》,中研院民族研究所,1999,第394页。
② 费孝通:《逝者如斯而未尝往也》,《群言》1994年第7期。

统私塾接受教育，后虽然长期留学国外，但依旧不能摆脱文化之网所赋予他们的行为价值，学用一体的传统思想浸染在他及那个时代每一个知识分子的心中。这是中华文明几千年来形成的文化基因，不经过长时段的变迁，无法逆转，表现在学者的知识生产中，即强烈的应用倾向。此种源自文化的规制虽不易察觉，却不容忽视。

接下来分析知识应用性所引发的学科科学主义立场问题。学科本土化过程中形成的应用特征，更重要的是引发了一些涉及社会学、民族学学科本体论和认识论的问题。学者在开展研究时表现出应用的心理动机和行为倾向，其背后潜藏着对学科本体属性的科学定位。强调学术为现实服务，以社会问题为导向，意味着对知识的探求需要确定性，即对通则和规律的追求。他们把学科应用置于一个很高的地位，在学科本质属性的定位上，很自然地认为民族学、社会学可以通过经验实证的方式，发现社会规律，利用科学所发明的社会统治技术，改造社会，改进人类群体间的关系，属于一种社会科学。汪晖在考察近现代对科学概念的使用时曾表示："中国近现代思想中的科学概念及其使用方式与使用者承担的社会角色直接相关。"在中国思想家的科学观中，"功用"和"进步"是两个关键字眼，"只是功用在中国思想家这里含有更多的民族主义色彩（寻求富强），而进步则与反传统主义的意识形态有更密切的联系"。[1] 可见，在早期知识分子思想中，科学观的形成与知识的应用性有着不可分离的关系。

用哈贝马斯对认识与兴趣的三种区分来分析或许更为透彻。哈贝马斯曾提出认识的三种兴趣，分别为控制外在客观化世界的兴趣、沟通和理解的兴趣、解放的兴趣，也就是通常所说的技术的兴趣、实践的兴趣和解放的兴趣。第一种依赖技术控制原则，坚持事实价值的二分法，注

---

① 汪晖：《"赛先生"在中国的命运——中国近现代思想中的"科学"概念及其使用》，陈平原等主编《学人》第 1 辑，江苏文艺出版社，1991，第 49—50 页。

重对客观事实的探索及对外在世界的改造；第二种通过象征符号互动来促进人与人之间的了解，体现人对生命世界意义的把握，是一种现象学或阐释学；第三种认为生活世界中的根源是对我们的自由、自主及统治约束中解放的请求，注重对现实秩序的批判和反思，通过反思不断追求社会进步，是一种批判类型的知识。马克思、弗洛伊德、福柯等均属此类。① 强调应用性的知识，实际上对应的是技术的兴趣，讲求知识的客观性，与"科学"准则一致；第二种兴趣有些人文学的偏向；第三种兴趣则更多体现在后现代解构风潮中。与哈贝马斯兴趣的分类有些类似，布洛维（Michael Burawoy）在谈论后殖民社会学时，认为社会学有多重面相，即专业的、批判的、政策的和公共的。这种论述把社会学当作一门社会科学，但也是一门人文学。其中强调应用取向的政策社会学在对学科本质属性的定义中，更多地把社会学看作一门"科学"。

按照逻辑推理，强调应用性倾向的研究更多是把学科属性定义为"科学"，而非理解与阐释的人文学或社会批判学，追求的是一种改造目标，而非道德目标。从历史事实看，强调应用取向的中国社会学、民族学第一代与第二代学者，在对本学科的本质属性定位中，也更多地把社会学、民族学拉入社会科学的阵营中。

先从吴泽霖的论述谈起。20世纪30年代，吴泽霖在编订社会学的中学教本《新中华社会学及社会问题》时，开篇便提到："社会学是社会科学的一种，所以要研究社会学，应当先明了社会科学的性质。社会既与科学二字连在一起，当然是含有科学的性质。"② 他不仅把社会学定义为科学，而且还极力批判把社会学看作非科学的论调。他说："孔德和斯宾塞把所有的科学列成阶级，社会科学在他们看来当然不甚科学的，这种错误观点至今仍极普遍。"③ 在对民族学学科属性的定义中，

---

① 哈贝马斯：《认识与兴趣》，郭官义、李黎译，学林出版社，1999，第12页。
② 吴泽霖编《新中华社会学及社会问题》，第1页。
③ 吴泽霖：《一切科学的一致性》，《东方杂志》第33卷第5号，1936年。

他也依然把它视为一种科学研究。[①]　30 年代末在贵州开展民族研究时，他用"科学"标准对鸟居龙藏等人的研究进行评价，他说："除了历史方面的记载外，其余的叙述，如以科学的目光来窥测，非太主观，及欠精密。"[②]　基于这样的评价，他要求大夏大学社会研究部用严密的方法对贵州民族进行科学的研究。

与吴泽霖同辈的学者，对社会学、民族学学科的科学属性也坚信不疑。许仕廉曾明确表示："中国的问题是社会经济的问题，解决这个问题的唯一工具是科学。"[③]　在此种理念下，他的人口问题等研究强调对事实的客观性与准确性的探寻，力图呈现一般规律，并寻求问题的解决。二人都是把社会学看作以"技术兴趣"为主的社会科学，而非解放和理解的人文学和批判学。孙本文在《社会学的领域》一书中列专节讨论"社会学是不是一门科学"，他得出结论："社会学是一切科学的基本科学；他是研究社会科学中共通的原理原则。""他的科学性质，和物理学、化学、生物学等没有差别。"[④]　上述思想不仅在中国第一代社会学家、民族学家中普遍流行，在第二代中也是主流观点。近来有学者对费孝通的学科观念进行研究，虽然费孝通有人文科学的提法，但实际上是学界的一种误读，费氏偏正结构的落脚点是：人文的科学。还是科学，不是人文。[⑤]　用杜赞奇的一句话来形容早期知识分子的此种心态最为合适。"在此数十年中，被称之为'科学主义'的东西，即那种把所有的现实都一概置于自然秩序之中并通过科学方法而知晓的观点的胜利在最有发言权、最活跃的知识分子中间已经根深蒂固。"[⑥]

---

① 吴泽霖：《中国民族学的回顾与今后如何开展》，未刊稿，年代不详。

② 吴泽霖：《民族学论文集》，贵阳大夏大学社会研究部，1940，序言，第 1 页。

③ 许仕廉：《中国社会学运动的目标经过和范围》，《社会学刊》第 2 卷第 2 期，1931 年。

④ 孙本文：《社会学的领域》，世界书局，1929，第 1、15 页。

⑤ 陈云松：《走出费孝通悖论——谈社会学的方法之争》，《清华社会学评论》2017 年第 1 期。

⑥ 杜赞奇：《从民族国家拯救历史：民族主义话语与中国现代史研究》，第 76 页。

应用倾向在近百年的学科史中一直占据着一席之地，甚至成为社会学、民族学国别传统的表现之一，在国际学界曾得到高度认可。1980年，费孝通获得马林诺夫斯基奖，而主办方将此殊荣授予费孝通的主要原因是表彰他在学科应用方面所做出的杰出贡献。"我认为，把马林诺夫斯基奖授予这位学者，是因为他通过应用人类学和应用社会科学的研究，发展了一种新的研究模式，就是如何把社区中的经济关系与整个社会联系在一起研究。"①

综合而言，强调学科的科学属性，是早期民族学家、社会学家对学科本体的重要认识之一。这个结果背后的原因是多方面的，如国际学界对科学主义的普遍追捧、理解知识和批判知识尚未得到充分认识和认可、中国社会学和民族学的发端程度较低等，都与上述定位有着密切联系。但同时也应该看到，中国近代遭遇的国难危亡处境也是学科科学化的重要现实因素之一。以吴泽霖为代表的早期知识分子，大多留学海外知名高校，吸收了最先进的学科理论，对社会学和民族学中的科学传统和人文学传统自有深刻认识，但中国现实的紧迫形势，迫切需要客观准确的知识体系来完成民族独立、国家复兴，而学科中的科学传统恰恰符合这种现实的需求。科学传统所带来的客观、准确的知识可为社会改造等提供最为直接的思想支持与服务，表现在专业领域内，即是学科的应用性特征。从这层意义上讲，学科科学化的传统在"西学"引进之初便被天然地"加粗"了。

从另一方面看，中国社会学、民族学中的人文主义传统，早在20世纪40年代已引起学者的注意，但长期以来在学科中表现不明显。以马克斯·韦伯思想在中国的传播为例，据最新材料披露，费孝通在抗战时期就已读过韦伯的《新教伦理与资本主义精神》，并做了读书笔记。王铭铭等认为从这份佚稿中透露出"费老偶尔也表现出神话学式和宗

---

① 辛格尔顿：《应用人类学》，蒋琦译，湖北人民出版社，1984，第1页。

教学式的焦虑，特别表现在《鸡足朝山记》这篇文章里，焦虑使他有时对务实主义的社会学持一种否定态度"。① 但此种人文思想在费孝通的学术思想中并不占据主流，他更多的还是在强调"志在富民"的改造性的学科使命。潘光旦也是早期社会学、民族学界中有着人文主义偏向的学者。他提出的"中和位育"中的人文主义思想十分明显，但同时也应该看到，他是在生物科学基础上提出的人文位育思想，是"融会中西古人文思想和现代哲学社会科学的成就而形成的"。② 离开社会科学的基本定位来理解潘光旦的思想，同样也是不可取的。

就学科史来看，此种人文主义传统在学科中并没有形成规模性的大发展，而是体现在一些个体学者的思想中，而且在他们中间，人文思想并不占主导地位，更多的是科学传统和人文理念的融合，有时候人文理念更是被压制或淡忘。这种人文主义学科传统不发达的原因，同样也与近现代中国的现实境况有着密切联系，学科的应用取向在其中起到了重要的不可忽视的作用。

对此，苏国勋把长期以来强调经验性的应用主义研究看作学科的一种残缺或遗憾，"理论研究却亦步亦趋地甘当这种应用研究的尾巴和附庸"，要克服这种危机，"不仅需要首先在与应用研究相对应的理论研究层面下功夫，而且要在更为广阔而深厚的社会理论上做扎扎实实的基础建设工作"。③ 谢立中、郑杭生等人还将应用取向的研究视为"中国学派"建设中的阻力之一，"中国社会学的实用性格在一定程度上妨碍

---

① 王铭铭等：《费孝通先生佚稿〈新教教义与资本主义精神之关系〉研讨座谈会实录》，《西北民族研究》2016 年第 1 期。
② 胡寿文：《优生学与潘光旦》，潘乃穆等编《中和位育——潘光旦先生百年诞辰纪念》，中国人民大学出版社，1999，第 606 页。
③ 詹姆斯·博曼：《社会科学的新哲学》，李霞、肖瑛等译，上海人民出版社，2006，丛书前沿，第 2、3 页。

了学派建设"。①

　　诚如上所述，应用性格是中国民族学、社会学本土化的优势因素之一，但也在一定程度上压抑了其他知识的形成与发展。而目前"中国学派"构建的重要方向之一，即是要协调好改造的知识、理解的知识与批判的知识三者之间的关系。这一点也是哈贝马斯以兴趣为导向的认识论分类的最终意旨所在，"哈贝马斯试图通过反思求得不同的兴趣之间相互平衡与协调，引导不同的认识和不同的行为相互协调、和谐发展"。② 结合中国的实际情况看，理解的知识强调的是精神价值和道德目标，这种人文主义取向在中国传统思想中有着悠久的历史，构建"中国学派"的理解的知识，要注意发掘传统思想对人本质的探讨。在哈贝马斯的分类中，马克思主义被归为批判的知识，但在其本土化过程中，社会批判性被逐步剥离，意识形态性被进一步强化；在"中国学派"学术体系的形成中，如何在巩固马克思主义指导地位的同时，进一步释放社会批判的一面，是值得思考的问题。关于"中国学派"的具体构建路径，因与本书的核心命题关联不大，在此不再做讨论。

　　讲到这里，本书的讨论也即将结束，笔者想要强调的是，书中反复提及知识的社会决定论，而本书的研究何尝不是在外界各种因素影响下的一种书写，而非一种客观的呈现。或许是一种主观剪裁或思想构建，一种对吴泽霖及那一代人撰写文本的再解释，而且仅是众多解读中的一种。

---

① 谢立中：《当前中国社会学理论建构的努力与不足》，《河北学刊》2006 年第 5 期；郑杭生：《中国社会研究与中国社会学学派——以社会运行学派为例》，《社会学评论》2013 年第 1 期。

② 李淑梅、马俊峰：《哈贝马斯以兴趣为导向的认识论》，中国社会科学出版社，2007，第 325 页。

参考文献

一 著作类

阿里夫·德里克主讲、刘东评议，清华大学国学研究院主编《后革命时代的中国》，李冠南、董一格译，上海人民出版社，2015。

爱德华·罗斯：《社会控制》，秦志勇、毛永政等译，华夏出版社，1989。

包智明：《比较社会学》，知识出版社，1995。

保罗·康纳顿：《社会如何记忆》，纳日碧力戈译，上海人民出版社，2000。

鲍曼：《现代性与大屠杀》，杨渝东、史建华译，译林出版社，2002。

《岑家梧民族研究文集》，民族出版社，1992。

陈波：《李安宅与华西学派人类学》，巴蜀书社，2010。

陈国强、林加煌：《当代中国人类学》，生活·读书·新知三联书店，1991。

陈平原：《中国近代学术之建立——以章太炎、胡适之为中心》，北京大学出版社，2010。

陈新华：《留美生与中国社会学》，南开大学出版社，2009。

陈玉屏、龚全德：《贵州民族研究六十年》，电子科技大学出版社，2011。

揣振宇主编《中国民族学 30 年（1978—2008）》，中国社会科学出版社，2008。

大卫·阿古什：《费孝通传》，董天民译，时事出版社，1985。

杜靖：《中国体质人类学史研究》，知识产权出版社，2013。

杜赞奇：《从民族国家拯救历史：民族主义话语与中国现代史研究》，王宪明译，社会科学文献出版社，2003。

《费孝通全集》，内蒙古人民出版社，2009。

费孝通、林耀华：《中国民族学当前的任务》，民族出版社，1957。

葛兆光：《中国思想史》，复旦大学出版社，2001。

顾定国：《中国人类学逸史——从马林诺斯基到莫斯科到毛泽东》，胡鸿保、周燕译，社会科学文献出版社，2000。

哈贝马斯：《认识与兴趣》，郭官义、李黎译，学林出版社，1999。

韩明谟：《中国社会学史》，天津人民出版社，1987。

胡鸿保主编《中国人类学史》，中国人民大学出版社，2006。

华勒斯坦等：《开放社会科学：社会科学重建报告》，刘锋译，生活·读书·新知三联书店，1997。

黄克武：《近代中国的思潮与人物》，九州出版社，2013。

黄应贵主编《光复以来台湾地区出版人类学论著目录》，汉学研究资料及服务中心，1983。

霍尔茨纳：《知识社会学》，傅正元、蒋琦译，湖北人民出版社，1984。

《江应樑民族研究文集》，民族出版社，1992。

卡尔曼·海姆：《意识形态与乌托邦》，黎鸣、李书崇译，商务印书馆，2009。

克利福德·格尔茨：《论著与生活——作为作者的人类学家》，方静文、黄剑波译，中国人民大学出版社，2013。

李景汉：《定县社会调查概况》，上海人民出版社，2005。

李培林、渠敬东、杨雅彬主编《中国社会学经典导读》，社会科学文献出版社，2009。

李淑梅、马俊峰：《哈贝马斯以兴趣为导向的认识论》，中国社会科学出版社，2007。

梁启超：《中国近代百年学术史》，商务印书馆，2016。

《林耀华学述》，浙江人民出版社，1993。

林超民编《方国瑜文集》（1—5辑），云南教育出版社，1994—2003。

刘珺珺：《科学社会学》，上海科技出版社，2009。

龙冠海：《社会学与社会意识》，台湾大学，1974。

吕文浩：《中国现代思想史上的潘光旦》，福建教育出版社，2009。

罗志田：《20世纪的中国：学术与社会·史学卷》，山东人民出版社，2001。

罗志田：《近代读书人的思想世界与治学取向》，北京大学出版社，2009。

马克斯·韦伯：《学术与政治》，冯克利译，生活·读书·新知三联书店，2016。

马玉华：《国民政府对西南少数民族调查之研究（1929—1948）》，云南人民出版社，2006。

孟航：《中国民族学人类学社会学史（1900—1949）》，人民出版社，2011。

潘蛟主编《中国社会文化人类学/民族学百年文选》，知识产权出版社，2009。

潘乃穆、潘乃和编《潘光旦文集》，北京大学出版社，1993—2000。

彭文斌主编《人类学的西南田野与文本实践——海内外学者访谈录》，民族出版社，2009。

钱穆：《中国学术通义》，九州出版社，2010。

钱颖一、李强：《老清华的社会科学》，清华大学出版社，2011。

乔健：《社会学、人类学在中国的发展》，香港中文大学新亚书院，1998。

荣仕星、徐杰舜：《人类学本土化在中国》，广西民族出版社，1998。

桑兵：《晚清民国的学人与学术》，中华书局，2008。

沙博理编著《中国古代犹太人：中国学者研究文集点评》，新世界出版社，2008。

施琳：《当代中国著名民族学家百人小传》，中央民族大学出版社，2006。

宋蜀华、满都尔图主编《中国民族学五十年》，人民出版社，2004。

《孙本文文集》，社会科学文献出版社，2012。

汤涛主编《王伯群与大夏大学》，上海人民出版社，2015。

托马斯·库恩：《必要的张力——科学的传统和变革论文选》，范岱年、纪树立等译，北京大学出版社，2004。

托马斯·库恩：《科学革命的结构》（第4版），金吾伦、胡新和译，北京大学出版社，2012。

王晴佳、古伟瀛：《后现代与历史学——中西比较》，山东大学出版社，2003。

王建民：《中国民族学史》（上），云南教育出版社，1997。

王建民、张海洋、胡鸿保：《中国民族学史》（下），云南教育出版社，1998。

王明珂：《反思史学与史学反思——文本与表征分析》，上海人民出版社，2016。

王铭铭：《社会人类学与中国研究》，广西师范大学出版社，2005。

王铭铭：《西学"中国化"的历史困境》，广西师范大学出版社，2005。

王铭铭：《没有后门的教室：人类学随谈录》，中国人民大学出版社，2006。

王铭铭：《人生史与人类学》，生活·读书·新知三联书店，2010。

王铭铭主编《民族、文明与新世界——20世纪前期的中国叙述》，世界图书出版公司北京公司，2010。

王振刚：《民国学人西南边疆问题研究》，人民出版社，2013。

王筑生主编《人类学与西南民族——国家教委昆明社会文化人类学高级研讨班论文集》，云南大学出版社，1998。

吴景超：《第四种国家的出路》，商务印书馆，2008。

吴文藻：《论社会学中国化》，商务印书馆，2010。

伍婷婷：《多重情境下的西南民族研究——基于李绍明的民族学史考察》，中国社会科学出版社，2018。

谢冰：《西南联大与中国现代知识分子》，福建教育出版社，2009。

谢剑：《应用人类学》，桂冠图书股份有限公司，1989。

谢世忠：《国族论述：中国与北东南亚的场域》，台湾大学出版中心，2004。

徐杰舜：《本土化：人类学的大趋势》，广西民族出版社，2001。

徐平等：《费孝通评传》，民族出版社，2009。

徐正光、黄应贵主编《人类学在台湾的发展·回顾与展望篇》，中研院民族研究所，1999。

许纪霖：《20世纪中国知识分子史论》，新星出版社，2005。

许纪霖：《智者的尊严——知识分子与近代文化》，学林出版社，1991。

许纪霖、陈达凯主编《中国现代化史》第1卷，生活·读书·新知三联书店，1995。

许纪霖等：《近代中国知识分子的公共交往（1895—1949）》，上海人民出版社,2008。

阎明:《一门学科与一个时代——社会学在中国》,清华大学出版社,2004。

杨国枢、文崇一主编《社会及行为科学研究的中国化》,中研院民族研究所专刊乙种第10号,1982年。

杨清媚:《最后的绅士:以费孝通为个案的人类学史研究》,世界图书出版公司北京公司,2010。

杨圣敏、胡鸿保主编《中国民族学六十年(1949—2010)》,中央民族大学出版社,2012。

杨圣敏、良警宇主编《中国人类学民族学学科建设百年文选》,知识产权出版社,2009。

杨雅彬:《近代中国社会学》,中国社会科学出版社,2001。

杨雅彬:《中国社会学史》,山东人民出版社,1987。

姚纯安:《社会学在近代中国的进程(1895—1919)》,生活·读书·新知三联书店,2006。

以赛亚·伯林:《反潮流:观念史论文集》,冯克利译,译林出版社,2011。

以赛亚·伯林:《现实感:观念及其历史研究》,潘荣荣、林茂译,译林出版社,2011。

于长江:《从理想到实证——芝加哥学派的心路历程》,天津古籍出版社,2006。

于海:《西方社会思想史》,复旦大学出版社,2005。

余英时:《士与中国文化》,上海人民出版社,1987。

詹姆斯·博曼:《社会科学的新哲学》,李霞等译,上海人民出版社,2006。

张冠生:《费孝通传》,群言出版社,2000。

张琢:《中国社会和社会学百年史》,中华书局,1992。

章立明、马雪峰、苏敏：《社会文化人类学的中国化与学科化》，知识产权出版社，2014。

赵培中主编《吴泽霖执教 60 周年暨 90 寿辰纪念文集》，湖北科学技术出版社，1988。

郑杭生、李迎生：《中国社会学史新编》，高等教育出版社，2000。

中国社会科学院社会学研究所、南开大学社会学系编《社会学参考书目》，南开大学出版社，1984。

中山大学人类学系编《梁钊韬与人类学》，中山大学出版社，1991。

周晓虹：《西方社会学历史与体系》第 1 卷，上海人民出版社，2002。

二　论文类

边燕杰：《论社会学本土知识的国际概念化》，《社会学研究》2017年第 5 期。

边燕杰、杨洋：《改革开放四十年中国社会学的发展历程》，《西安交通大学学报》2018 年第 2 期。

蔡元培：《说民族学》，《一般》第 1 卷第 12 期，1926 年。

陈国强：《中国人类学发展史略》，《广西民族学院学报》1995 年第 1 期。

陈中民：《1950 年后中国大陆人类学的概况》，《中国论坛》1985年第 1 期。

费孝通：《在人生的天平上》，《中南民族学院学报》1991 年第 4 期。

高丙中等：《关于人类学的基本陈述》，《西北民族研究》2013 年第 2 期。

缑文学：《中国社会学本土化历程中的理论品质》，《社会学评论》2014 年第 1 期。

哈正利:《民族学的民族国家形态及其他——中国民族学史散论》,《中南民族大学学报》2006年第6期。

郝瑞、范可:《中国人类学叙事的复苏与进步》,《广西民族学院学报》2002年第4期。

郝时远:《中国民族学学科设置叙史与学科建设的思考——兼谈人类学的学科地位(上、下)》,《西北民族研究》2017年第1、2期。

胡鸿保:《当前中国的社会学/人类学学科建设——从学科史和互为学科性角度谈起》,《华中理工大学学报》2002年第2期。

胡鸿保:《略谈中国人类学重建以来的学科史研究》,《北京行政学院学报》2004年第5期。

胡鸿保:《中国社会学中的人类学传统》,《黑龙江民族丛刊》1998年第4期。

胡鸿保、李红武:《反思中国人类学的学科史》,《中南民族大学学报》2007年第3期。

黄剑波:《作为"他者"研究的人类学》,《广西民族研究》2002年第4期。

黄文山:《民族学研究上的一般原则与方法》,《民族学研究集刊》第1期,1936年。

黄文山:《民族学与中国民族研究》,《民族学研究集刊》第1期,1936年。

江应樑:《民族学在云南》,《民族学研究》1981年第1期。

江应樑:《人类学的起源及其在我国的发展》,《云南社会科学》1983年第3期。

蒋传光:《论社会控制与和谐社会的构建——法社会学的研究》,《江海学刊》2006年第4期。

李金花:《另一种民族志——读吴泽霖等〈贵州苗夷社会研究〉》,王铭铭主编《中国人类学评论》第13辑,世界图书出版公司北京公司，2009。

李然：《吴泽霖与中国人类学的发展》，《贵州民族研究》2009 年第 1 期。

李然：《从吴泽霖边疆建设思想看当代边疆民族地区建设》，《中南民族大学学报》2019 年第 1 期。

李绍明：《西南民族研究的回顾与前瞻》，《贵州民族研究》2004 年第 3 期。

李绍明：《西南人类学民族学研究的历史、现状与展望》，《西南民族大学学报》2007 年第 10 期。

李亦园：《凌纯声先生对于中国民族学之贡献》，《中央研究院民族学研究集刊》第 29 期，1970 年。

李有义：《我国民族学的回顾与展望》，《民族研究》1980 年第 1 期。

林耀华：《新中国的民族学研究与展望》，《民族研究》1981 年第 2 期。

林耀华、庄孔韶：《中国民族学的回顾与展望》，《社会科学战线》1985 年第 1 期。

刘超：《联大社会学及其谱系、源流与嬗变——以联大社会学系为基点的社会考察》，《学术界》2018 年第 3 期。

龙平平：《中国民族学早期情况概述》，《思想战线》1986 年第 5 期。

吕文浩：《被遮蔽的光彩——李景汉与中国近代人口调查研究》，《清华大学学报》2018 年第 5 期。

罗成华：《吴泽霖研究综述》，《劳动保障世界》2017 年第 27 期。

马启成：《前进中的中国民族学——对新中国民族学发展历史的回顾》，《中央民族大学学报》1998 年第 1 期。

马曜：《我国民族研究的回顾与展望》，《云南社会科学》1982 年第 1 期。

满都尔图:《中国民族学的黄金时代》,《民族研究》1998 年第 5 期。

孟宪范:《中国民族学十年发展述评》,《中国社会科学》1989 年第 2 期。

聂蒲生:《抗战时期吴泽霖对贵州少数民族民风民俗的调查研究》,《民俗研究》2008 年第 4 期。

聂蒲生:《抗战时期吴泽霖教授对云南丽江么些人的田野调查研究》,《广西民族研究》2007 年第 4 期。

乔健:《中国人类学发展的困境与前景》,《广西民族学院学报》1995 年第 1 期。

秦晋庭:《中国民族文博事业的拓荒者——吴泽霖教授》,《中国民族文博》第 3 辑,辽宁民族出版社,2010。

丘海雄、严祥军:《重建后的中国社会学的实用性格——兼谈社会学的学科建设问题》,《社会学研究》1991 年第 6 期。

沈松侨:《召唤沉默的亡者——我们需要怎样的国族历史》,《台湾社会研究季刊》第 57 期,2005 年。

石慧、石开忠:《吴泽霖教授在贵州的民族工作及其意义》,《中南民族大学学报》2019 年第 4 期。

石开忠:《民国时期贵州的民族研究》,《贵州民族学院学报》1993 年第 3 期。

石奕龙:《中国应用人类学的过去、现在和将来》,《云南社会科学》1994 年第 6 期。

宋蜀华:《论中国民族学研究的纵横观》,《民族研究》1995 年第 2 期。

宋蜀华:《中国民族学研究的回顾与前瞻》,《中央民族大学学报》2003 年第 1 期。

孙秋云、钟年：《注重田野调查　为社会进步服务——吴泽霖教授学术思想概说》，《中南民族学院学报》2001年第6期。

唐美君：《人类学在中国》，《人类与文化》1976年第10期。

田毅鹏：《社会学学科应用性困境及其消解路径》，《社会科学研究辑刊》2018年第4期。

汪洪亮：《抗战时期边政学的兴起及其"学科性"》，《西南民族大学学报》2014年第6期。

汪洪亮：《民国时期边疆研究机构的兴起及对边疆学术之形塑》，《北方民族大学学报》2017年第4期。

汪洪亮：《殊途同归：华西坝教会五大学的边疆学术传统》，《四川师范大学学报》2019年第1期。

王建民：《从中国民族学人类学的发展看学科的世界性与本土性》，《西南民族大学学报》2009年第4期。

王建民：《吴泽霖民族学思想和学术生涯》，《民族教育研究》1994年第2期。

王建民：《学术规范化与学科本土化——中国民族学学科百年回眸》，《民族研究》2000年第1期。

王建民：《中国海外民族志研究的学术史》，《西北民族研究》2013年第3期。

王建民：《中国人类学的国内与海外：学术史及述评》，《中国研究》2018年第2期。

王建民：《中国人类学发展史上的几个问题》，《思想战线》1997年第3期。

王明珂：《寻访凌纯声、芮逸夫两先生的足迹——史语所早期西南民族调查的回顾》，《古今论衡》2008年第18期。

王宁：《社会学本土化议题：争辩、结症与出路》，《社会学研究》2018年第5期。

温士贤、彭文斌:《传译民族文化与平等——吴泽霖先生的民族博物馆思想》,《民族学刊》2011 年第 3 期。

吴丽君:《抗战时期吴泽霖民族风俗文化考察研究》,《贵州民族研究》2013 年第 6 期。

向伟:《从社会约制看吴泽霖教授的社会治理观》,《中南民族大学学报》2019 年第 4 期。

谢立中:《当前中国社会学理论建构的努力与不足》,《河北学刊》2006 年第 5 期。

谢燕清:《中国民族学田野工作反思——以五六十年代民族大调查为例》,《民俗研究》2004 年第 2 期。

谢宇:《走出社会学本土化讨论的误区》,《社会学研究》2018 年第 2 期。

杨春宇:《看的方式——从视觉角度解读人类学史》,《思想战线》2005 年第 3 期。

杨圣敏:《民族学如何进步》,《中央民族大学学报》2016 年第 1 期。

杨圣敏:《中国民族学的百年回顾与新时代的总结》,《西北民族研究》2009 年第 2 期。

杨圣敏:《中国民族学社会学 69 年前的反思及其当代意义》,《民族研究》2018 年第 1 期。

杨正文:《吴泽霖先生的苗族研究》,《民族学刊》2012 年第 3 期。

元青:《民国时期留美生中国社会问题研究旨趣与影响》,《天津师范大学学报》2015 年第 6 期。

袁剑、朱晓晓:《海外人类学研究的中国先声》,《中国图书评论》2018 年第 10 期。

岳天明:《中国社会学史研究四十年:历程、共识与展望》,《北京工业大学学报》2019 年第 1 期。

张帆：《吴泽霖与他的〈美国人对黑人、犹太人和东方人的态度〉》，王铭铭主编《中国人类学评论》第 5 辑，世界图书出版公司北京公司，2008。

张丽梅、胡鸿保：《引进与再造——Social Anthropology 在中国》，《思想战线》2015 年第 5 期。

张丽梅、胡鸿保：《中国民族学学科史研究概述》，《北方民族大学学报》2011 年第 4 期。

张正明：《祭先师吴泽霖先生有感》，《中南民族学院学报》1991 年第 4 期。

章立明：《社会文化人类学中国化的反思》，《世界民族》2014 年第 1 期。

赵鼎新：《从美国实用主义社会科学到中国特色社会科学——哲学和方法论基础探究》，《社会学研究》2018 年第 1 期。

赵立玮：《美国和中国早期社会学中的社会控制概念》，《江苏师范大学学报》2017 年第 2 期。

郑杭生、童潇：《中国社会学史研究的理论框架与现实追求》，《河北学刊》2011 年第 1 期。

钟年：《从田野中来：读〈吴泽霖民族研究文集〉》，《民族研究动态》1993 年第 3 期。

钟年：《世纪末再回首——读吴泽霖〈美国人对黑人、犹太人和东方人的态度〉》，《民族研究动态》1994 年第 3 期。

钟年：《吴泽霖民族博物馆学思想管窥》，《民俗研究》1993 年第 1 期。

钟年：《追忆泽霖先生》，《中南民族学院学报》1998 年第 4 期。

周大鸣：《关于人类学学科定位的思考》，《广西民族大学学报》2012 年第 1 期。

周大鸣：《应用人类学与中国实践》，《中山大学学报》2004 年第

6 期。

周大鸣：《中国人类学的学术关怀》，《西北民族研究》2009 年第 3 期。

周大鸣：《"中国式"人类学与人类学的本土化》，《广西民族学院学报》1996 年第 3 期。

三 学位论文类

丁雨迪：《民族文物：历史、实践与话语分析》，博士学位论文，中央民族大学，2012。

缑文学：《中国社会学的本土化与理论自觉研究》，博士学位论文，华中师范大学，2015。

景凯旋：《顾颉刚民族与边疆思想述评》，博士学位论文，陕西师范大学，2013。

李军平：《林耀华学术思想研究》，博士学位论文，中央民族大学，2011。

李爽：《中国社会学社成员社会建设思想研究（1928—1937）》，博士学位论文，东北师范大学，2008。

李宗克：《社会学本土化论题的历史演进与理论反思》，博士学位论文，华东理工大学，2013。

刘波儿：《困顿与前行：民族国家建设中的民族学家》，博士学位论文，南京大学，2013。

刘军：《潘光旦的人文教育思想研究》，博士学位论文，湖南师范大学，2008。

石艳：《费孝通家庭社会学思想研究》，博士学位论文，上海大学，2013。

魏志龙：《多重情景下的学术发展——少数民族社会历史调查的人类学再研究》，博士学位论文，中央民族大学，2011。

伍婷婷：《变革社会中的人生与学术——围绕李绍明的中国人类学史个案研究》，博士学位论文，中央民族大学，2009。

徐振燕：《任乃强的西南图景——对一位二十世纪前期民族学家的研究》，博士学位论文，中央民族大学，2011。

附录　吴泽霖论著目录

1920 年

《服饰的研究》，《东方杂志》第 17 卷第 13 号。

《电影与教育》，《清华周刊》第 202 期。

1922 年

《取消留级部令之研究》（合作），《清华周刊》第 244 期。

1925 年

The Social Thought of Confucius，美国密苏里大学硕士学位论文。

1927 年

《美国人对黑人、犹太人和东方人的态度》，美国俄亥俄州立大学博士学位论文。

1928 年

《马尔塞斯人口论批判的批评》，《社会季刊》第 1 卷第 1 期。

1929 年

《预科发展计划》，《大夏周刊》第 64 期。

《强者与弱者的变态心理》，《社会学刊》第 1 卷第 1 期。

《东方人在美国所处之地位》，《东方杂志》第 26 卷第 6 号。

《社会约制（Social Control）的意义及其工具》，《社会期刊》创刊号。

《乌托邦主义对于社会进化的贡献》，《社会期刊》创刊号。

1930 年

《讲演：大学制度之革命》，《劳大周刊》第 4 卷第 15 期。

《参观日本中等学校教育报告》，《湖北教育厅公报》第 1 卷第 1 期。

《弱者的心理》，《社会学刊》第 1 卷第 3 期。

《国际行为的社会心理》（书评），《社会学刊》第 2 卷第 1 期。

《社会距离的一个调查》，《社会学刊》第 2 卷第 2 期。

《第二外国语改为选修的商榷》，《大夏周报》第 86 期。

《祝词》，《南涛》创刊号。

《外国人霸道行为之心理观》，《中国图书评论》第 3 卷第 7 期。

"Domination Psychosis of the Foreigners," *The China Critic*, 5 月 13 日。

《社会约制》，上海世界书局。

1931 年

《中国大学教育的改革》，《教育杂志》第 23 卷第 2 期。

《人类天演史书评》《人类起源书评》，《人文月刊》第 2 卷第 1 期。

1932 年

《青年与风气》，《华年》第 1 卷第 3 期。

《周公训成王》，《华年》第 1 卷第 5 期。

《门板书摊》，《华年》第 1 卷第 9 期。

《谁去救济农荒》，《华年》第 1 卷第 12 期。

《谈谈绝食》，《华年》第 1 卷第 15 期。

《贪污种种》，《华年》第 1 卷第 20 期。

《堤工勘察后》，《华年》第 1 卷第 36 期。

《人格的物质基础》，《图书评论》第 1 卷第 3 期。

《大战中为人民应有的认识》，《新社会》第 2 卷第 5 期。

《读书提要：人类天演史、人类起源》，《人文（上海 1930）》第 2 卷第 1 期。

《婚姻之危机》，《清华周刊》第 36 卷。

《一个出生性别比例的调查》，《中国人口问题》，世界书局。

《社会学大纲》（书评），《图书评论》第 1 卷第 1 期。

《现代种族》，上海北平新月书店。

《新中华社会学及社会问题》，上海中华书局。

1933 年

《种族优劣的问题》，《大声》第 1 卷第 10 期。

《社会（十七则）》，《图书评论》第 1 卷第 8 期。

《中国两性不平衡问题》，《图书评论》第 1 卷第 10 期。

《现代种族敌视的起源》，《图书评论》第 1 卷第 11 期。

《社会（十八则）》，《图书评论》第 2 卷第 1 期。

《统计表中之上海》（书评），《华年》第 2 卷第 4 期。

《怎样提倡节育运动》，《华年》第 2 卷第 40 期。

《今日中国劳工问题》（书评），《华年》第 2 卷第 44 期。

《北平中国家庭之生活》（书评），《华年》第 2 卷第 47 期。

《人种的分类》，《大夏周刊》九周年纪念刊。

《战争：社会问题之一》，《大夏周报》第 10 卷第 14 期。

《群众的分析》，《社会学刊》第 3 卷第 3 期。

《现代种族敌视的起源》，《社会学刊》第 3 卷第 4 期。

《中国需要现代化么》，《申报月刊》第 2 卷第 7 号。

《中国社会的基本问题》，《沪大周刊》第 21 卷第 4 期。

《世界人种志》（读书提要），《人文（上海）》第 4 卷第 2 期。

《如何做研究工作》，《华年》第 2 卷第 50 期。

1934 年

《上海的将来》（六二），新中会杂志社。

《中国社会病态的症结》，青年协会书局。

"Problems of Population,"《大夏》第 1 卷第 1 期。

《社会十六则》，《图书评论》第 2 卷第 7 期。

《社会二十则》，《图书评论》第 2 卷第 9 期。

《社会二十四则》，《图书评论》第 2 卷第 10 期。

《社会十七则》，《图书评论》第 2 卷第 11 期。

《社会十二则》，《图书评论》第 2 卷第 12 期。

《中国的贫穷问题》，《申报月刊》第 3 卷第 7 号。

《康藏轺征》（书评），《华年》第 3 卷第 2 期。

《贫穷的诠释》，《华年》第 3 卷第 11 期。

《人口问题各论》，《华年》第 3 卷第 8 期。

《战争与文明前途》，《华年》第 3 卷第 29 期。

《国际政治经济一览》（书报介绍），《华年》第 3 卷第 45 期。

《中国民族是真的病弱吗?》，《光华大学半月刊》第 2 卷第 7 期。

《环境与体质特征》，《光华大学半月刊》第 3 卷第 5 期。

《种族的优劣问题》（合作），《新社会半月刊》第 6 卷。

《民族复兴的几个条件》，《东方杂志》第 31 卷第 18 号。

《韦格的下一代的人类》，《社会学刊》第 4 卷第 2 期。

《群众的分析（续）》，《社会学刊》第 4 卷第 3 期。

《中国社会病态之分析》，《女铎》第 22 卷第 9 期。

《种族的优劣问题》，《新社会》第 6 卷第 8 期。

1935 年

《劳工研究中被忽视的问题》，《东方杂志》第 32 卷第 1 号。

《怎样改进中国之风俗》，《申报月刊》第 4 卷第 1 号。

《谁来供养老年》，《华年》第 4 卷第 5 期。

《缩短大学假期的商榷》，《华年》第 4 卷第 12 期。

《江口情歌集序》，《华年》第 4 卷第 23 期。

《书报介绍：人类的行程》，《华年》第 4 卷第 24 期。

《粮食问题》，《华年》第 4 卷第 28 期。

《上海的工业化与性道德》，《华年》第 4 卷第 42 期。

《中国合会之研究》，《华年》第 4 卷第 48 期。

《十周纪念特辑：十周纪念感言》，《社会月刊》第 1 卷第 3 期。

《马来的西孟族》（译作），《南洋研究》第 5 卷第 5 期。

《正当的家庭观念》，《女青年月刊》第 14 卷第 1 期。

《毕业后如何进修学问》，《大夏周报》第 11 卷第 16 期。

《儿童的社会行为》（译作），《儿童教育》第 6 卷第 8、9 期。

《国难期中的大学生》，《暨南校刊》第 151 期。

《正当的家庭观念》，《家庭问题讨论续集》，中华基督教女青年会全国协会。

《社会学大纲》（合译），世界书局。

1936 年

《一切科学的一致性》（书评），《东方杂志》第 33 卷第 5 号。

《德国出生率大增的原因》（图书摘要），《东方杂志》第 33 卷第 1 号。

《意大利对于研究犯罪学领域的倾向》（图书摘要），《东方杂志》第 33 卷第 17 号。

《文化的比较研究》（图书摘要），《东方杂志》第 33 卷第 22 号。

《英文中国年鉴》（书评），《商务印书馆出版周刊》第 168 期。

《上海的育婴事业》，《华年》第 5 卷第 28 期。

《上海的慈幼教养事业》，《华年》第 5 卷第 37 期。

《上海的游民救济事业》，《华年》第 5 卷第 43 期。

《上海的老残救济事业》，《华年》第 5 卷第 48 期。

《桂应著社会组织与社会解组述评》，《社会学刊》第 5 卷第 2 期。

《萨摩亚人之生活》，《南洋研究》第 5 卷第 6 期。

《马来西亚的合作事业与华侨的经济地位》《英属及荷属印度的茶叶统制与我国茶叶的将来》《今后越南华侨的米业》《南洋华工的烟毒与中国政府的责任》，《海外侨讯汇刊》。

《松江救济事业》，《中央日报》11 月 9 日，第 11 版。

《松江救济事业（续）》，《中央日报》11 月 23 日，第 11 版。

《中国劳工问题》（校订），商务印书馆。

《太平洋各国经济概况》（校订），商务印书馆。

1937 年

《中国社会学之使命》，《中央日报》1 月 23 日，第 11 版。

《昆山救济事业概况》（合作），《中央日报》3 月 15 日，第 11 版。

《望亭社会调查特辑：前言》，《大夏周报》第 13 卷第 20 期。

《“文化停滞”概念的新义》（书评），《东方杂志》第 34 卷第 1 号。

《王室中智力与道德的关系》（书评），《东方杂志》第 34 卷第 5 号。

《上海的院外救济事业及其改进》，《兴中月刊》第 1 卷第 1 期。

《上海社会救济事业史的检讨（上）》，《华年》第 6 卷第 4 期。

《上海社会救济事业史的检讨（下）》，《华年》第 6 卷第 5 期。

《中华民族的人格》，《华年》第 6 卷第 28 期。

《英文中国年鉴第二回》，《商务印书馆出版周刊》第 234 期。

《上海社会救济事业之调查》，大夏大学单行本。

《（复兴高级中学）公民课本》第 1 册（合作），商务印书馆。

《菲律宾独立问题》（合作），商务印书馆。

《中国农村问题·序》，商务印书馆。

1938 年

《世界人口问题》（合作），商务印书馆。

《抗战与人口政策》，《新大夏》创刊号。

《贵州城区劳工概况的初步调查》，《新大夏》第 1 卷第 3 期。

《怎样才配做今日中国的大学生》，《大夏周报》第 15 卷第 6 期。

《今后之文学院》，《大夏周报》第 14 卷第 7 期。

《德意对于空间时间的统计》（图书摘要），《东方杂志》第 35 卷第 5 号。

《今日世界上基督新教的地位》（图书摘要），《东方杂志》第 35 卷第 8 号。

《社会学观点下的青春期》，《东方杂志》第 35 卷第 16 号。

《苗族中祖先来历的传说》，《社会旬刊》第 4、5 期。

《贵州炉山黑苗调查报告》，华东师范大学图书馆藏。

1939 年

《贵州短裙黑苗的概况》，《东方杂志》第 36 卷第 16 号。

《定番县乡土教材调查报告》（6 册），北京师范大学图书馆藏。

《惠水县乡土教材调查报告》（1 册），北京师范大学图书馆藏。

《贵州安顺苗民调查报告》，骆小所主编《西南民俗文献》第 19 卷。

1940 年

《贞丰仲家语字汇序》，大夏大学社会研究部。

《苗族中的祖先传说》，《社会研究》第 1 期。

《水家妇女的生活》，《妇女工作》第 1、2 卷。

《贵州苗夷族婚姻的概述》，《建国评论》第 3 卷第 4 期。

《贵州苗族的跳花场》，《社会研究》第 9 期。

《贵州仲家生活的一角——食俗》，《社会研究》第 13 期。

《海巴苗中的斗牛》，《社会研究》第 16 期。

《安顺苗夷的生活及各族族名概略》，《社会研究》第 47 期。

《炉山黑苗的生活》，大夏大学社会研究部。

1941 年

《贵州苗夷社会研究》，贵阳文通书局。

《贵州苗胞生活概况》，《西南公路》第 135 期。

《贵州苗胞生活概况（续）》，《西南公路》第 136 期。

《贵阳青苗中求婚》，《社会研究》第 47 期。

《社会运动与社会行政》，《中央日报》12 月 4 日，第 4 版。

《黔滇苗族调查计划》。

1943 年

《边疆的社会建设》，《边政公论》第 2 卷第 1—2 期。

《社会调查》（合作），重庆中央训练团党政高级训练班。

1944 年

《贵州的民族》，《文讯》第 5 卷第 1 期。

1945 年

《战后边疆问题》，《清真铎报》第 19 期。

《战时社会心理》，《中央周刊》第 7 卷第 17 期。

《罗斯福总统逝世后在美之影响如何?》，《青年之友》第 1 卷第 2 期。

《么些人之社会组织与宗教信仰（下）》，《边政公论》第 4 卷第 7—8 期。

1946 年

《从么些人研究谈到推进边政的几条原则》，《边政公论》第 5 卷第 2 期。

1947 年

《印第安人兴衰史》（合译），上海商务印书馆。

《边疆问题的一种看法》，《边政公论》第 6 卷第 4 期。

《少数民族问题》，《益世报》8 月 22 日。

《积极的边疆政策》，《益世报》11 月 30 日，第 2 版。

1948 年

《几种老百姓应有的权利》，《周论》第 1 卷第 5 期。

《美援将来的代价》，《周论》第 1 卷第 23 期。

《法学院学生的出路》，《周论》第 1 卷第 24 期。

《大学入学考试的可靠性》，《周论》第 1 卷第 20 期。

《减轻人口压力与生育节制》，《新生路月刊》第 15 卷第 3 期。

《人类学上所了解的环境势力》，《社会学刊》第 6 卷（合刊）。

《中国社会的病态是什么》，《现实与理想》第 2 卷第 1 期。

《我们对于政府举办全国户口普查的意见》，《台湾统计通讯》第 2 卷第 3 期。

《麼些人的婚丧习俗》，《社会科学》第 4 卷第 2 期。

《社会心理学与社会学》，《益世报》10 月 14 日。

《人类的来历》，《东方杂志》第 44 卷第 3 号。

《人类的展望》，《东方杂志》第 44 卷第 10 号。

《现代华北秘密宗教·序》。

《麼些族的生活》。

1950 年

《我对农民本质的认识——参加土改的观感》，《光明日报》4 月 1 日，第 2 版。

1951 年

《撒尼彝语序文意见》，《科学通报》8 月 19 日。

《在法西斯匪徒奴役下的美国少数民族》，《光明日报》1 月 23 日。

《介绍几个少数民族的生活模型》，《光明日报》9 月 26 日，第 5 版。

1953 年

《苗族青年人的自由恋爱》《布依族的婚姻》《纳西族的婚姻》。

《贵州僜兜族情况》《贵州穿青（川青）族情况》，《西南少数民族历史资料集》，巴蜀书社，2012。

1954 年

《黔西滇东苗族的婚姻》。

1957 年

《关于少数民族文物的一点认识》，《文物参考资料》第 4 期。

《贵州台江县苗族的节日》。

1971 年

《帕米尔及其附近地区历史、地理、民族英文参考资料汇编》。

《阿帕塔尼人及其邻族》（译作）。

《苏班什里河流域的达夫拉族》（译作）。

《珞隅阿帕塔尼人民族情况》（译作）。

1978 年

《阿帕塔尼人和他们的邻族——喜马拉雅山东部的一个原始民族》（译作）。

1979 年

《尼泊尔舍尔巴的经济生活（〈喜马拉雅山区的贸易者〉一至四章）》，中国社会科学院民族研究所。

《日本企业中的一些福利设施》。

《日本农民收入的变化》。

《日本农业的一些问题》。

《访日观感》。

《群婚制残余试探——有关中国少数民族婚姻和家庭的一些问题》，《吴泽霖民族研究文集》。

1980 年

《从偶居到结婚——永宁纳西族婚姻制度的变化》，《中国建设》第 7 期。

《老友一多二三事——纪念闻一多逝世三十三周年》，王子光、王康：《闻一多纪念文集》，生活·读书·新知三联书店。

1981 年

《简论博厄斯与美国历史学派》，中国民族学研究会编《民族学研究》第 1 辑，民族出版社。

《美国几位社会学的奠基人》，《南开学报》第 4 期。

《社会学是不是一门学科》，《上海社会学丛刊》。

《美国早期社会学家》，社会学讲习班讲课材料。

1982 年

《民族学田野调查方法》，《中国民族》第 6 期。

《从社会学角度看今天的日本》，《社会》第 1 期。

1983 年

《记教育家梅月涵先生》，黄延复、马相武主编《梅贻琦与清华大学》，山西教育出版社，1995。

《忆抗战前沪宁一带社会学的发展》，《社会》第 4 期。

《以主人翁精神搞好民族工作》，《中南民族学院学报》第 4 期。

《犹太民族史中独呈异彩的一章——为潘光旦〈中国境内犹太人的若干历史问题〉序》，《中南民族学院学报》第 2 期。

《犹太民族历史画卷的一幅重要画面》，《读书》第 2 期。

1984 年

《种族与种族歧视》，《中南民族学院学报》第 1 期。

1985 年

《论博物馆、民族博物馆和民族学博物馆》，《中南民族学院学报》第 3 期。

《漫谈小康》，《学习与实践》第 9 期。

《妇女文字和瑶族千家峒·序》，中国展望出版社。

1986 年

《民族博物馆与民族学博物馆的区分》，《中国博物馆》第 1 期。

1987 年

《大小凉山彝族的婚姻》，《四川民族史志》第 2 期。

《社会学基础·序言》，湖南人民出版社。

1991 年

《略论我国的生育政策与贫穷问题》，《争鸣》第 3 期。

《民族学在美国与博厄斯学派》，《世界史》第 10 期。

《略论今天值得研究的几个社会学问题的若干侧面》，《社会学与社会调查》第 1 期。

1999 年

《日本社会学一瞥》，中南民族学院民族研究所民族学系编《南方民族研究论丛》第 4 辑，民族出版社。

未刊稿

《民族文物工作的三部曲》。

《中国民族学的回顾和今后如何开展》。

《博物馆的陈列》。

《有关博物馆方面的资料》。

《创制汉文双音叠字的一个建议》。

《博厄斯的美国民族学情况》。

《民族学在美国》。

《有关博物馆方面的资料一》。

《有关博物馆方面的资料二》。

后　记

本书是在我博士学位论文基础之上修订而成。2008—2019 年我在中南民族大学民族学专业先后获得了本科、硕士和博士学位。本书算是对这十一年学习的一个不太成熟的见证和总结。

在我的学习生涯中，首先要感谢我的导师哈正利教授。十年来，无论是在生活还是学习上，哈老师一直都毫无保留地信任我、支持我、帮助我、指导我。在几年的学习中，我的思考方式有了很大转变，写作风格也做了调整，对人生与生活的态度也受到他的影响，我的思想和行为中已有了他的影子，这也许就是所谓的"师道传承"吧！老师性情温和，很多时候，他设身处地地为我考虑，却从不多言。我虽未表达过，但都看在眼里，永志我心。

感谢我的硕士导师闫天灵教授，从他身上学习到的治学态度、方法、精神等，我将终身受益。许宪隆教授为人宽和大度、和蔼近人，我曾多次蒙许老师照顾，心中十分感激。孟凡云教授从我本科起一直关心着我的生活、学习，多年来看着我逐步成长、成熟，让在异地求学的我感受到亲人般的温暖。感谢王建民教授对本书提出的宝贵意见。从某种意义上讲，本书代表着一种传承，从林耀华先生、陈永龄先生到王建民老师再到哈老师，学科史研究一脉相承，从宏观到微观，从通史到区域史再到人物史，前后相继。感谢钟年教授、雷振扬教授、田敏教授、李吉和教授、柏贵喜教授、赵庆伟教授，答辩时为我的论文"问诊把脉"，提出诸多宝贵的修改意见。也特别感谢王萌、李安辉、唐胡浩、李然、王艳萍、张丽剑、陈祥军、方清云、高红等老师，十余年来对我的指导与关心。

吴泽霖先生的女儿吴安伦奶奶和女婿吕致君爷爷，对《吴泽霖年谱》的编写以及本书的写作都给予了大力支持。没有他们，我的这项工作将困难重重，在这里一并致谢。书稿成后，知名学者吕文浩先生仔细审阅了我的书稿，一针见血地指出了诸多问题，遥表谢意。特别感谢边燕杰教授，他系吴先生高足，是国际知名社会学家，对吴先生的学术思想深有体会。在博士论文答辩时未得指点，我一直引以为憾。幸蒙边教授在本书出版之际，拨冗作序，这是对后学晚辈的极大支持和提携。

北方民族大学中华民族共同体学院的杨蕤教授、马惠兰教授、李军副教授等学院领导一直鼓励我将论文修改出版，并将此书纳入学院出版计划中，在此表示诚挚的谢意。

父母和妻子为我创造了一个稳定、温馨的家庭环境，使我能够全身心地投入工作和学习中，没有他们无私和辛勤的付出，我的学习、生活都将难以为继。

由于我的水平有限，书稿尚有许多不足之处，欢迎各位读者批评指正。

张福强

2022 年 11 月 1 日

图书在版编目（CIP）数据

在人生的天平上：吴泽霖社会学与民族学研究的学
科史考察／张福强著．--北京：社会科学文献出版社，
2023.12（2024.6重印）
（北方民族大学铸牢中华民族共同体意识研究文库）
ISBN 978-7-5228-2462-8

Ⅰ.①在… Ⅱ.①张… Ⅲ.①吴泽霖-社会学-研究
②吴泽霖-民族学-研究 Ⅳ.①C91-092②C95-092

中国国家版本馆CIP数据核字（2023）第165095号

北方民族大学铸牢中华民族共同体意识研究文库
在人生的天平上：吴泽霖社会学与民族学研究的学科史考察

著　　者／张福强

出 版 人／冀祥德
责任编辑／赵　晨　汪延平
责任印制／王京美

出　　版／社会科学文献出版社·历史学分社(010)59367256
　　　　　地址：北京市北三环中路甲29号院华龙大厦　邮编：100029
　　　　　网址：www.ssap.com.cn
发　　行／社会科学文献出版社（010）59367028
印　　装／唐山玺诚印务有限公司

规　　格／开　本：787mm×1092mm　1/16
　　　　　印　张：17.25　字　数：237千字
版　　次／2023年12月第1版　2024年6月第2次印刷
书　　号／ISBN 978-7-5228-2462-8
定　　价／98.00元

读者服务电话：4008918866